북한 여성과
코스메틱

이 연구는 아모레퍼시픽재단의 학술연구비 지원을 받아 수행되었음.
This research has been supported by the AMOREPACIFIC Foundation.

이 도서의 국립중앙도서관 출판예정도서목록(CIP)은 서지정보유통지원시스템 홈페이지(http://seoji.nl.go.kr)와
국가자료공동목록시스템(http://www.nl.go.kr/kolisnet)에서 이용하실 수 있습니다.
CIP제어번호: CIP2017013584

북한 여성과 코스메틱

남성욱 · 채수란 · 이가영 지음

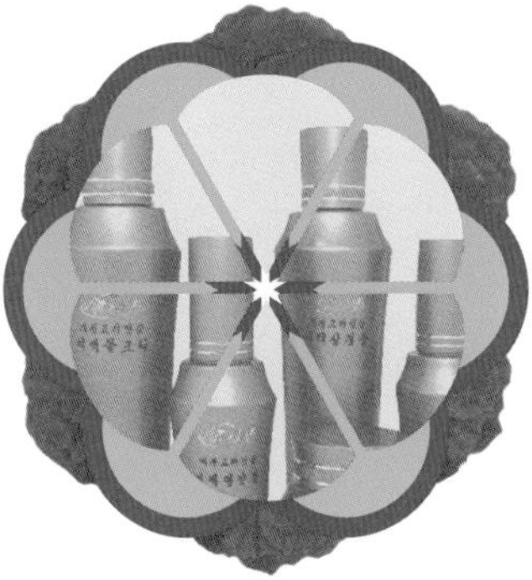

North Korean Women and Cosmetics

한울
아카데미

차례

제4장 북한 화장품의 성분 분석

제5장 미의식과 화장make-up 문화, 남북은 어떻게 다를까?

제6장 우리 화장품 북한에 언제 어떻게 진출할까?

“머리카락을 길게 자래우면
인체의 뇌조직에 공급되는 영양물질이 부족됨으로
너무 길게 기르지 않는 것이 좋다”고
선전할 정도로 경제적 상황이 열악한 북한 당국이
화장품 생산을 독려하는 것은
아름다워지려는 여성들의 본심과 심리를 간파한
고도의 통치 정책인지도 모른다.

책을 내며

30년 전 북한 연구를 시작할 때 탈북 여성들이 적응 시설에서 기초 교육을 마치자마자 한국산 화장품에 관심을 갖는 것에 호기심이 발동했다. 사회주의 여성들도 열심히 화장을 하는가? 북한 당국은 여성들의 화장make-up 문화를 어디까지 허용하는가? 김일성이 여성들의 화장품 생산을 초기부터 장려한 이유는 무엇일까? 여성들이 사회주의 건설에 적극 참여하면서도 화장품 사용에 관심을 갖는 것이 모순되는 것은 아닌가? 등등 다양한 의문이 들었다. 왠지 화장품을 애용하는 여성이 사회주의 건설을 외치는 것이 부자연스럽다는 선입견이 강했다. 2000년대 초 남북한이 교류 협력을 활발하게 하던 시절 평양을 방문할 때마다 여성들의 화장 행태를 유심히 살펴보았다. 화장 문화에 이어 자연스럽게 여성들의 의복 및 신발, 액세서리 등 외모를 치장하는 꾸미기 문화에도 관심을 갖게 되었다. 북한 연구에서 정치, 군사 등 거대 담론도 중요하지만 실제 인민들이 살아가는 삶의 현장에 필요한 의식주는 물론 화장품 등 개인의 기호를 반영하는 소비 생활을 포함한 미시적인 주제도 분석의 필요성을 절감했다.

북한 당국은 1946년 정권 준비 초기 단계부터 남녀평등권에 관한 법령을 발표하는 등 사회주의 건설의 한 축인 여성의 적극적인 정치 사회 활동 참여를 유도했다. 김일성은 조선시대 500년에 이어 일제강점기까지 동면 상태를 지속해온 조선 여성들의 의식을 깨워 사회주의 건설의 동참을 독려했다. 채찍에 당근을 병행 사용하는 전략인지 혹은 외형적인 아름다움을 추구하는 여심을 정확하게 파악했는지 김일성은 1953년 휴전 이후 한국전쟁의 복구 과정 속에서 경공업 정책의 일환으로 화장품 공장 건설을 적극 추진했다. 2대 지도자 김정일 역시 화장품 공장을 자주 현지지도 했다. 대를 이은 화장품 사랑은 3대 지도자 김정은의 집권 시기에도 지속되었다. 오히려 해외 생활의 경험 때문인지 선대 지도자 못지않게 적극적으로 화장품 생산을 독려했다. 특히 세련된 외모의 부인 리설주를 대동하면서 백화점의 화장품 코너를 현지지도 하는 모습은 외형상 인민들의 삶의 현장을 파악하는 리더라는 이미지를 주기에 충분했다. 이복형 김정남을 살해하는 비인간적인 모습을 찾기는 어려운 장면이기도 했다. 사회주의 유일수령 사상체계의 이중성을 엿볼 수 있는 대목이다.

재일본조선인총연합회 기관지 ≪조선신보≫는 2015년 3월 17일 자 "제품의 질 향상에 주력하는 평양화장품공장"이라는 제목의 기사에서 김정은 위원장이 2월 4일 평양화장품공장에서 눈 화장품인 마스카라 제품의 문제점을 지적했다고 보도했다. 김정은 위원장은 기능성 화장품에 비해 색조 화장품의 품질이 외국산을 따라가지 못하고 있다며 그 대표적 사례로 마스카라를 들었다. 그는 "외국의 아이라인, 마스카라는 물속에 들어갔다 나와도 그대로 유지되는데 국내에서 생산된 것은 하품만 하더라도 너구리 눈이 된다"며 마치 스스로 여성 소비자가 된 것처럼 제품의 문제점을 조목조목 열거했다. 또한 랑콤, 샤넬, 크리스챤 디올, 시세이도 등 화장품 브랜드를 언급하며 해외 유명 브랜드와 함께 겨룰 수 있도록 평양화장품공장에서 생산하는 화장품의 품질을 높일 것을 주문했다. 김정은 위원장은 현지지도에서 화장품에 대한 구체적인 식견을 대내외에 과시하는 한편 국제적인 명성을 갖는 제품에 대한 브랜드까지 상세하게 나열했다. 김정은 위원장의 대를 이은 화장품 사랑을 적나라하게 엿볼 수 있는 대목이다. 가장 소비적이고 자본주의적 색채가 강한 화장품의 생산을 독려하는 북한의 정책은 여성들에게 품질 좋은 제품을 공급하고자 하는 의도가 반영된 것일까? 심지어 "머리카락을 길게 자래우면 인체의 뇌조직에 공급되는 영양물질이 부족됨으로 너무 길게 기르지 않는 것이 좋다"고 선전할 정도로 경제적 상황이 열악한 북한 당국이 화장품 생산을 독려하는 것은 아름다워지려는 여성들의 본심과 심리를 간파한 고도의 통치 정책인지도 모른다.

선군정치와 군수 및 중공업 위주의 발전을 추구하는 북한 사회주의 체제의 특성상 경공업인 화장품 생산에는 많은 투자가 이루어지지 않았다. 그 결과 북한 화장품 기술은 화장품 용기는 외제와 한국산을 카피해서 모양은 흉내를 냈으나 내용물의 품질은 말할 것도 없고 용기도 문제가 있어 내용물이 밖으로 튀어나오는 등 우리의 1980년대 말 수준에 머물러 있다. 단거리 미사일은 물론 장거리 미사일ICBM 발사체를 지구 궤도 밖으로 쏘아 올렸다가 지구 궤도로 재진입시키는 첨단기술까지 보유한 북한 당국이 화장품 용기의 펌프와 분사 기구조차 정교하게 개발하지 못했다는 것은 인민들의 후생보다는 김정은 체제의 유지에 따른 선군정치先軍政治의 부작용이다. 낙후된 금형기술로 인해 대부분의 제품 용기가 조악했다. 뚜껑이 용기에 잘 맞물리지 않는 경우가 대다수였고 액체 제품의 경우 스프레이가 잘 작동하지 않았다. 화장품을 사용하다가 역설적으로 소비자의 불편만 유발하는 일이 발생할 수밖에 없다. 하지만 북한 화장품 회사들은 기초 화장품에 이어 색조 화장품을 생산하더니 이제는 마스크 팩, 북한 용어로 '미안막美顔幕'까지 생산하고 있다. 한국 기준에는 못 미치지만 북한 나름대로 품질 개선에 주력하고 있는 것은 분명하다.

'북한에는 여자가 없다'는 인권단체인 휴먼아시아와 탈북여성단체가 2017년 3월 8일 세계여성의 날을 기념해 개최한 토크 콘서트의 제목이다. 북한은 1946년 남녀평등권을 제정해 여성 노동력의 착취를 시도했다. 북한의 모든 여성이 한국산 화장품을 사용하는 그날이 통일의 날이라는 신념으로 이 책을 집필했다. 북한 여성들도 아름다워지고 싶은 욕망을 현실에서 구체화하는 날이 어서 빨리 오기를 간절히 기원한다.

사회주의 체제의 화장품 산업 육성이라는 이중적인 주제에 미흡하나마 해답을 제시하고자 다양한 방법을 모색했다. 특히 현장 접근이 불가능한 북한 연구의 답답한 한계를 극복하기 위해 세 가지 입체적인 방법을 활용했다. 이 과정에서 한 권의 책을 출간하기 위해 많은 분이 도움을 주셨다. 첫째, 북한산 화장품의 품질을 정확하게 파악하고자 직접 북한산 화장품을 조달했다. 64개 품목에 달하는 최신 북한산 화장품을 평양 및 중국 등지에서 구매해 연구 기초 자료로 제공해준 평화자동차 박상권 사장님, 중국인으로 김일성 종합대학을 졸업하고 고려대학교 북한학과 석·박사 과정을 이수한 왕천선 군에게 심심한 감사의 말을 전하고 싶다. 기초와 색조 화장품의 구색을 맞추기 위해 북한산 화장품을 철저하게 조사하고 구매해서 전달해준 두 분과 익명의 후원자들의 지원이 없었다면 한국 최초로 북한산 화장품의 실물 성분 분석을 시도할 수 없었을 것이다. 국내 화장품 기술연구소에서 64개 품목의 북한산 화장품의 전 성분을 검사한 것은 이 책이 국내 최초다. 특히 박상권 사장님은 북한의 사업 경험을 살려 양질의 박사 논문을 집필 중이라 기대가 크다. 다음은 아모레퍼시픽 기술연구소의 김부민 팀장님을 비롯한 기술진들의 노고에도 감사를 드리지 않을 수 없다. 기술진들은 각자 매우 분주한 기술개발 일정 속에서도 한국 최초로 북한산 화장품의 성분 분석이라는 사명감을 갖고 철저한 분석과 조사를 수행함으로써 북한산 화장품의 성분이 베일을 벗는 계기가 되었다.

둘째, 북한 여성의 화장품의 사용 실태를 밝히기 위해 200여 명의 탈북 여성을 대상으로 북한에서 거주할 때의 화장품 사용 경험을 설문 조사했다. 설문 조사의 통계상 한계를 극복하기 위해 10여 명의 탈북 여성과 집중포커스 인터뷰를 진행했다. 셋째, 북한 당국의 기관지인 ≪로동신문≫과 조선중앙통신 및 여성 대상 기관 잡지인 ≪조선녀성≫을 체계적으로 분석했다. 김일성, 김정일, 김정은 역대 3대 지도자의 화장품 생산 관련 발언과 의도 및 현지지도 동향을 통해 정책 의도를 파악하는 데 주력했다. 사실 이러한 접근은 북한이라는 거대 사회를 정치적·군사적으로 접근해 이분법적으로 분석했을 때 발생하는 오류를 시정하는 데 매우 유용한 방법이다. 한국의 북한 관련 연구 주제는 매일매일의 북한 내부에서 발생하는 현실 문제로서 사회주의 독재 체제의 문제점과 북핵 문제에 집중되고 있어 불균형적인 측면이 강하다. 미시적인 내부 작동 원리와 주민들의 인식보다는 지도자 개인에게만 관심이 집중되는 것은 북한 분석에 우려스러운 측면이다. 이 책이 이러한 불균형적인 연구를 보완하는 데 다소나마 기여하기를 기대한다.

이러한 세 가지 연구 방법을 기반으로 여섯 개의 장을 집필했다. 우선 제1장 '북한에서 여성은 누구인가?'에서는 북한 여성의 기본 인식과 삶을 조명했다. 여성의 삶에서 핵심 요소인 결혼과 가정생활, 미의 추구 등 기초적인 측면을 기술했다. 제2장 '북한 여성의 아름다움은 무엇인가?'에서는 북한의 여성 스타일, 북한의 화장make-up 기법 등을 분석했다. 제3장 '북한에서도 화장품을 만들까?'에서는 '북한의 화장품 산업 육성 정책', '북한의 화장품 공장 현황'이라는 주제와 동시에 북한의 화장품을 소개했다. 제4장에서는 64개 화장품의 전 성분 분석의 결과와 특성을 제시했다. 기술 분석의 결과 도출된 유해 성분 및 각종 원료는 매우 흥미로운 연구 자료로 활용될 수 있는 결과물이다. 제5장에서는 '미의식과 화장 문화, 남북은 어떻게 다를까?'라는 주제를 기술했다. 인구통계학적 특성을 중심으로 조사 결과에 대해 교차 분석을 실시했다. 마지막으로 제6장에서는 '우리 화장품 언제 북한에 진출할까?'라는 주제로 북한에서 한국산 화장품의 인기를 살펴보고 우리 화장품이 북한에 언제 어떻게 진출할 수 있을지를 전망했다.

공동 저자로 집필에 참여한 채수란, 이가영 고려대학교 아세아문제연구소 북한연구센터 연구원들은 성실한 자세로 각자 맡은 바 임무를 수행해 정해진 기한 내에 책이 출판되는 데 결정적인 역할을 했다. 이 책은 북한을 주제로 하면서도 여성의 화장품이라는 비남성적인 분야를 연구한 만큼 여성 연구원의 참여가 불가피했다. 두 연구원은 꼼꼼하고 체계적이면서도 여성의 시각과 관점에서 분석하고자 노력했다. 앞으로 북한 전문연구자로서 대성을 기대한다. 배진 연구원은 성실한 자세로써 통일부 자료실에서 북한 여성동맹의 기관지인 ≪조선녀성≫을 분석해 북한 당국의 정책 의도를 파악하는 데 큰 역할을 했다. 오준철 연구원은 아모레퍼시픽 연구소의 성분 분석 자료를 체계적으로 정리하고 북한산 화장품을 품목마다 특수 촬영해 독자들의 시각적인 이해를 돕는 데 기여했다. 김경묵 연구원은 소중한 북한 내부 자료를 체계적으로 정리해서 북한의 정책을 파악하는 데 큰 도움을 주었다. 문관현 연합뉴스 부장은 연합뉴스가 소장한 귀중한 북한 사진 자료를 활용할 수 있게 지원을 아끼지 않았다. 정유석 고양시정개발연구원 연구위원은 (사)남북경제연구소를 체계적으로 관리해 연구진들이 연구에만 매진할 수 있는 환경을 조성하는 데 막중한 역할을 했다. 젊은 연구진들의 다양한 노력에도 불구하고 이 책에서 나올 수 있는 각종 분석 기술상의 오차와 미흡한 분석은 그 책임이 전적으로 필자에게 있음은 물론이다.

수년 전부터 북한의 화장품에 관한 분석을 체계적으로 시도하고자 했다. 종합적이고 체계적으로 정리를 시도했으나 공직과 학교의 다양한 업무 등으로 착수하지 못했다. 2016년 초 아모레퍼시픽 장학재단의 저서출판 대상으로 선정되어 집필에 본격적으로 착수했다. 서경배 회장님의 적극적인 지원이 없었다면 이 책은 세상에 빛을 보지 못했을 것이다. 한국의 미, 아시아의 미를 구현하기 위해 불철주야 노력하시는 서경배 회장님과 배동현 사장님, 김희택 이사장님, 백영서 이사님, 최재천 이사님, 조정식 이사님, 배철현 이사님, 이석재 이사님, 김정호 전무님 등 재단 관계자들에게 감사의 말씀을 드리고 싶다. 마지막으로 시각적으로 아름다운 서적을 출판해준 (주)한울엠플러스 윤순현 차장과 조인순 팀장에게 심심한 감사를 드린다.

2017년 2월 진정한 입춘을 기대하며

고려대 연구실에서 남성욱

북한에서 여성은 누구인가?

| 북한 여성은 생활의 꽃이라네
| 북한의 여성 정책은 어떻게 만들어졌는가?
| 북한에서 여성은 어떤 대우를 받나요?
| 북한 여성들은 어떻게 이성을 만나 결혼을 하고 살까?
| 북한 여성들의 결혼생활은 행복할까?

1

북한은 노동당이 중매쟁이처럼 행동한다.
결혼에 노동당의 허가는 필수적이다.
결혼 대상자의 성분이 좋을수록 배우자 선택을
당에 의존하는 경향이 강하다.
특히 고위층은 딸의 외모가 신통치 않으면
배우자 선택을 당에 위임하는 경우가 비일비재하다.

북한 여성은 생활의 꽃이라네

북한 사회주의 체제하에서 여성들은 어떻게 살아갈까? 북한 여성들은 현실의 삶에 만족할까? 그들도 남한 여성들처럼 예쁜 옷을 입고 액세서리도 착용하고 화장하는 데 관심이 있는 것일까? 아니 외모를 아름답게 하기 위해 성형도 하고 주기적으로 얼굴에 미용 주사도 맞는 것일까? 북한의 여성 군인들은 각종 기념일에 김일성 광장에서 기계처럼 행진하기 위해 얼마나 많은 시간을 연습했을까? 여성으로서의 기본적인 욕망은 자제하고 사회주의 건설과 김정은 위원장의 우상화에만 매진하는 것일까? 그렇다면 여성으로서 아름다워지려는 인간의 본능을 자제하고 외부로 표출하면 안 되는 것일까? 아이를 낳아 잘 키우고 아내로서의 도리를 다하는 전통적인 현모양처가 이상적인 여성상일까? 과연 여성의 실존적인 삶은 가능한 것일까? 등등 각종 의문이 꼬리를 물고 나온다.

북한의 노동당 기관지 ≪로동신문≫은 2014년 3월 8일 국제부녀절을 맞이해 "인구의 절반을 차지하는 여성은 혁명의 한쪽 수레바퀴를 떠밀고"라는 제하의 기사를 보도했다.[1] 이날은 유엔이 지정한 세계 여성의 날이다. 북한 달력에는 공휴일로 표기되어 있지만 당국의 지시에 따라 오전 근무는 하고 오후에는 쉬기도 한다. '국제부녀절'에는 세 가지 풍습이 있다. 우선 남성이 여성의 집안일을 대신 해준다. 북한은 남한보다 가부장적인 사회로 평소 집안일은 당연히 여자의 몫으로 인식해 남자는 관여하지 않는다. 하지만 이날만큼은 남성이 집안일을 맡아서 한다. 일 년 중에 단 하루만이라도 고생한 아내 혹은 어머니를 위해 집안일을 해준다는 남녀평등의 문화가 한시적으로 실현되는 날이다. 일부 남성들은 좋아하는 여성에게 화장품을 선물하며 구애를 하기도 한다. 여성들이 능동적으로 사랑을 고백하는 남한의 밸런타인데이와 비교되는 날이다. 남한에서 여성은 양성평등의 대우를 받지만 사랑 고백은 정서상 남성의 전유물이다. 따라서 밸런타인데이는 예외를 인정하는 풍습이 남한에 들어와 상업적인 목적에서 유래한 이벤트 날이다. 북한에서 국제부녀절은 연중 하루만이라도 양성평등을 실현하는 날이다. 남성이 관대함과 기사도 정신으로 여성의 가사를 돕는 북한판 화이트데이라고 해석된다.

둘째, 직장에서 오전 근무만 할 경우 상사의 허가를 받아 점심시간에 여성 동료들끼리 준비해온 음식을 같이 먹는다. 물론 직장에 다니지 않는 여성들은 동네에서 여성들끼리 모여 음식을 나누어 먹는다. 마지막으로, 국제부녀절에 재력가나 권력층 여성들은 꽃단장을 한다. 국제부녀절만큼은 자신의 남편에게 혹은 약혼자에게 예쁜 모습을 보이기 위해 곱게 화장하고 평소에 잘 가지 않던 미장원에 들러 머리를 하기도 한다. 그래서 3월 8일에 평양의 미장원은 고위층 여성들을 중심으로 북새통을 이룬다. 평양의 상류층 여성들은 국제부녀절을 특별히 여성을 위한 날로 자축 내지 기념하려고 한다. 물론 이러한 풍습은 평양 등 대도시에 국한되어 있다. 경제난이 일상화된 여타 도시와 농촌 지역에서 국제부녀절을 평양처럼 즐기기에는 한계가 있을 수밖에 없다. 어쨌든 이날은 북한 여성들도 자신이 여성이라는 존재를 확인하고 싶은 마음이 표출되는 특별한 날이다.

한편 2014년 3월 8일 북한 조선중앙통신은 '국제부녀절(세계여성의 날)' 104돌을 맞아 북한에서 다채로운 행사가 열렸다고 보도했다. 당일 평양 인민문화궁전에서 열린 중앙보고대회에는 지난 2월 3일 새롭게 선출된 김정순 조선민주녀성동맹(녀맹) 위원장이 나와 "오늘 여성들 앞에는 김정은 동지의 영도 따라 당과 혁명, 사회와 가정 앞에 지닌 책임과 본분을 다해 나감으로써 사회주의 강성국가를 일떠세워야 할 성스러운 임무가 있다. 모든 여성들은 수령님(김일성 주석)께서 가르쳐 준 가화만사성의 진리를 생활의 좌우명으로 삼고 가정의 화목과 행복을 위해 사랑과 정을 다 바치며 자식들을 선군혁명위업의 계승자들로 훌륭히 키워야 한다"고 강조했다고 한다. 중앙보고대회에는 김기남 노동당 비서, 양형섭 최고인민회의 상임위원회 부위원장과 여성 일꾼들, 녀맹원들이 참가했으며, 해외 동포 여성들과 북한 주재 외교 및 국제기구 대표부 여성들이 초대되었다고 한다. 여성들은 당, 사회 및 가정 앞에 책임과 의무가 강조되었다. 특히 가화만사성의 일차적인 책임이 여성에게 있고, 자식을 낳아 혁명에 동참시키는 것도 의무라는 점이 부각되었다.

이에 앞서 국제부녀절을 축하하는 체육경기가 3월 5~7일까지 3일간 태권도 전당에서 진행되었고 녀맹 일꾼들과 녀맹원들이 참석했다. 배구, 탁구, 줄다리기 등의 종목이 있었으며 종목별 결승 결과 함경북도가 우승을 차지했다. 또한 국제부녀절 하루 전인 3월 7일에는 김정은 제1위원장이 산모들을 위해 평양산원에 잉어를 선물했다고 한다. 국제부녀절을 맞아 북한 언론은 여성들이 김정은 제1위원장의 영도를 따를 것을 호소하는 기사를 잇달아 보도했다. ≪로동신문≫은 "최후 승리를 위한 오늘의 총진군에서 조선녀성의 혁명적 기개를 힘있게 떨치자"는 사설을 발표하며 "수령결사옹위는 우리 혁명의 제일 생명이며 조선 녀성들의 사상 정신적 풍모의 근본 핵"이라고 강조했다. 조선중앙방송은 김정은 제1위원장의 할머니인 김정숙의 활동을 보도했다. 또한 세계탁구선수권 우승자인 리분희 조선장애자체육협회 서기장, 제14차 아시아마라톤선수권대회 우승자 김금옥, 안금애와 림정심 등의 유도 선수, '김일성상'을 받은 인민배우 김정화, 평양산원의 리성혜 박사 등 유명 여성들을 소개하기도 했다. 이날 북한 방송들은 「여성은 꽃이라네」[2] 라는 노래를 수없이 반복해서 방송했다. 여성은 가정과 나라의 중요한 역할을 차지하는 꽃이라고 강조한다. 꽃은 아름다움의 상징인데 다양한 임무와 부담을 강요해 시들게 하는 것이 아닌지 의심스럽다.

1. 여성은 꽃이라네 생활의 꽃이라네 / 한 가정 알뜰살뜰 돌보는 꽃이라네 정다운 안해여 누나여 그대들 없다면 / 생활의 한자리가 비여 있으리 (후렴) 여성은 꽃이라네 생활의 꽃이라네
2. 여성은 꽃이라네 행복의 꽃이라네 / 걸어온 위훈의 길에 수놓을 꽃이라네 / 정다운 안해여 누나여 그대들 없다면 / 행복의 한자리가 비여 있으리
3. 여성은 꽃이라네 나라의 꽃이라네 / 아들딸 영웅으로 키우는 꽃이라네 정다운 안해여 누나여 그대들 없다면 / 나라의 한자리가 비여 있으리

하지만 탈북 여성들은 북한의 국제부녀절을 여성들이 모여서 함께 식사하는 자리 정도로 기억하고 있다. 외부 세계처럼 국제부녀

절 행사를 통해 여성의 지위 상승이나 남녀평등을 달성하고 이를 개선하기 위한 진정한 노력은 없다는 것이 대체적인 평가다. 중국 연변 출신의 조선족 동포 박연희 씨는 중국인과 한국인(조선인) 사이에 남녀의 역할에 대한 인식 차이가 크다고 지적한다. 중국인(한족) 가정에서 가사는 남편의 몫이다. 한족 남자들은 퇴근하면 앞치마를 두르고 주방에 들어가서 부지런히 저녁밥을 준비한다. 남자가 식사를 준비하는 동안 아내는 텔레비전을 시청하거나 집 밖에서 동네 사람들과 수다를 떨거나 책을 보거나 게임을 하는 등 하고 싶은 일을 한다. 하지만 조선족 여성은 같은 직장에 근무하는 한족 여성과 달리 가사와 육아도 동시에 진행해야 한다. 퇴근 후 조선족 여성들은 가족을 위한 식사를 준비하느라 계속 서서 분주하게 일한다. 조선족 남성들은 밖에서 술을 마시거나 특별한 일 없이 시간을 보낸다. 집에 있더라도 텔레비전을 보면서 주방에는 얼씬도 하지 않는다. 하지만 단 하루, 3월 8일 국제부녀절만은 예외다. 많은 조선족 남자가 3월 8일 하루만은 아침밥을 짓고 반찬을 만들어 소박한 아침상을 아내한테 바친다. 경제적으로 여유가 있는 조선족 남자들은 선물을 준비하거나 꽃을 사주기도 한다. 또는 현금을 봉투에 넣어주기도 한다. "3·8절 하루를 아내한테 잘하는 남편은 일 년이 행복하고 그렇지 못한 남편은 일 년이 괴롭다"[3] 라는 말이 있다. 결국 조선족 남성이 중국 한족 남성보다 가부장적이라는 지적이다. 조선족 사회에서 남녀평등은 전혀 생각할 수도 없는 현실이라는 점을 엿볼 수 있다.

이와 같이 동일한 사회주의 국가이지만 중국과 북한 간에는 여성의 역할과 소명에서 다소 차이가 있다. 남녀 및 이성 간에는 신체적 측면과 사회적 역할에서 근본적인 차이가 있어 구분하는 것이 바람직하다는 여타 공산주의 국가와 달리 북한은 모든 인간은 평등하다는 명제에 따라 정책적으로 여성의 존엄성을 찬양하는 데 있어 매우 적극적인 입장을 견지해오고 있다. 이에 따라 북한의 제도와 정책에서 여성의 역할과 활동에 대해 외형적으로는 확대 해석한다. 예를 들어 과거 사회주의 중국과 소련의 여성들이 검은색이나 회색 등 경직된 옷을 입는 것과는 달리 북한 여성들은 단정하지만 원색 계통의 의복을 착용했다.[4]

마르크스 레닌주의 이론의 가치 체계와 이념에 따르면 인간은 남녀 구분 없이 사회주의 건설이라는 목적 달성에 필요한 수단일 뿐이다. 사회주의 건설에서 남녀의 구분이나 차별 혹은 평등과 같은 구호는 중요하지 않고 각자의 맡은 바 임무가 중요하다. 다만 이를 현장에서 실천하는 구체적인 전략의 일환으로 남녀의 평등을 강력하게 내세운다. 외형적으로 여성의 위상을 남성과 동등하게 정립한다. 남성과 여성을 표면적으로 등등한 위치에 올려놓아 여성도 남성과 마찬가지로 활동해야 한다는 논리를 유도하고 귀납적으로 여성의 사회 참여를 유도한다. 남성과 동등한 여성의 사회 활동 참여는 필연적으로 여성 노동력의 활용을 극대화하는 결과를 도출한다.

북한의 여성 정책은 어떻게 만들어졌는가?

북한 정권을 세운 김일성은 정권 수립 초기 체제의 청사진을 그리는 과정에서 남녀평등권을 핵심으로 하는 여성 정책을 신속하게 제시했다. 김일성은 북한에 사회주의를 건설하는 과정에서 여타 사회 현안보다도 남녀평등권에 관한 법적 조치를 신속하게 취했다. 1946년 7월 22일 임시인민위원회 결정(제47호)으로 '남녀평등권에 대한 법령초안에 대한 결정서'를 발표했다. 임시인민위원회 위원장 김일성과 서기장 강량욱은 결정서에서 "각 민주주의 정당 및 사회단체·직장 등에서 본 초안에 대한 충분한 토론과 연구가 있은 다음 본 법령초안에 대해 정확히 인식하고 본 법령초안을 급속한 시일 내에 완전한 정식법령으로서 발표하기를 기대한다"고 언급했다. 이 결정서의 급속한 시일 내라는 표현대로 1946년 7월 30일 북조선림시인민위원회 결정 제54호에 따라 '북조선의 남녀평등권에 대한 법령'을 공표했다.[5] 법령 1조는 "국가, 경제, 문화, 사회, 정치 생활의 모든 령역에서 녀성들은 남자들과 평등권을 가진다"고 선언했다. 또한 본 법령의 발표와 동시에 "조선녀성의 권리에 관한 일본 제국주의의 법령과 규칙은 무효로 한다"고 적시했다. 이 법령에는 여성의 선거권과 피선거권의 보장, 이혼의 자유, 강제결혼 반대, 일부다처제 반대, 양육비 소송권 인정, 공창·사창(성매매) 반대 등의 내용이 포함되었다. 김일성은 "남녀평등권 법령은 조선인구의 절반을 차지하는 녀성들을 봉건적인 압박과 굴욕에서 해방했으며 그들에게 남자들과 동등한 권리를 가지고 나라의 정치, 경제, 문화생활에 참여할 수 있는 조건을 지어주었습니다"라고 언급했다.[6]

북한은 이 법령의 채택을 '역사적 사변'이라고 선전하면서 정치 분야뿐만 아니라 경제·사회 및 문화 분야에서 남녀평등이 실현되었다고 주장해왔다. 이후 45여 일 후인 1946년 9월 14일 '남녀평등권에 대한 법령 시행세칙'이 임시인민위원회 78호 결정으로 공표되었다. 시행세칙을 발표해 법을 구체적으로 시행할 수 있는 기본 틀을 갖추었다. 총 29조에 달하는 시행세칙에는 이혼의 소송 절차, 양육비의 부담 방법, 성매매 시 처벌 수준 등 구체적인 내용을 발표했다.[7] 북한은 조선시대를 거쳐 일제강점기 동안 사실상 동면 상태에 있던 여성의 의식과 목소리를 깨우치는 1단계 조치를 신속하게 취했다.[8] 남녀평등권을 법적으로 보장하는 문서를 공표한 것이다. 1948년 9월 8일 최초로 공포된 조선민주주의인민공화국 제정헌법 제22조는 "녀자는 국가 정치, 경제, 사회, 문화생활의 모든 부문에 있어서 남자와 동등하다. 국가는 모성과 유아를 특별히 보호한다"고 남녀평등을 확실하게 규정했다. 이후 1962년 헌법 개정, 1972년 헌법 개정을 거쳐 1998년 개정헌법에서도 "녀자는 남자와 똑같은 사회적 지위와 권리를 가진다. 국가는 산전산후 휴가의 보장, 여러 어린이를 가진 어머니를 위한 로동 시간의 단축, 산원, 탁아소와 유치원망의 확장 및 그 밖의 시책을 통해 어머니와 어린이를 특별히 보호한다. 국가는 여성들이 사회에 진출할 온갖 조건을 지어준다(77조)"고 규정했다.

북한은 사회주의 건설 초기에 남성과 동등하게 여성의 적극적인 참여와 주도적인 역할을 두 가지 방향으로 진행했다. 1946년 '북조선의 남녀평등권에 대한 법령'은 "낡은 봉건적 남녀관계를 개혁하고 여성으로 하여금 경제 문화적·사회 정치적 생활에 전면적으로 참여시킬 것을 선언하고 여성들의 삶의 현장에서 두 가지 방향으로 추진했다. 이를 분석하면 다음과 같다. 첫째, 정치적 측면이다. 북한은 사회주의 건설에 남녀의 구분이 없으며 오히려 여성의 참여를 우선적으로 유도해 소극적이고 관망하는 남성들의 동참을 우회적으로 독려했다. 김일성은 새롭게 수립된 사회주의 정권에 대한 호기심과 두려움 등이 교차되는 정치 세계의 참여 여부를 둘러싼 남녀 간 인식의 차이를 역설적으로 활용했다.

북한 여성의 정치 참여는 주로 1945년 11월 18일 창립된 '북조선민주여성총동맹'[9]을 중심으로 이루어졌으며, 법적으로 평등을 보장해 제도상 · 형식상으로는 남한과 유사하다. 그러나 실제로는 부계 중심 사회에서 김일성의 유일지배를 합리화하기 위해 가부장 제도를 중시하기 시작하면서 여성의 정치·사회활동 참여는 현실적으로 당초의 양성평등의 이상과는 점차 거리가 멀어졌다. 북한 당국은 여성을 권력의 최고 정점에 있는 김일성을 중심으로 이에 종속하는 하나의 충성 계층으로 결속하는 데 주력했다. 특히 사회주의 혁명 초기 여성을 북한 사회의 혁명 역량과 당의 군중적 지지 기반으로 활용하기 위해 여성동맹을 신속하게 설립했다. 북한은 '북조선민주여성총동맹'이 창립됨으로써 여성들이 대중적인 정치조직을 가지고 사회·정치 생활에 떳떳이 참가할 수 있게 되었으며 세계 진보적 여성들과 국제적 연대성을 강화하며 자주성을 옹호하기 위한 세계 여성운동 발전에 기여할 수 있게 되었다고 주장하고 있다. 결과적으로 북한 여성은 역설적이지만 여맹 결성을 계기로 김일성의 권력 기반 강화에 이용되는 단순 정치 집단 및 도구로 전락했다.

둘째, 경제적 측면이다. 김일성은 사회주의 건설에서 '녀성로력'을 광범위하게 끌어들이는 것은 매우 중요한 의의가 있다고 역설했다. 그는 여성노력을 사회주의 건설에 끌어들이는 것은 어려운 노동력의 공급 문제를 풀고 근로자들의 생활수준을 높이며 여성의 혁명화를 촉진하는 데 큰 의의가 있다고 설명했다. 북한 당국은 가족제도의 타파와 여성 해방을 위해서는 여성이 사회적 생산 활동에 참여하는 진정한 '로동자'가 되어야 한다는 인식하에 여성을 사회적으로 동원하는 다양한 조치를 취했다.[10] 여성을 '로동자'로 생산 영역에 끌어들이는 논리와 이데올로기는 다음과 같다.

> 녀성들을 사회적 로동에 참가시키는 것은 유휴로력을 합리적으로 쓰기 위해서만 필요한 것이 아닙니다. 녀성들을 로동에 참가시키는 목적은 또한 그들을 온갖 구속에서 완전히 해방하고 그들에게 실질적으로 평등한 사회적 지위를 보장해주자는데 있습니다. 그러므로 여성들을 사회주의 건설에 참가시키는 것을 단순한 행정실무적 조치로 볼 것이 아니라 하나의 큰 정치사업으로 여겨야 합니다.[11]

여성이 '로동자'가 되기 위한 가장 기초 교육은 문맹 퇴치였다. 북한 당국은 1945년 11월 5도행정국에 교육국을 창설해 교육 투자와 문맹 퇴치를 확대했다.[12] 김일성은 여성이 남성 못지않게 훌륭히 사업을 진행하고 있다고 강조하면서 여성이 경공업 분야나 서비스 분야에 집중함으로써 상대적으로 남성이 강한 물리력이 필요 없는 일반 사무

업무에서 벗어나 튼튼한 체력이 요구되는 중공업 등에 전념할 수 있다고 선전했다.[13] 이를 위해 김일성은 1958년 7월 19일 내각결정 제84호를 통해 '인민경제 각 부문에 녀성들을 더욱 인입시킬 데 대하여'라는 제하의 조치를 공표했다. 이 조치는 1961년에 이르러 전체 종업원에 대한 여성의 비율을 교육 및 보건 부문에서는 평균 60% 이상, 기타에는 평균 30% 이상으로 올릴 것을 규정했다.[14]

북한은 남녀의 물리적 특성 차이를 구분하는 방식으로 노동력을 배치해 인력 공급의 극대화를 도모하고자 했다. 예를 들어 여성 노동력이 부족할 경우 남성이 사무 업무 등 사무실에서 처리하는 일이 다반사가 된다. 남성의 사무직 종사는 광물 채광, 도로, 발전소 등 사회간접자본 건설 및 군수공업 육성과 농림어업 등에 투입할 남성 인력이 부재함을 의미한다. 북한 정권 수립 초기 각종 경제 건설에 투입할 남성 인력난의 해결 방안 중 하나가 여성 노동력의 활용이었다.

> 녀성로력을 광범위하게 끌어들여 우리의 로력전선을 보충하며 확대하여야 할 것입니다. 조국해방전쟁 과정에서 뚜렷이 나타난바와 같이 우리의 영웅적 조선녀성들은 무진장한 힘을 가지고 있습니다. 로력전선에서도 그들은 남성들만 못지않게 훌륭히 사업하고 있으며 위훈을 세우고 있습니다. 녀성들의 체질과 소질에 맞는 경공업 부문에 많은 녀성로력을 끌어들여야 할 것입니다. 상업, 체신, 보건, 문화, 교육, 기관 등에서 사무보는 일에 녀성로력을 대대적으로 써야 할 것이며 그들의 근무를 위하여 여러 가지 편리를 도모하여야 할 것입니다. 그리하여 많은 사무기관에서 남성로력을 녀성로력으로 대체하여 남자들을 생산 직장으로 돌려야 할 것입니다.[15]

북한은 인민경제에서 여성 종업원들의 비중이 매우 높다고 선전한다. 특히 방직공업, 식료품가공공업, 상업 부문 및 보건 부문 등에서 여성의 역할이 강하다고 주장한다. 이러한 경공업과 상점 및 물자유통과 병원 등 각종 서비스 분야에 여성이 집중적으로 근무하는 것을 내세워 당과 국가는 여성 노동력의 보호를 위해 커다란 역할을 하고 있다고 광고한다. 이를 통해 압박받고 천대받던 여성들의 세기적 숙망은 오늘 노동당 시대에 훌륭히 실현되고 있다고 선전한다. 그러면서 자본주의 여성노력보다 북한의 여성노력이 더 우월하다고 강조한다. 북한은 시장경제 체제의 자본가들이 남녀의 동일한 노동에 대해 여성에게 상대적으로 낮은 임금을 주는 등 자본주의하의 여성노력은 남성노력보다 더욱 가혹한 착취 대상이라고 선전한다.

북한의 선전 매체는 자본주의와의 비교를 통해 사회주의 북한의 여성 정책이 우월하다고 강조한다. 특히 남조선의 여성노력들은 같은 노력에 비해 훨씬 낮은 임금을 받고 있으며 모든 사회생활에서 차별 대우를 받고 있다고 주장한다.[16] 제도적으로는 남녀가 평등한 듯 보였지만 경제활동에서 직업에 따른 성별 분리 정책을 통해 높은 임금과 각종 연금이 보장되는 중공업과 전문직 분야에는 남성을, 상대적으로 낮은 임금과 연금이 보장되지 않는 경공업 및 상점과 단순 보건 등의 분야에서는 여성을 배치해 결과적으로 불평등을 초래했다. 북한은 이러한 급여 등 후생복지 측면보다는 외형적인 직업의 분리를 통해 오히려 여성을 배려하고 있다고 선전한다. 북한은 여성들에게 계급해방과 인간해방을 내세우면서 현장에서는 노동력 활용 측면에서 여성도 남성과 나란히 혁명대열에 동참해야 한다는 기치를 들었다.

북한은 다른 사회주의 국가들처럼 정책적으로 남녀평등권을 표방한다. 하지만 현실의 생활에서는 '주체사상'이라는 독특한 체제

속에서 여성의 가치관을 규정하고 있기 때문에 북한 여성은 '어버이 수령'을 중심으로 한 가부장제 이념의 지배를 받고 있으며 항상 당과 집단 테두리 안에서 자신을 실현해야 하는 사회적 제약이 있다. 또 가족 내에서도 여성의 지위는 남성 위주의 가치관에 얽매여 가사 및 육아와 노동력 수단으로서의 생산 활동 수행 등 이중적인 부담을 면하기 어려운 실정이다. 게다가 각종 사회주의 체제에 노동력 활용을 극대화하는 노력경쟁 운동과 목표 책임량 완수 및 매일매일의 이념 학습 의무 때문에 북한 여성은 이중 삼중의 부담을 안고 있다.

매년 북한은 '북조선의 남녀평등권에 대한 법령'이 발표된 날을 기념해 ≪로동신문≫을 포함한 북한의 각종 선전 매체에서 그 의미를 해설하는 사설을 게재해왔다. 법 제정 시점으로 보면 1987년 12월에야 '남녀고용평등법'이 제정된 한국과 비교할 때 북한이 무려 41년이 앞서 있다고 주장했다. 시기적으로 앞서 있다는 주장을 강조해 남한과의 정통성 및 체제 수립 명분 경쟁에서 우위에 서려는 시도였다. 1990년대 이후 북한의 여성 및 가족 정책이 외형적으로 변화를 보였다. 북한 당국은 1990년 10월 24일 '조선민주주의 인민공화국 가족법'을 제정했다. 사회주의 사회에서 가족은 혁명의 최소 단위이자 사회적 생존의 단위로 작용한다. 가족에 관한 사회주의적 인식은 사회를 이루는 기본 단위인 세포로서 가족이 건강하고 제 기능을 다해야 전체 사회도 건강하다는 시각이다. 따라서 국가는 가족을 보호하고 가족은 사회에 복무하는 관계로 규정한다.[17] 북한의 1998년 개정헌법도 "결혼과 가정은 국가의 보호를 받는다. 국가는 사회의 기층생활 단위인 가정을 공고히 하는데 깊은 관심을 돌린다(78조)"고 규정했다.

해방 이후 지금까지 북한의 혼인 및 가족 관계를 규제하는 법은 곳곳에 흩어져 존재해왔으나 1990년 들어 '가족법'을 제정해 체계적으로 정비했다. '가족법'은 "사회의 기층생활 단위"로써 가족의 사회적 존재 필요성을 적극적으로 인정하고 "국가는 가정을 공고히 하는데 깊은 배려를 돌린다"고 규정했다(제3조). 나아가 가정의 중요성을 크게 강조해 "가정을 공고히 하는 것은 사회의 건전한 발전을 위한 중요 담보"로까지 규정했다(제15조). 또한 '가족법'에서는 결혼과 이혼 등 가족의 성립과 해체에 대한 국가의 규제 수준을 강화했다. 제11조에서는 "결혼등록을 하지 않고 부부생활을 할 수 없다"라고 명문화해 국가가 인가하는 범위 밖의 남녀 간 성생활을 인정하지 않고 있다. 혼인 연령에 관하여 제9조는 "청년들이 조국과 인민을 위하여, 사회와 집단을 위하여 보람 있게 일한 다음 결혼하는 사회적 기풍을 국가가 장려한다"는 것으로 규정했다. 1990년 제정된 '가족법'에서 주목되는 부분은 전통적 가족제도와 유산을 대거 복원한 것이다.[18] 북한에서 가족은 폐지 대상인 봉건주의 유물로서 정권 초기에 가족 말살 정책을 적극 시행했지만 '가족법'을 통해 다시 가족 인정 정책을 취했다. 이는 심각한 경제난으로 당국이 인민들의 의식주를 책임질 수 없기 때문에 각각의 가족 스스로 생계를 유지시키기 위한 것으로 추론할 수 있다. 결과적으로 가족을 다시 사회적 삶의 기본단위로 인정한 것이다. 북한 당국은 주체사상과 사회주의를 통한 김일성, 김정일 유일수령사상 체계가 확고해짐에 따라 각 가족을 기초 생활단위로 인정해도 체제 수호에 문제가 없다고 판단했다.

북한은 2014년 7월 30일 남녀평등권 법령 공표 68주년을 맞아 여성이 사회와 가정에서 모두 "선구자적 역할을 해야 한다"며 모든 분야에서 만능인 '슈퍼우먼'이 되라고 독려했다.[19] 한편 북한 당국은 조선민주여성동맹(여맹)의 명칭을 '조선사회주의여성동맹'으로 65년 만에 변경했다. 조선중앙통신은 2016년 11월 19일 여맹 제6차 대회(17~18일)에서 여맹의 명칭을 '조선사회주의여성동맹'으로 변경하는 결정서가 18일 채택되었다고 보도했다. 65년 만에 바뀐 명칭은 '민주'를 빼고 '사회주의'를 내세운 것이 특징이다. 조선민주여성동맹에서 '민주'라는 말은 정치적 표현으로, 북한 당국의 지시를 받고 집행만 하는 수동적이고 소극적인 것을 의미하지만, 조선사회주의여성동맹에서 '사회주의'라는 용어는 사회주의 경제활동에서 여성이 능동적이고 주체적인 역할을 하라는 의미가 담겨 있는 것으로 해석된다.[20]

북한에서 여성은 어떤 대우를 받나요?

북한을 방문하는 외국인들은 소수의 엘리트 계층이 일하는 직장을 제외하고는 일터에서 신체 건강한 젊은 남자를 보기가 쉽지 않다. 대부분의 젊은 청년이 군대에 있기 때문에 외국인이 방문하는 직장, 일터 혹은 길거리에서조차 이들을 보는 것은 어렵다. 외국인이 방문하는 의류 봉제 및 경공업 일반 제조업체의 노동자는 대부분이 여성이다. 북한의 공식적인 국가통계자료집인 『조선중앙연감』 통계에 따르면 산업 노동자의 45%와 농업 노동자의 60% 이상이 여성이다. 사실상 젊은 청년들은 대부분 군대에 있어서 사실상 16세에서 25세 사이 민간 노동력의 90% 이상이 여성인 셈이다. 고등중학교 중등반이나 고등반을 마친 일부 소수 특권층이나 성분이 좋지 못해 자격 미달인 사람들은 군 복무가 면제된다. 대부분의 젊은 남자들은 신체적인 결함이나 나쁜 출신 성분 때문에 군대에 갈 수 없다는 오명을 피하기 위해 군대에 가려고 애를 쓴다. 군대에 입대해서 병적부에 등록되면 징집 당시의 나이에 상관없이 보통 28세까지 복무한다. 일부 특권층 자제들이 3년 정도 근무하고 시험에 합격하면 대학으로 복학하는 제도가 있으나 일부 최고위층을 중심으로 극히 예외적인 현상이다. 2000년대 초반 투서 등으로 자녀를 군대에서 조기 제대시켜 대학으로 보낸 해당 고위공직자들이 중징계를 받은 이후에는 복무 기간 만료 이전에 자식을 학교에 복학시키는 것을 매우 조심하는 분위기다.[21]

북한에서 여성 노동력의 비율은 여성의 역할 관점에서 판단하면 사회적 혁명을 실현하는 정도로 높은 수준이다. 1947년 북한에서 여성의 산업 노동력 비율은 5% 수준이었다. 1949년에는 15%로 상승했다. 1967년 여성 노동력은 전체 노동력의 절반을 차지할 정도로 증가했다. 1947년부터 여성 노동력의 비중을 높이기 시작해 20년이 지나면서 여성의 역할은 전업주부와 현모양처의 전통적인 역할에서 아내와 어머니 역할 이외에 전일 노동자로까지 확대되었다. 매우 짧은 시간에 달성된 급진적인 변화였다. 기존 조선시대와 일제강점기의 소극적이고 수동적인 여성상에 일대 변신이 이루어졌다. 여성의 지위에서 가장 급진적인 상황 변화는 교육 분야다. 과거 조선시대에 여자아이들은 양반집이라도 매우 제한적인 교육만을 받았다. 유교 사회에서는 삼강오륜에 의한 남녀유별과 남녀칠세부동석男女七歲不同席으로 인해 여성이 고등교육을 받고 과거를 본다는 것은 사실상 불가능했다. 일제강점기에도 다수의 여성은 초등학교 수준의 교육만을 받았다. 북한 정권 수립 이후 여성에 대한 의무 교육의 확대가 국가 정책적으로 대폭 시행되었다.

북한의 지도자 김일성은 여성 노동력의 대폭적인 활용과 여성의 적극적인 정치 참여를 유도하기 위해서는 문맹 퇴치가 필수적이라고 판단했다. 과거 일제강점기까지 여성의 교육은 매우 제한적이었다. 1945년 일제강점기 말 학령아동의 58%만이 취학해 남녀 모두 문맹자의 비율이 매우 높았고 남성에 비해 여성의 문맹 비율이 상대적으로 더 높았다. 따라서 문맹 퇴치를 위한 보통교육이 시급했다. 북한은 1948년 12월 내각결정 제92호로 '1950년부터의 전반적 초등의무교육 실시를 위한 1949년도의 준비사업에 관한 결정서'[22]가 공포되었다. 이후 1949년 9월 '전반적 초등의무교육제 실시에 관한 법령'이 발표되었다. 1956년 북한 전역에 전반적인 초등의무교육이 실시되었다. 이어 1958년에는 전반적인 의무교육이 실시되었고 1959년에는 학교 수업료가 폐지되었다.

현재 북한에서 초·중등 교육과정까지는 여성도 남성과 같은 교육 기회를 보장받지만 고등 교육과정부터는 차이가 있다. 북한은 12년제 의무교육 제도를 실시해 유치원 높은반 1년 과정을 포함해 소학교 5년, 중학교 6년에 해당하는 초·중등 교육과정까지는 북한 여성도 남성과 똑같은 교육 기회가 주어진다. 그 이후 대학 진학이나 유학 등의 고등 교육과정에서는 각 대학의 여학생 입학비율을 30% 이하로 한정하거나 유학생 선발에서 여성을 제외시키는 등의 방식으로 여성의 교육 기회를 암묵적으로 제한하고 있다. 남한에서는 같은 학교 내에서 여자와 남자를 분리해 교육하는 남녀 분반뿐만 아니라 중등 교육과정(중학교, 고등학교)에서 고등 교육과정(대학교)까지 여학교를 따로 운영한다. 하지만 북한의 학교에서 남녀 분반은 실시하고 있지만 따로 여학교를 운영하지는 않고 모든 교육기관을 남녀공학으로 운영하고 있다.

북한의 소학교 과정에서 여학생들은 소학교 재학 중 정치사상, 과학기술, 체육, 예능, 국방, 외국어 등 여섯 가지 영역에서 13개 과목을 공부한다. 중학교 과정은 크게 초급중학교와 고급중학교로 나뉘는데, 초급중학교 교육과정에서는 자연과학, 김정은 혁명활동, 음악무용, 기초 기술 등 16개 과목을 배우고 고급중학교 교육과정에서는 김정은 혁명력사, 현행당정책, 군사활동초보 등 22개 과목을 배운다. 이와 더불어 중학교의 여학생은 요리, 육아, 간호 등을 내용으로 하는 '여학생 실습교육'도 이수한다. 북한 대학의 교육과정에서는 일반적으로 정치사상 교과, 일반 교과, 일반기초, 전공기초, 전공 등 다섯 가지 영역에서 재학 중인 대학의 특성과 자신의 전공을 고려하여 수업을 듣는다.

북한의 학교에서 여성과 남성은 다르게 행동한다. 예컨대, 학교에서 청소를 할 때 남학생에게는 '마당'이라고 지칭되는 운동장을 청소하게 하고 여학생에게는 '방'이라고 지칭되는 교실을 청소하게 한다. 이는 학교가 가정교육의 연장선상에 놓여 있으며 여성과 남성이 가정에서의 각자 역할을 고스란히 학교에서도 수행하고 있음을 상징한다. 북한은 이런 수평적 차이뿐만 아니라 유교적인 남존여비 사상에 따라 여성과 남성 간에 수직적 차이를 두기도 한다. 예컨대, 여성은 군대에서 제대한 남성에게는 나이가 같더라도 '동지'라고 칭하면서 존댓말을 사용해야 한다. 조직생활 내부의 최고의 자리는 항상 남성에게 주어지고 여성은 주로 그 남성의 보조자 역할을 맡는다.

북한 여성의 이상적 여성상으로 김일성의 생모인 강반석과 김정일의 생모인 김정숙이 제시된다. 먼저 김일성의 어머니인 강반석은 여성 항일운동과 여성 해방운동을 주도한 인물로 여성 교육에서는 북한의 지도자 김일성을 길러낸 훌륭한 '어머니'이자 시부모에게 효도하는 훌륭한 '며느리'로 묘사된다. 김정일의 어머니인 김정숙 역시 김일성과 함께 만주에서 활동한 북한의 공산주의자이자 여성운동가로 선전된다. 여성 교육에서는 북한의 지도자 김정일을 길러낸 훌륭한 '어머니'이자 지도자 김일성을 내조하는 훌륭한 '아내'로 그려진다. 강반석과 김정숙을 통해 공산주의 체제하 북한 여성은 남성과 동등하게 활동해야 하는 동시에, 유교적 전통에 따라 훌륭한 아내이자 며느리, 그리고 어머니의 역할을 수행해야 한다는 것을 알 수 있다.

북한의 현실에서 여성들의 실제적인 삶은 사회주의 정권의 주장과 달리 녹록지 않다. 여성의 70% 이상이 집단농장이나 공장에서 일하고 대학 등의 고등교육을 받지 않는다. 남자들 대부분은 군대를 제대한 후에 대학에 입학하거나 여성보다 높은 민간 직업을 갖게 된다. 남성과 동등한 교육을 받은 여성도 교육, 의료 및 섬유 제조업 등 여성이 우월하게 특화된 분야를 제외하고는 남자처럼 확실하게 자리를 잡고 일하지는 못한다. 인민학교 교사의 4분의 3, 고등중학교 중등반 교사의 2분의 1, 고등중학교 고등반 교사의 3분의 1 이상이 여성이다. 여성들은 의사, 간호사 등 공중보건 분야에서 근로 비율이 높다. 자본주의 사회에서 의사라는 직업은 공부하기는 어렵지만 대우가 좋아 선호하는 직업이다. 하지만 사회주의 체제하에서 의사는 무상의료라는 미명하에 공공 봉사 직업이다. 영화 〈닥터 지바고〉는 사회주의 사회의 의사 생활을 적나라하게 보여주었다. 1917년 사회주의 혁명으로 러시아가 사회주의 체제로 변화된 이후 주인공 지바고가 직업이 의사임에도 모스크바에서의 생활이 매우 곤궁한 것은 무상의료 때문이었다. 교사에게도 유사한 논리가 적용되어 교사의 처우도 신통치 못했다. 지난 1990년대 말 북한의 고난의 행군 시절 의사와 교사가 장마당에 나와 부업을 하지 않으면 생계가 어려웠던 사실은 무상의료, 무상교육과 상관관계가 있다.

또한 북한의 섬유 공장이나 식품제조 공장 하급 관리자의 거의 절반은 여성들의 몫이다. 또한 철도 역장이나 일반 철도 관리원도 여성의 비율이 점차 늘어가고 있다. 하지만 모든 직종에서 여성의 역할은 소수를 제외하고는 중간 관리자 이하의 직급만을 차지하고 있다. 여성은 대부분 공장이나 사무실 등에서 낮은 지위의 일자리와 사무원

직책을 차지한다. 노동당 관련 직책도 상황은 비슷하다. 노동당의 산하 지역별 당위원회에서 일반 사무직 직원은 여성의 참여 기회가 있다. 다만 도시와 군郡 단위 수준의 관리자는 찾아보기가 쉽지 않다. 정부에서 여성의 지위와 위상은 당에서와 거의 유사하다. 여성들은 낮은 수준의 직책에서 단순 사무직이나 비서 등의 역할을 수행하고 있다. 특히 자원봉사 수준의 단순 참여 업무가 대부분이다. 예를 들어 전국 단위의 선거를 치를 경우 수천 명의 여성이 선거위원회의 명부 확인 등 단순 행정 업무를 처리하거나 선거 유세에 정리 요원 등으로 참여한다. 북한 당국은 정부에서 활동하는 여성들의 통계를 집계할 때 두 종류의 여성 집단을 모두 포함한다. 수천 명의 단순 행정보조 인원과 최고인민회의 여성 대의원 등 정식 직위 인원을 합해서 발표한다. 외형적으로는 남녀가 통계상 동등한 것처럼 보인다.

1946년 남녀평등권에서 처음으로 공표되고 1948년 헌법에 명시된 양성의 완전한 평등이라는 공식적인 주장은 북한 현실에서 그대로 실현되지는 않고 있다. 여성은 남성과 동일한 직업적 특권과 임금, 사회복지 및 교육을 약속받았다. 그러나 실제로 여성은 남성과 비교될 수 있는 직업에서 남성과 비슷한 임금을 받지 못하고 동일하게 승진하지는 못한다. ≪로동신문≫, 조선중앙통신 등 북한의 공식 선전기관은 과거 40년 동안 "여성에 의해 만들어진 대단한 성과"를 강조해왔고 여성의 삶이 남성의 삶보다 훨씬 역동적인 변화가 있어 온 것은 분명하다. 여성의 역할은 소수의 여성들만 밖에서 일을 하고 더 극소수의 여성들만 경영자와 관리자의 지위를 누렸던 사회주의 혁명의 전 단계 시기와 비교해 근본적으로 변했다. 오늘날 북한 여성은 전일 노동자로 각 기관과 계약이 체결되고 아내이자 엄마 그리고 가사 노동자라는 다양한 역할을 수행하는 동시에 자아비판 시간과 자발적 노동 시간을 포함해 주당 60시간을 초과해 일을 한다. 이러한 변화가 여성이 진정 원하는 삶이었는지 또한 양성평등 차원에서 여성의 권익과 지위 향상 그리고 발전이라고 일반적으로 단정하기는 어렵다.

북한 여성들은 어떻게 이성을 만나 결혼을 하고 살까?

자본주의나 사회주의 체제를 막론하고 10대 이후 젊은이들의 관심사 중의 하나는 이성 간의 교제다. 개혁 개방 이전인 1970~1980년대 중국과 2000년대 북한을 방문했던 외국인들은 중국에는 젊은 연인이 함께 공원을 걷는 모습이 자주 보이나 북한에는 그런 모습을 볼 수 없다고 공통적으로 증언한다. 가끔 두 명의 소년 소녀가 짝을 지어 함께 걷는 모습을 볼 수 있으나 연인 사이는 아니다. 그들을 유심히 살펴보면 팔 간격 이내로는 서로 가까이 밀착하지 않는다. 그들이 공개 장소에서 할 수 있는 유일한 일은 은밀하게 이야기하기 위해 몇 분 동안 같이 앉아 있는 정도다. 그들은 금방 일어나서 매우 수줍고 단정한 모습으로 걷는다. 심지어 결혼한 부부조차도 팔짱을 끼고 걷지 않는다. 중동 국가의 여성들처럼 심지어 부부간에도 공개적으로 애정을 표현하지 않는다. 미혼의 소년 소녀는 감히 손을 잡지 못한다.

욕구가 강한 젊은 남녀 누구도 혼전 섹스를 하려고 섣불리 시도하지 않는다. 협동농장이나 공장 등에서 젊은 남녀 간 성적인 관계가 일 년에 한두 건 적발되나 그들도 결국은 대부분 결혼한다. 군부대는 연중 절반 이상을 대민 지원 및 국가 차원의 건설 사업에 참여한다. 어떤 부대는 군인들의 식량 부족을 해결하기 위해 농촌 지역에 투입되고 때로는 도로 및 발전소 건설 등의 사업에 지원을 나간다. 비무장지대를 제외하고는 대부분의 군부대가 봄가을에 모심기와 벼 베기를 비롯해 각종 건설 공사에 참여한다. 가끔 군인들이 봄가을에 농사일을 지원하기 위해 협동농장에서 농촌 지역 소녀나 처녀와 이야기를 나누거나 서로 호의를 갖는 경우가 있다. 이 경우 젊은 남자 군인과 시골의 좁은 지역에서 태어나고 성장한 처녀가 접촉하고 만날 기회가 자연스럽게 형성된다. 군인들은 지역 처녀들과의 만남에서 크게 잃을 것도 얻을 것도 없다고 판단한다. 군인들은 장기간의 군 복무 기간 중 동네 처녀들과의 만남을 해프닝 정도로 생각할 뿐 결혼할 생각을 하지는 않는다. 간혹 미혼 군인들이 농촌 지역 처녀들과 함께 일하는 과정에서 단순히 호기심을 넘어서는 성적 접촉이 일어나는 경우가 발생한다. 일정 기간이 지나 제대하면 자신의 고향 지역으로 돌아가 학교를 다니거나 직장에 복귀하기 때문에 지방에 있는 처녀와 연애를 지속하기는 어렵다. 편지를 보내기도 하지만 대부분 검열에 걸리기 때문에 한계가 있을 수밖에 없다. 하지만 군인과 사랑에 눈을 뜬 시골 처녀는 혹은 진정 서로를 사랑하는 젊은 남녀는 그들의 예정된 이별에 대한 슬픔을 이기지 못하고 괴로워한다. 군대의 보안을 담당하는 기관은 자연히 젊은 군인들의 연애 등 일탈 행위를 감시하고 경고를 보낸다. 남자가 적당한 선에서 자제하지 못하고 연애가 지속되어 외부로 알려져 물의를 일으킬 경우 조기에 불명예제대를 하게 된다. 이후 직장 복귀가 어렵기 때문에 남자의 미래는 어두워진다.

북한에서는 지정된 영화를 관람하는 것 이외에는 젊은 남녀가 사적인 시간을 함께 보내기는 매우 어렵다. 서울에는 흔하디흔한 커피 전문점도 없고 PC방, 제과점도 없다. 학교나 군대에서 낭만적인 애정이나 우정을 나눈 젊은 남녀가 할 수 있는 것은 수업 후 자아비판 시간을 마친 뒤 잠시 짬을 내서 얼굴을 보는 정도에 그친다. 혹은 정해진 일과를 마친 후 학교나 공장을 나와 잠시 사적으로 얼굴을 보는 정도다. 평양 시내를 가로지르는 보통강이나 대동강 주변의 숲이나 공원에서 젊은 남녀가 함께 걷는 것은 매우 낭만적이지만 항상 외부의 눈초리가 따라다니는 위험이 내재되어 있다. 학생들은 학교로부터 주목을 받는 동시에 학생들 사이에서도 계속 관찰과 감시를 받기 때문에 위험을 무릅쓰고 남한 수준의 연애를 지속하는 것은 극소수 권력층의 자제를 제외하고는 불가능하다. 너무 가깝고 뜨거운 이성간의 교제는 혁명의식이 결여되어 있다며 사회주의 체제의 비판 대상이다. 대다수의 젊은 사람들은 이성을 만날 기회가 남한 사회보다 훨씬 적기 때문에 부모들끼리 중매나 소개를 통해 만나고 혼인을 하게 된다. 성분이나 배경이 비슷한 부모들은 남자는 20대 중후반, 여성은 20대 중반에 자식을 혼인시킨다. 젊은 사람들은 부모가 결혼을 결정하고 당이 승인하며 집안 배경, 학벌 및 직업이 비슷한 사람끼리 혼인할 것이라는 사실을 순순히 인정하고 따른다. 다른 대안이 없으며 결혼이 늦어지면 사회적으로 선택받지 못하는 특별한 결점이 있는 인물로 지적당할 가능성이 높다는 사실을 알기 때문이다.

북한의 결혼 적령기는 남한보다 훨씬 빠르다. 조선시대 및 일제강점기 조선의 여성들은 10대 후반이나 20대 초반에 결혼했다. 대체적으로 15세 전후 결혼이 이뤄졌다. 흔히 신랑이 신부보다 어리기도 했다. 1946년 발표된 '북조선의 남녀평등권에 대한 법령' 제6조는 "결혼 연령은 여성 만 17세, 남성은 18세로" 규정했다. 1990년 발표된 '가족법' 제9조는 "조선민주주의민주공화국에서 결혼은 남자 18살, 여자 17살부터 할 수 있다"고 동일하게 규정했다. 그러면서 "국가는 청년들이 조국과 인민을 위하여, 사회와 집단을 위하여 보람있게 일한 다음 결혼하는 사회적 기풍을 장려한다"고 보충함으로써 조혼을 금지하며 사회적인 책무를 다한 다음에 결혼할 것을 권장한다. 대부분의 처녀들이 고등학교 수준의 학업을 마치고 20세부터 일을 시작하는 반면에 비슷한 수준의 남자들 대부분은 거의 7~10년 군 복무 이후 학교에 입학하거나 직장에서 일을 시작한다. 실제로 남편은 아내보다 평균 5년 정도 나이가 많다. 만혼이 보편화된 것은 남자들의 장기 군 복무 때문이다. 북한 당국은 군인의 사기를 저하시키는 조혼을 사실상 금지했다.

젊은 남녀들은 대학이나 기술 전문학교 등에서 친구 관계를 유지하고 때로는 연인 관계로 발전하기도 하나 성적인 관계는 엄격하게 금지된다. 처녀들이 성적으로 문란하다는 평판이 나면 결혼을 할 수 없고 남성의 경우 부모의 성분이 양호하더라도 당원으로 출세하거나 직책을 맡는 데 있어 심각한 장애 요인으로 작용한다. 이성 간의 특별한 관계는 연애편지나 메모 등을 주고받는 정도로 그친다. 남한처럼 사적으로 만날 장소를 찾기도 어렵고 평양 밖을 벗어나기도 어려워 젊은이들이 자유롭게 연애를 하기에는 물리적 측면에서 제약이 많다. 만약 불법적인 섹스 등 문란 행위가 적발될 경우 소속 학교나 직장의 벌칙은 심각할 정도로 가혹하다. 학교에서 퇴학을 당하거나 직장, 군대 및 정치 조직 등에서 추방당할 가능성이 매우 높다. 정치 조직에서 강제로 제명당하고 나면 형사적 측면에서 처벌을 감당해야 한다. 여자가 혼외 임신을 하면 5개월까지는 낙태를 할 수 있다. 혼외 임신에 의한 사생아는 매우 드물다. 만약 사생아가 출생하면 국가가 관리한다. 산모는 아이에게 무엇이 최상인지를 결정하는 데 전적인 책임이 있는 당국에 아이를 맡겨야 한다. 부모가 없는 아이를 국가가 관리하는 것과 같이 이혼 후 아이를 돌볼 부모가 없을 경우 국가가 관리를 맡는다. 아이에게 최상이 무엇인지를 결정하는 데 당국에게 우선 책임이 있다. 따라서 북한 사회의 통제적인 분위기나 도덕, 규범의식 때문에 혹은 적발될 경우 가혹한 처벌이 두려워 청년층의 젊은 북한 남성들은 혼외·혼전 섹스를 자제할 수밖에 없다. 이러한 행태는 김일성종합대학이나 여타 대학 학생들에게도 적용된다. 김일성종합대학 학생과 일반 대학생은 대다수가 미혼이다.

과거 한국의 전통사회에서 결혼은 신랑 신부의 부모가 직접 혹은 제3자와 소통하면서 인연을 맺어주는 중매 및 소개를 통해 이루어지는 것이 관례였다. 전문 중매쟁이나 양자 모두를 알고 있는 인물이 양가를 조정했다. 오늘날의 북한은 노동당이 중매쟁이처럼 행동한다. 모든 공장, 집단농장 혹은 정부 부서의 당위원회는 통제 차원에서 개인 신상 카드를 작성한다. 결과적으로 개인 신상 카드는 비슷한 배경의 남녀를 짝 맞추기 위해 필요한 정보를 제공한다. 결혼에 노동당의 허가는 필수적이다. 해당 남녀는 남편이나 부인의 직장에서 숙식 장소를 제공받기 때문에 당이 허가하지 않으면 함께 살 수 없다. 상당수의 부부가 주택을 배당받는 데 시간이 필요하다. 결혼 대상자의 성분이 좋을수록 배우자 선택을 당에 의존하는 경향이 강하다. 특히 고위층은 딸의 외모가 신통치 않으면 배우자 선택을 당에 위임하는 경우가 비일비재하다. 반대로 집단농장이나 광산 등에 근무하는 처녀 총각들은 당에 위임하기보다는 스스로 결정한다. 당은 당원이 아닌 일반 노동자 계층의 결혼에 직접 개입할 필요성을 느끼지는 않는다. 일반 노동자 계층 및 적대 계층 간의 결혼은 핵심 계층의 이념적 순수성을 손상하지 않기 때문에 당이 개입하지 않고 당사자 간의 의사에 맡긴다. 이러한 계층의 사람들은 혼인에 대해 당의 허가만을 받는다.

노동당은 당원이 아닌 일반인이나 협동농장 및 공장에 근무하는 핵심 계층이 아닌 남녀끼리의 결혼에 대해서는 관대한 편이다. 동요 및 적대 계층으로 분류되는 신랑 신부는 보통 한 지역에서 오랜 기간 살았기 때문에 서로를 잘 알고 있어 결혼문제를 자신의 힘으로 처리한다. 북한 당국은 미혼 여성이 다수인 집단농장이나 공장에 군대에서 새로 제대한 젊은 남성들이 배치되도록 인위적으로 조정한다. 젊은 남성들은 일시적으로 다수의 미혼 여성이 근무하는 섬유 등 경공업 제품 생산 공장에 배치를 받는다. 젊은 남녀가 한 공장에서 근무하다가 인연을 찾고 결혼하게 되면 남자는 다른 중공업 공장이나 여타 업종으로 이직한다. 남한 사회처럼 결혼 전후에 특별히 신체검사를 하지는 않는다. 그런 검사를 할 병원이나 시설 등도 부족하고 외형적으로 문제가 없으면 신체검사의 필요성을 느끼지 못한다.

전반적으로 당이 주택 배정 등 현실적인 권한을 가지고 개인의 배우자 선택에 개입하기 때문에 사람들은 이러한 국가의 제약을 따를 수밖에 없다. 젊은 남녀들은 결혼이 개인의 인륜지대사이기는 하지만 개인의 경력을 관리하는 당의 결정을 거부하기는 현실적으로 어렵다. 따라서 가장 개인적이나 동시에 사회와 관계를 형성하는 결혼조차도 당의 통제에서 완전하게 탈피하기는 어렵다. 예를 들어 노동당 소속 관료의 아들이 할아버지가 지주였던 여성과 결혼을 감행하는 것은 어렵다. 노동당은 당원과 지주계급의 딸과의 결혼을 불허할 것이고 해당 남성도 당의 결정을 거부하고 결혼하는 모험을 감행하지 않는다. 노동당에 가입할 정도의 성분을 가진 청년이나 처녀들은 무리한 결혼을 할 정도로 북한 체제를 오판하지는 않는다. 핵심 계층은 단순히 이성 존재만을 좋아해서 발생하는 사회적 불이익을 감내할 필요성을 느끼지 않는다. 일부 북한 영화에서 순수한 사랑을 찾아나서는 장면은 역설적으로 영화의 장면일 뿐이다. 과거 조선왕조 시대 양반들끼리만

혼인했던 결혼 풍습과 유사한 측면이 존재한다.

한국 사회에서 결혼식은 전통적으로 지역사회의 잔치 및 파티 성격이 강하다. 신랑 신부 상호간에 선물을 교환하며 지역사회 구성원이 참여하는 식사 자리가 형성됨으로써 비용이 많이 든다. 북한의 공산주의자들은 돈이 많이 드는 한국 사회의 전통적인 소비 위주 결혼식을 거부한다. 북한 체제는 전통적인 한국 사회의 결혼식 소비 행태는 경제난으로 지탱하기 어렵고 한편으로 김일성 등이 일제강점기 항일 게릴라 활동 기간에 만주 등지에서 간소한 결혼식을 올린 전통 때문에 화려한 결혼식을 일찍이 금지했다. 신랑 신부의 양가는 평양의 고위층을 제외하고는 생활필수품 위주로 혼수를 마련해준다. 최근 탈북자들의 증언에 따르면 평양의 중상류층을 대상으로 일정 금액의 현금을 보내 필요한 것을 마련하게 하기도 한다. 통상적으로 주고받는 선물로는 평양에서 생산한 화장품, 옷감, 만년필 등이다. 일부 상류층은 일본산과 같이 품질이 좋은 외국산을 선물하기도 한다. 하지만 남한의 경우와 같이 보석을 주고받지는 않는다.

보통 약혼식은 신부의 집에서 국수와 떡을 만들어 먹으며 한다. 약혼식 날 신랑이 신부 집에서 자고 가는 경우도 있다. 결혼식은 대개 오전에 신부 집에서 잔치를 통해 식을 올린다. 친척과 친지가 참석해 축하해주고 소액의 축의금을 준다. 신부의 예복은 웨딩드레스가 아니라 드레스 형태의 한복 통치마와 저고리다. 결혼식 중에 신랑 신부가 술을 따라 주고 잔치국수를 먹는다. 신랑이 국수를 먹다가 남기면 신부가 남긴 국수를 마저 먹는데 합친다는 의미를 갖는다고 한다. 오후에는 신랑 집으로 간다. 신부는 신랑 집에서 신부상을 받고 나서 신랑의 어른들께 절을 한다. 그러면 어른들이 삶은 계란을 몇 개 주고 "남기지 말고 다 먹으라"고 한다. 다 먹어야 아이를 잘 낳는다는 풍습이다. 남한에서 대추를 나누어주는 관습과 유사하다. 신랑 신부는 양가 부모에게 절을 한 후에 보통 북한의 가정에 걸려 있는 김일성·김정일 사진을 향해 절을 한다. 이후 간단한 입맞춤을 한다. 보통 신랑의 친한 친구인 사회자가 축사를 한다. 남한과 같은 주례는 없다. 이와 같은 결혼식 관행은 지역별로 시기별로 다소 차이가 있다. 결혼 전날 신부 집에서 결혼 행사를 시작하고 이튿날 신랑 집에서 결혼식을 하는 지역도 있고 그렇지 않은 경우도 있다.

신랑 신부는 어른들과의 만남을 마치고 친구들과 피로연을 한다. 결혼식 피로연은 통제가 만연한 북한 사회에서 매우 예외적인 즐거운 행사다. 먹고 마시며 노래를 부를 수 있는 사회적 여흥의 즐거움을 줄 수 있는 몇 안 되는 행사다. 아마 김일성 생일(4월 15일), 김정일 생일(2월 16일)과 같은 국가적 경축일보다 결혼식 피로연과 같은 개인적 일탈이 더욱 즐거울 것이다. 북한 사람들은 이러한 잔치를 위해서만 특별히 별도의 술, 쌀, 과자, 떡을 상점에서 살 수 있다. 초청할 수 있는 손님의 수는 조달할 수 있는 음식의 양 때문에 한정되어 있다. 신부는 치마와 저고리 1벌, 신랑은 새 양복, 잠옷 한 세트, 4병 정도의 인삼주, 설탕 3kg이 배급된다. 이 정도의 음식과 술은 30명 내외의 손님을 초대할 수 있는 양이다. 손님들은 신랑 신부와 노래를 하고 이야기를 나누며 즐거운 시간을 갖는다. 시집간 지 3일이 지나면 신랑과 신부는 신부상 받았던 음식을 싸가지고 신부 집에 인사를 온다.

결혼식에서 특별한 일은 사진 촬영이다. 보통 북한 사람들은 사진을 찍을 일이 별로 없다. 가족사진이나 하객들이 함께 촬영하는 대형 행사 사진은 북한에서 비용이 많이 든다. 따라서 결혼식 등 특별한 행사를 제외하고는 사진 촬영이 빈번하지 않다. 모든 가정에는 결혼식 사진이 비치되어 있다. 최근 들어 북한에도 스마트폰이 보급

● 그림 1-1 결혼식을 하는 북한 신랑 신부 (자료: 연합뉴스)

되면서 일부 촬영이 이루어지기는 하나 매우 제한적이다. 신혼여행은 남한과는 개념이 다르다. 북한에서 남한식의 신혼여행은 불가능하다. 평양 등 대도시를 중심으로 여타 지역을 당일로 방문하는 형식의 신혼여행이 진행된다. 필자가 2005년 북한에 갔을 때 남포시에 있는 서해갑문을 방문했다. 평안남도와 황해북도를 연결하는 대동강 하류에 위치한 갑문 근처 경사지 비탈에 있는 전망대에서 서해와 대동강 양측을 관측하는 동안 왁자지껄 소리에 놀라 바라보니 막 평양에서 결혼식을 마치고 신혼여행을 온 신혼부부라고 대답했다. 신랑 신부의 친구 5~6명이 함께 와서 사진도 찍고 즐거운 대화를 나누고 있었다. 신혼여행을 온 것이냐고 질문을 하니 다시 바로 평양으로 돌아간다고 했다. 한국처럼 3~5일간의 신혼여행은 거의 불가능하다. 신혼여행은 가지 않지만 신혼부부는 4~5일 정도 출근하지 않고 살림집을 정리하며 휴식을 취한다. 일부는 주택을 배정받기 위해 자기가 살던 집에서 며칠씩 대기하기도 한다. 배정 기간이 길어지면 임시로 부모와 함께 사는 경우도 있다.

결혼식 후에는 결혼을 신고하기 위해 사회안전부를 방문한다. 1990년 '가족법' 11조는 "결혼은 신분등록기관에 등록을 하여야 법적으로 인정되며 국가의 보호를 받는다. 결혼 등록을 하지 않고 부부생활을 할 수 없다"고 규정해 혼외 동거 등을 인정하지 않는다. '가족법' 21조는 "배우자가 부부의 사랑과 믿음을 혹심하게 배반했거나 그 밖에 사유로 부부생활을 계속할 수 없을 경우에는 리혼할 수 있다"고 규정했다. 남편과 아내의 관계는 이혼하면 상실되며 이혼은 재판에 의해서만 가능하도록 규정했다('가족법' 20조).

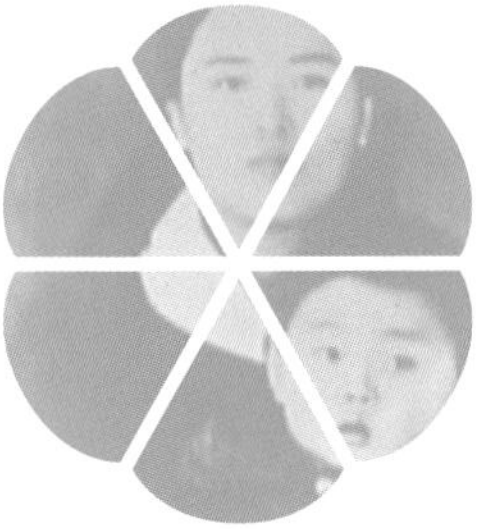

북한 여성들의 결혼생활은 행복할까?

북한 여성들의 결혼생활은 어떠할까? 북한도 다른 사회와 동일하게 부부간의 삶이 순탄하지만은 않다. 성격 차이나 사회생활 등의 어려움 등으로 행복한 결혼과 불행한 결혼이 공존한다. 탈북자들과의 인터뷰에 따르면 불행한 결혼의 비율이 높다고 한다. 제한된 탈북자들의 증언만으로 북한 전체 부부의 결혼생활을 재단하는 것은 한계가 있다. 특히 일부 탈북자는 북한에서 삶이 순탄치 않아서 전반적으로 결혼을 비롯한 가정생활에 부정적인 인식을 가지고 있을 것이다. 하지만 일부 결혼생활이 행복하지 않다는 것은 외형적인 삶의 조건이 열악하다는 사실에서 판단할 수 있다. 우선 매일매일의 과도한 노동으로 인한 피로와 과로가 결혼생활의 첫 번째 제약 요인이다. 대다수의 부부는 거의 오후 8시가 다 되어 귀가한다. 저녁식사 준비와 식사, 설거지 등으로 11시경 잠자리에 든다. 심야에 전력 사정이 여의치 않고 텔레비전은 10시 전에 거의 방송이 중단되기 때문에 저녁 늦게까지 잠을 안 잘 수단도 여의치 않다. 또 다음 날 다양한 행사와 노동이 기다리기 때문에 잠자리에 들지 않을 수 없다. 부부가 함께 대화를 나누거나 사랑할 시간이 충분치 않다. 어떤 탈북 여성은 남편이 일터에서 너무나 열심히 일해서 그가 집에 와서 할 수 있는 것은 저녁식사를 하고 코를 골며 자는 일뿐이라고 푸념했다. 결국 자신은 남편의 부인이 아니라 그를 돌보는 어머니라고 냉소적으로 표현했다.

한편 여성들은 결혼한 후에도 계속 직업을 가지는 것을 당연한 일로 여긴다. 보통 직업은 건강상의 문제가 없는 한 평생 직업이다. 여성은 직업적인 책임과 동시에 가정과 아이들에 대한 관리와 양육에 대한 책임이 있다. 북한 정권이 여성들의 수고를 덜어주기 위해 아이들을 탁아소에 맡긴다거나 급식 시설을 만들었지만 가사 노동에 드는 시간을 대폭 줄여주지는 못한 것이 사실이다. 여성들은 기본적으로 직업과 가사 노동, 정치학습에 따른 각종 동원 등으로 아이들과 보내는 시간이 매우 적다. 여성의 하루는 남성보다 훨씬 더 일찍 시작하고 더 늦게 끝이 난다. 실내 상하수도 배관이 없는 농촌과 도시 지역에 사는 아내와 어머니는 최소한 남편보다 30분 일찍 일어나 마을 중앙에 위치한 상수도 시설에서 물을 길어와야 한다. 남편들은 대략 6시경 기상해 출근 준비를 한다. 여성들은 가족의 아침식사를 준비하고 아이들을 챙기고 본인도 8시 전에는 집을 나서야 제시간에 직장에 도착할 수 있다. 북한 전역에서 근로자들은 대체로 오전 8시부터 9시 사이에 직장에서 정치학습을 위한 모임을 갖는다. 보통 8시 30분까지는 당 지도조직 관료의 지시 아래 정치학습회를 갖는다. 당 기관지인 ≪로동신문≫의 사설을 학습하기 위한 시간이다. 당과 정부의 새로운 정책과 결정이 대중에게 직접 전달되는 시간이기도 하다. 2017년 1월 1일 김정은 위원장은 육성으로 신년사를 발표했다. 이후 각 직장의 정치학습회에서 이를 암송하는 시간을 가졌다. 일부에서는 경품을 걸고 암송 경연대회를 열기도 한다.[23]

인민들은 당연히 이런 시간이 매우 지루하다고 생각하지만 외부로 의견을 표출하는 것은 조직생활의 중단을 의미하기 때문에 침묵을 지킬 수밖에 없다. 일부는 아주 진지하게 경청하기도 하지만 재미없는 시간이어서 일부는 졸기도 하지만 크게 문제 삼지 않는다. 정치학습회를 지도하는 모임의 책임자는 정해진 시간 내에 당에서 하달된 책, 문서 및 신문을 읽어나가야 하기 때문에 졸고 있는 참석자들에게 신경을 쓸 시간이 많지 않다. 8시 30분부터 9시 30분까지는 사무실 관리자나 생산 책임자가 하루 일과나 주간 및 월간 목표량을 세우고 관철시키는 토론 모임을 주관한다. 실제 업무는 오전 9시부터 시작해 오후 1시까지 계속된다. 점심식사 시간 이후 일부 직장에서는 한 시간가량 낮잠이나 휴식 시간 등으로 보내고 오후 3시부터 7시까지 오후 일과가 계속된다. 이후 정치학습회와 자아비판 모임이 진행되기도 한다. 이러한 일과는 직장별·지역별로 다소 차이가 있다.

참석자들은 정치학습회를 일상생활 또는 직장생활의 일환으로 받아들인다. 13세 미만의 아이를 둔 엄마들은 오후 6시에 일을 마치고 7시경에 귀가해 저녁식사 준비 등으로 분주한 하루를 마감한다. 귀가하는 도중에 탁아소에서 아이들을 데려오고 일부 지역에서는 중앙급식소에서 밥을 담아오기도 한다. 저녁식사를 마쳤지만 여성은 남성처럼 일찍 잠자리에 들 수 없다. 설거지와 빨래 및 청소 이외에 아이들과 대화 등으로 여전히 일이 남아 있다. 특히 물을 길어다놓기도 하고 다음 날 음식 준비를 위해 숯불 화로를 준비해놓기도 한다. 북한 남성은 이러한 모든 가사 노동은 여성의 몫이라 관여할 수 없다는 방관자의 입장이다. 이러한 북한 남성의 가부장적인 행태는 탈북 여성이 남한 사회에 정착 및 적응하는 과정에서 부부간의 갈등 요인이다. 남한 사회의 양성평등을 실감해 탈북 여성들은 남편에게 가사 분담을 요구하지만 북한 남성들은 오랜 기간의 관행으로 소극적인 입장이다. 이러한 행태와 갈등이 지속되면서 이혼 등으로 이어지기도 한다. 여성들의 주된 불만 중 하나는 필수적인 정치학습의 양이 과도하다는 것이다. 대다수의 여성들은 할당된 과제가 지루할 뿐만 아니라 어렵다고 불평한다. 대체로 여성들은 오늘날의 북한처럼 고도로 조직화되고 통제된 사회에서 남성들보다 더 현실에 불만족해한다.

자본주의 사회에서 가정경제의 어려움이 부부간의 행복을 빼앗아간다는 사실을 표현하는 동서양의 많은 속담이 있다. "가난이 대문으로 들어오면 행복은 창문으로 나간다", "가난 구제는 나라도 못한다" 등등이다. 북한 주민의 삶은 기본적으로 배급 형태로 유지된다. 국가가 생산과 소비를 통제한다. 의식주를 주민에게 할당하는 공공배급제도Public distribution system는 1994년 고난의 행군이 시작되기 전까지는 그럭저럭muddle through 이루어졌다. 하지만 1998년까지 200만 명 이상의 아사자가 발생하는 대기근이 발생하며 북한 경제의 기본 틀이 무너졌다. 배급에 의존하던 다수의 공공기관 종사자가 농민 및 암시장에서 물자를 조달해야 했다. 주민들은 시장에 나가 물자를 조달하거나 직접 장사에 뛰어들지 않을 수 없었다. 대부분의 장사는 여성이 담당했다. 직장에서 급여와 물자를 받지 못하는 남성을 대신해서 여성은 가정경제를 떠맡기 위해 장마당으로 나갈 수밖에 없었다. 여성들의 삶은 나락으로 추락했다. 전반적인 경제난 속에서 여성의 삶이 더욱 고통스러웠던 것은 체면과 사회적 편견 등을 이유로 남성이 경제활동에 소극적이었기 때문이기도 하다.

부부들은 밖에서는 결코 애정 표현을 하지 않는다. 북한은 매우 엄격하고 보수적인 사회다. 가정에서도 매우 경직적인 부부생활로 아이들 앞에서도 애정 표현에 매우 조심한다. 만약 부부가 애정 표현을 한다면 아이들로부터도 지적을 받을 가능성이 크다. 결혼을 결심하는 주요 원인이었던 사랑의 감정은 애매하다. 살아가는 동안 사랑의 감정이 생길 수도 있지만 고단한 일상 속에서 사랑의 감정이 생성되지 않는 경우도 비일비재하다. 그렇다고 사랑의 감정이 없다고 모두 불행한 부부생활이라고 단정하지는 않는다. 너무나 많은 가정이 특별한 애정이나 감정 없이 아이를 낳고 생활해나가기 때문에 한편으로 애정 없는 가정생활에 대해 당연하게 생각하기도 한다. 설사 배우자의 애정 결핍 혹은 과도한 가사 노동의 부담 등으로 불행해지더라도 사회의 각종 규제 등으로 이혼의 가능성은 매우 낮다.

불륜을 저지르거나 연애를 할 기회도 적다. 간통 등 불륜은 매우 위험한 사회적 일탈이다. 만약 발각되면 직업을 박탈당하고 당원인 경우 당에서 제명된다. 당의 신속하고 확실한 처벌은 많은 사람의 욕망을 억제하는 데 큰 역할을 할 수밖에 없다. 고위층 군인과 관료 및 기업 관리자 등 사회의 지도자 계층도 이러한 위험에서 예외가 될 수 없다. 일부 사건이 외부로 알려졌을 경우 피해 여성을 다른 부서로 이동시키고 무마하는 경우도 있다. 거의 모든 사람이 함께 일하고 출퇴근이 단체로 이루어지기 때문에 개인의 위치 파악은 어렵지 않다. 직장에서 일을 마친 후 집으로 퇴근하고 아침에 출근하지 않으면 즉시 사람이 사라졌다는 사실이 알려질 수밖에 없다. 또한 노동과 정치학습 시간이 너무 길어서 다른 일을 찾거나 연애를 할 시간이나 에너지가 남아 있기는 쉽지 않다. 일부 상급기관에서 직위나 권력을 이용해 성적인 요구를 하는 경우가 있다. 특히 2000년대 들어 경제난으로 여성이 생존 차원에서 매춘에 나서거나 여성의 취약한 지위를 활용해 상급 남성이 여성과 성관계를 갖는 속칭 '부화 사건'이 과거보다는 빈번하게 발생했다. 하지만 여전히 대부분의 사람들은 그런 불륜의 위험을 감수할 만한 가치가 없다고 생각한다.

전통적으로 북한 남성은 가정 밖에서 동료나 친구들을 만나기가 쉽지 않다. 퇴근 후 매일 집에서 저녁식사를 하는 북한의 남편은 부인과 함께 지내는 시간이 남한의 남편보다는 훨씬 많다. 부부가 함께하는 시간이 많다고 반드시 애정이 강하다고는 할 수 없지만 수년에 걸쳐 쌓아온 유대와 신뢰감은 적지 않다고 할 수 있다. 타인을 신뢰하기 어렵고 상호 감시체계가 발달된 통제 사회에서 부부간의 관계는 고독과 감시를 견디는 거의 유일한 버팀목이다. 애정 결핍으로 불만도 누적되었지만 궁핍한 삶 속에서 다양한 어려움과 슬픔을 함께하면서 두터워진 부부간의 상호 신뢰는 단순한 행복과 불행의 기준을 넘어서는 감정이다. 불확실성의 사회에서 부부로 만나 운명공동체로서 하루하루를 인내하며 삶을 버틸 때 부부가 일탈을 시도하기는 어렵다. 남한의 결혼식 주례사에서 언급되는 '검은 머리가 파뿌리가 될 때까지'라는 표현은 북한의 부부 사이에서는 현실이 될 수밖에 없다.

행복이라는 추상적인 가치를 남북한의 부부 양측에 일률적으로 적용하기는 어렵다. 다만 북한 여성은 모두 자상한 어머니와 애교 있는 아내 및 능력 있는 워킹맘이라는 슈퍼우먼의 역할을 충실히 수행할 것을 사회로부터 요구받고 있다. 이러한 다면적인 역할은 여성의 희생을 전제로 한다. 남녀평등이라는 명분 속에서 여성이 각 분야의 주체적인 역할을 할 것을 요청받는 것은 급진적인 변화다. 부부 관계는 여성의 삶에 있어 세 가지 역할 중에서 한 부분이라고 평가할 수 있다. 따라서 부부간의 관계가 여성의 행복과 불행의 전부를 결정짓는 유일한 기준이 아니다. 남한에서 바라보는 가치 기준과 진정한 양성평등의 잣대로는 북한 여성의 삶은 분명 불행할 것이다. 반면 북한 여성들은 당국의 통제와 감시 및 고단한 노동이 불가피하지만 자유민주주의 시장경제를 경험하지 않았기 때문에 조선시대나 일제강점기보다는 삶의 역할과 주체성이 높아졌다는 북한 정권의 선전과 주장에 동의할 수밖에 없을 것이다. 결국 여성의 삶에 대한 인식이라는 것도 상대적일 수밖에 없다.

주

1 1908년 3월 8일 경제공황에 따른 경기 침체로 기아선상에서 고통받던 미국 섬유 여성 노동자들이 뉴욕 루저스 광장에서 빵과 참정권을 요구하며 가두시위를 벌였다. 1909년에는 2만여 여성 노동자들이 미국 전역에서 "세계 모든 나라에서 여성의 정치적 권리를 인정할 것"을 강력히 요구했다. 1910년 전 세계의 여성 노동자들은 미국 섬유노동운동의 기폭제가 된 3·8 시위를 매년 '세계 여성의 날'로 기념할 것을 결정했다. '3·8 세계 여성의 날'은 '세계 여성이 하나로 단결하고 연대하는 날, 여성이 권리의식과 정치의식을 자각하고 조직적으로 단결하는 날, 완전한 남녀평등의 과제를 실현해 나가는 날'로 규정한다. 이날은 지구촌 모든 나라가 기념한다. 북한도 예외는 아니어서 이 날을 '3·8 국제부녀절'이라고 한다.

2 최진이 전 조선작가동맹 시인, "북한에서 '여성은 꽃'이라는 진짜 이유", ≪데일리NK≫, 2005년 3월 25일 자, http://dailynk.com/korean/read.php?cataId=nk04200&num=3642 (검색일: 2017.1.1).

이 가사는 북한 조선작가동맹 함경남도지부 시인 김송남이 개인의 생활 체험에 기초해 1991년에 창작한 것이다. 그는 몇 년째 병고에 시달리던 아내를 잃고 열 살 안팎의 어린 자식 둘을 키워야 하는 홀아비의 설움과 고단함을 수년간 몸소 겪었다. 당시 그가 살던 함흥 쪽에서는 만성적인 식량난이 진행 중이었다. 따라서 각 가정에서 식구들의 끼니를 책임지고 있던 여성의 역할이 한 가족의 생존을 좌지우지하던 시절이었다. 이런 환경에서 아내가 없는 것만도 버거운 일인데, 특히 남존여비(男尊女卑) 의식이 유별난 함흥지구에서 쇼핑과 육아, 가사 운영 같은 일을 남자이며 시인인 그가 혼자 해내자니 죽은 아내 생각이 간절했다. 그뿐만 아니라 여성이란 존재 자체가 그에게 각별한 의미로 다가온 것이다. 그는 이런 생각을 북한의 보통 아내와 누나들에 대한 칭송으로 승화했다. 김송남은 가사를 만들어 작가동맹에 제출했는데 동맹에서는 가사가 특색 있다며 매주 수요일 김정일에게 보고하는 보고서에 가사를 끼워 넣었다. 김정일은 이 가사가 맘에 들었는지 보천보전자악단에 곡을 붙이게 했다. 보천보전자악단 소속이며 북한에서 명성 있는 작곡가로 알려진 이종호가 곡을 지었다. 완성된 곡을 들어보고 김정일은 이 노래를 만수대TV에 내보내라고 직접 지시했다. 김정일이 보고받은 가사 중 제일 좋은 것은 보천보전자악단, 그다음 것은 왕재산음악단, 그다음 것은 만수대예술단에서 작곡하도록 손수 지시한다. 완성된 곡을 검열하고 매체까지 지적해준다. 곡까지 잘된 노래는 만수대TV에, 다음 것은 조선중앙TV에, 시원치 않은 가사는 유선방송에 내보내게 한다. 「여성은 꽃이라네」는 외국 프로그램 매체인 만수대TV(외국인 및 평양 시민들의 주말 시청용)에 방영되자마자 전국의 매체가 이 노래를 되받아 방송하면서 군중의 폭발적인 반응을 일으켰다. 특히 가정주부들이 매우 좋아했다.

3 박연희, "장미로 물든 3·8 부녀절의 추억", ≪허핑턴포스트코리아≫, 2015년 3월 8일자, www.huffingtonpost.kr/yeonhee-park/story_b_6824756.html (검색일: 2016. 12.10).

4 헬렌루이스 헌터, 『CIA 북한보고서(Kim Il-song's North Korea)』, 남성욱 옮김(서울: 한송, 2001), 133쪽.

5 북한에서는 9개조의 '북조선의 남녀평등권에 대한 법령'이 공포되었다. '조선남녀평등권에 대한 법령 전문'은 다음과 같다. "제1조 국가, 경제, 문화, 사회, 정치 생활의 모든 령역에서 녀성들은 남자와 같은 평등권을 가진다. 제2조 지방주권기관 또는 최고주권기관 선거에서 녀성들은 남자들과 동등한 선거권과 피선거권을 가진다. 제3조 녀성들은 남자들과 동등한 로동의 권리와 동일한 임금과 사회적보험 및 교육의 권리를 가진다. 제4조 녀성들은 남자들과 같이 자유결혼의 권리를 가진다. 결혼할 본인들의 동의 없는 비자유적이며 강제적인 결혼을 금지한다. 제5조 결혼생활에서 부부관계를 더 계속할 수 없는 조건이 생길 때에는 녀성들도 남자들과 동등한 자유 리혼의 권리를 가진다. 모성으로서 아동양육비를 이전 남편에게 요구할 소송권을 인정하며 리혼과 아동양육비에 관한 소송은 인민재판소에서 처리하도록 규정한다. 제6조 결혼 년령은 녀성 만 17세, 남성 만 18세 이상으로 규정한다. 제7조 중세기적 봉건관계의 유습인 일부다처제와 녀자들을 처나 첩으로 매매하는 녀성 인권유린의 폐해를 앞으로 금지한다. 공창, 사창 및 기생 제도(기생권번, 기생학교)를 금지한다. 이 항을 위반하는 자는 법에 의해 처벌한다. 제8조 녀성들은 남자들과 동등한 재산 및 토지 상속권을 가지며 리혼할 때에는 재산과 토지를 나누어가질 권리를 가진다. 제9조 본 법령의 발포와 동시에 조선녀성의 ≪권리≫에 관한 일본제국주의의 법령과 규칙은 무효로 한다. 본 법령은 공포하는 날부터 효력을 발생한다." 정경모·최달곤 책임편집, 『북한법령집』, 제4권(서울: 대륙연구소, 1990), 549~553쪽. 구수회 편저, 『북한연구법전』(서울: 행법사, 1996), 232~233쪽.

6 36년 동안 조선 녀성들은 일본제국주의의 끊임없는 모욕과 잔혹한 착취를 받았다. 그들은 어떠한 정치적 또는 경제적 권리도 가지지 못했으며 문화, 사회, 정치 생활에 참가하지 못했다. 중세기적인 봉건적 가정관계가 녀성들에 대한 정치적, 경제적 압박을 더하게 했다. 멸시와 모욕을 당하며 문맹에서 헤매는 것이 조선 근로녀성 대중의 운명이었다. 조선이 일제식민지통치로부터 해방됨으로써 녀성들의 사회적 지위는 달라졌다. 북조선에서 진행되는 제반 민주주의적 개혁은 녀성들을 과거의 정치, 경제, 문화 및 가정생활의 불평등으로부터 해방할 수 있는 조건을 지어주었다. 일제식민지 정책의 잔재를 숙청하고 낡은 봉건적 남녀 간의 관계를 개혁하며 녀성들로 하여금 문화, 사회, 정

치 생활에 전면적으로 참여하게 할 목적으로 북조선림시인민위원회는 다음과 같이 결정한다.

7 김일성, 『김일성 저작선집』, 1권(평양: 조선로동당출판사, 1982), 216쪽.

8 정경모·최달곤 책임편집, 『북한법령집』, 제4권, 551~553쪽.

9 해방 직후 북한은 공산 세력의 권력을 강화하고 인구의 절반인 여성들을 효과적으로 정치에 동원하기 위해 1945년 11월 여성 대중 정치조직인 '북조선민주여성총동맹'을 조직했다. 이 동맹은 1951년 1월 '조선민주여성동맹'으로 확대 개편될 때까지 김일성의 권력과 당의 조직을 강화하는 도구로 활용되었다.

10 윤미량, 『북한 여성의 위상과 역할』, 『북한의 여성과 가족』(서울: 경인문화사, 2006), 45~60쪽.

11 김일성, 『지도일꾼들의 당성, 계급성, 인민성을 높이며 인민경제의 관리운영사업을 개선할 데 대하여』, 『김일성 저작집』, 18권(평양: 조선로동당출판사, 1982), 518쪽.

12 조선인민민주주의공화국 과학원, 『인민경제의 발전』(평양: 사회과학출판사, 1954), 33~55쪽.

13 조선민주주의인민공화국 사회과학원 경제연구소, 『경제사전』, 1권(평양: 사회과학출판사, 1970), 394~395쪽.

14 "녀성들이 사업할 수 있는 남성로력을 점차 교체하며 앞으로는 녀성들이 사업할 수 있는 부문에 추가되는 로력은 반드시 녀성들로서 보충할 것"을 규정했다. 또한 "대학, 전문학교 등 각종 양성기관의 학생 중에서 녀성의 비율을 점차 높일 것"도 규정했다. 정경모·최달곤 책임편집, 『북한법령집』, 제4권, 298쪽.

15 "녀성로력들을 위한 로동 보호 조건이 원만히 보장되고 있으며 로동녀성들은 해마다 14일 또는 28일간의 정기적 휴가, 77일간의 유급 산전산후 휴가를 받고 있으며 무상치료와 함께 무상해산 방조를 받고 있다. 협동농장에서 일하는 여성들도 기준 규약에 의하여 정상적으로 휴식을 받고 있다. 또한 가정적 부담이 많은 여성 노동자들의 로동시간을 줄임으로써 그들이 가정생활을 알뜰히 꾸리며 자녀들을 훌륭히 키우도록 하기 위하여 자녀가 많은 여성 노동자들의 하루 노동시간을 6시간으로 하고 있다. 지금 우리나라에는 녀성로력들을 위하여 수 만개소의 탁아소 및 유치원들이 설치 운영되고 있으며 모성 휴양소가 따로 있어 어머니들이 어린이들과 같이 즐겁게 휴식할 조건을 보장 받고 있다. 조선민주주의인민공화국 사회과학원 경제연구소, 『경제사전』, 1권, 394~395쪽; 김일성, 『김일성 저작선집』, 1권, 424~425쪽.

16 북한연구학회, 『북한의 여성과 가족』(서울: 경인문화사, 2006), 7쪽.

17 첫째로 어린이 양육과 교양을 어머니의 우선적 역할로 삼는 모성 역할을 강조하고 있다(제6조). 이는 전 여성의 노동계급화라는 사회주의 가족원리에 위배되는 '반사회주의적'인 것이라고 볼 수 있다. 둘째, 경로효친적 유교사상을 부활시키고 있다. 즉, 친족부양의 범위를 부모자식은 물론 형제자매, 조부모와 손자녀 관계 및 기타 미성인과 노동 능력이 없는 자에까지 확대하고 있는 것은(35~36조), 친족 내지 가족 부양의 범위를 넓힘으로써 국가 부양의 범위를 축소하고 가정을 통하여 사회복지의 문제를 해결하려는 의도적인 조처라고 해석된다. 셋째, 상속제를 정면으로 인정했다. 이는 사유재산제를 부인하는 사회주의 원칙으로부터 일부 후퇴했다. 제5조는 "상속은 개인재산에 대한 법적보호의 계속"으로써 "국가는 개인재산에 대한 상속권을 보장한다"고 규정했다. 또한 제46조는 "공민이 사망하면 그의 재산은 배우자나 자녀, 부모에게 상속된다. 배우자, 자녀, 부모가 없을 경우에는 손자녀와 조부모 및 형제자매 그 밖의 가까운 친척에게 상속된다"라고 규정하고 있다.

18 매년 11월 18일은 북한의 여성 단체인 '조선민주여성동맹'이 결성된 날이다. 북한 여성들은 이날을 '여맹절'로 기념하며, 각종 정치 행사와 결산 총회에 참가한다. 여맹은 직장에 다니지 않고 가정생활을 하는 여성들로 이루어진 단체다. 여맹 조직은 지역에 거주하는 주부들이 참여한다. 당국은 노동당의 지시와 방침 관철을 위한 정치사업과 노력동원에 주부들을 참여시킨다. 일반적으로 북한 여맹원들의 정치 및 사회 활동 참여는 세 가지 차원에서 이루어진다. 첫째로, 정치 행사 동원이다. 이는 김씨 일가의 '탄생일'을 기념하는 각종 보고대회와 당 창건 경축 행사 및 각종 추모대회다. 여맹은 상부에서 일선 현장까지 체계가 구성되어 있다. 여맹 조직은 사전에 각 지역 여맹 위원장들에게 행사 준비와 동원 일정을 알려준다. 지역 여맹 위원장은 지역 내 소속 여맹원들에게 전달한다. 둘째로 노력동원이다. 김씨 일가의 동상 미화 작업 동원, 봄, 여름, 가을 농촌 근로 동원, 도로보수 공사, 철길 주변 청소와 강하천 정리 등이다. 시장에 나가는 여성이 태반이라 동원에 불참하는 일이 발생하며 이 경우 대신 금전을 낸다. 셋째로, 경제적 부담이다. 당에 바치는 충성의 외화벌이 동원과 조선인민군 창설 기념일에 인민군 장병들을 위한 식사를 담당한다. 여맹원들은 지역에 할당된 각종 물자를 당국에 헌납한다. 봄에는 고사리, 가을에는 농산물 수확량 등을 당에 상납한다.

19 노동당 기관지 ≪로동신문≫은 1면 사설에서 북한 여성들을 △당과 수령을 양심과 의리로 받들어나가는 충정의 인간이자 견결한 혁명가, △사회주의 수호와 조국번영을 위해 피와 땀을 바쳐가는 열렬한 애국자, △사랑과 헌신으로 사회주의 대가정을 가꿔가는 아름다운 생활의 창조자 등으로 치켜세웠습니다. 그러면서 여성들이 "모든 지혜와 열정을 다 바쳐 조국의 힘찬 전진을 위해 기적과 위훈을 창조"할 뿐만 아니라 "어머니로서, 아내로서, 며느리로서 가정과 사회 앞에 지닌 도덕적 의무와 책임을 다해야 한다"고 강조했습니다. ≪로동신문≫은 2면에서는 김일성 주석과 김정일 국방위원장이

여성운동 발전에서 '불멸의 업적'을 쌓았다며 관련 일화들을 소개했습니다. 특히 김정은 체제 들어 열린 '국제부녀절'(3월 8일) 기념 공연, 유방암센터 건립, 어머니대회 개최와 '어머니날' 제정 등을 언급하며 "원수님(김정은)의 영도와 인덕을 떠나 여성들의 빛나는 삶과 존엄, 긍지에 대해 생각할 수 없다"고 주장했습니다. ≪로동신문≫, 2014년 7월 30일 자.

20 "북한 노동당의 외곽 단체인 여맹은 1945년 11월 18일 '북조선민주여성동맹'으로 창립돼 1951년 1월 20일 남북의 여성동맹이 통합되면서 '조선민주여성동맹'으로 이름이 1차 변경된 바 있다. 여맹은 당초 18세 이상의 모든 여성이 가입 대상이었지만, 1983년 5차 대회 이후 30세 이상의 전업주부 모임으로 바뀌었다. 2016년 11월 17~18일 평양에서 개최된 제6차 여맹 대회는 김일성 주석 집권기인 1983년 이후 33년 만에 열린 것이다." 연합뉴스, "北, '여맹' 명칭 65년 만에 변경 … '조선사회주의여성동맹'", 2016년 11월 19일 자.

21 탈북자 김ㅇㅇ 면담 결과(2017년 1월 6일).

22 북조선의 인민교육은 북조선에 이루어진 민주건설의 빛나는 성과를 기초로 하여 민주통일조국의 문화적 토대를 튼튼히 구축해놓았으며 초등교육 부문에 있어서도 해방 후 3년 동안에 인민학교 총수는 해방 전 1372개교로부터 3245개교(237%)로 증가했으며 학동 수는 해방 전 87만 7894명으로부터 137만 8536명으로 157% 증가했다. 취학률은 해방 전 59%로부터 94.3%로 비약적 발전을 가져왔다.
정경모·최달곤 책임편집, 『북한법령집』, 제4권, 41쪽.

23 새해 첫 일과가 시작되는 1월 1일 첫 시간에는 기관·기업소 및 학교 단위로 김정은에게 충성을 맹세하는 '충성의 선서모임'을 실시한다. 그러니까 우리가 보통 새해를 맞으면서 첫 일과로 시무식을 하는 대신 북한에서는 '충성의 선서모임'을 하는 셈이다. 그러나 시무식과는 분명 다르다. '충성의 선서모임'은 선창자가 노동당에서 작성해서 하달한 '충성의 선서문'을 읽으면 다른 참석자들이 따라 읽는 방법으로 한다. 학생들은 방학이라도 그날에는 학교에 가서 '충성의 선서모임'에 참석해야 한다. 김정은 신년사를 학습하는 것도 새해 일과 가운데 빠질 수 없는 대목이다. '충성의 선서모임'이 끝나면 당 책임자 또는 행정 책임자가 직원들에게 김정은 신년사를 읽어주는 '독보회'를 해야 한다. 그리고 1월 한 달 동안은 신년사 학습기간으로 정하고 신년사의 기본 내용을 숙지해야 한다. 대학생들이나 청년조직에서는 신년사를 통째로 외우는 '신년사 통달모임'을 열기도 한다. 민주평화통일자문회의, "북한 주민들의 설맞이", ≪e행복한통일≫, vol.12(2013년 12월호), http://webzine. nuac.go.kr/sub.php?number=203 (검색일: 2017.5.11).

참고 문헌

국내 문헌

구수회 편저. 1996.『북한연구법전』. 서울: 행법사.

북한연구학회. 2006.『북한의 여성과 가족』. 서울: 경인문화사.

윤미량. 2006.『북한 여성의 위상과 역할』.『북한의 여성과 가족』. 서울: 경인문화사.

정경모·최달곤 책임편집. 1990.『북한법령집』, 제4권. 서울: 대륙연구소.

헬렌루이스 헌터. 2001.『CIA 북한보고서(Kim Il-song's North Korea)』. 남성욱 옮김. 서울: 한송.

북한 문헌

김일성. 1982.『김일성 저작선집』, 1권. 평양: 조선로동당출판사.

김일성. 1982.『지도일꾼들의 당성, 계급성, 인민성을 높이며 인민경제의 관리운영사업을 개선할 데 대하여』.『김일성 저작집』, 18권. 평양: 조선로동당출판사.

조선인민민주주의공화국 과학원. 1954.『인민경제의 발전』. 평양: 사회과학출판사.

조선민주주의인민공화국 사회과학원 경제연구소. 1970.『경제사전』, 1권. 평양: 사회과학출판사.

웹사이트

민주평화통일자문회의, "북한 주민들의 설맞이", ≪e행복한통일≫, vol.12(2013년 12월), http://webzine.nuac. go.kr/sub.php?number=203 (검색일: 2017.5.11).

박연희. "장미로 물든 3·8부녀절의 추억". www.huffingtonpost.kr/yeonhee-park/story_b_68 24756.html (검색일: 2016.12.10).

연합뉴스. "北, '여맹' 명칭 65년 만에 변경…'조선사회주의여성동맹'". 2016년 11월 19일자, http://www.yonhapnews.co.kr/bulletin/2016/11/19/0200000000KR20161119044100014.HTML?from=search (검색일: 2016.11.19).

최진이, "북한에서 여성을 꽃이라는 진짜 이유" ≪데일리NK≫, http://dailynk.com/korean/readphp?cataId=nk04200&num=3642 (검색일: 2017.1.1).

북한 여성의 아름다움은 무엇인가

| 북한의 여성 스타일
| 북한의 화장make-up 기법

2

북한의 이상적인 미인은
김정은 위원장의 부인인 리설주형이다.
통통하고 동그란 보름달형 얼굴에 쌍꺼풀이 있어서
큰 눈을 가진 여성이 전형적인 미인상이며
하얀 피부와 큰 키를 선호한다.

북한의 여성 스타일

북한에서 선호하는 여성의 외모: **주체적 아름다움**

아름다움을 추구하는 인간의 본능은 시대와 지역을 막론하고 당시의 사회상을 반영하며 꾸준히 변화해왔다. 아름다움은 인간의 인식과 사고를 기반으로 정형화된 기준에 의해 평가할 수 있다는 인식적 측면과 인간에게 주어진 사회적·문화적 환경에 따라 변화하는 상황적 측면으로 구분할 수 있다. 또한 아름다움에는 객관적 속성과 주관적 속성이 모두 존재한다. 후자인 주관적 아름다움에 관한 논쟁은 다양한 분야에서 활발하게 진행되어왔다. 외모를 주된 기준으로 하는 아름다움은 각 지역의 다양한 문화적 상황 속에서 각기 다른 양상으로 전개되었다. 특정한 문화권에서 선호되는 외모의 특성이 키, 몸무게, 외모 각 부위의 비율 등을 통해 객관적으로 수치화할 수 있음이 밝혀졌다.[1] 최근 들어 미의식에 대한 국제적 공감대가 확장되면서 외모의 미적 가치를 평가하는 기준이 범문화적으로 유사해지는 경향을 보이고 있다. 여성의 마른 체형, 근육질의 남성 체격, 긴 팔과 다리, 젊어 보이는 얼굴, 매끄러운 피부, 또렷한 이목구비 등에 대한 선호는 인류 사회의 공통적이며 보편적인 현상으로 외모의 아름다움에 대한 선행연구를 통해 객관적으로 입증되었다.[2]

외모에 대한 주관적 혹은 객관적 아름다움에 대한 평가는 미 자체에 대한 인식이 직접적인가 혹은 환경의 영향을 받은 간접적인 요인에 의해 결정되는가에 좌우된다. 외모의 아름다움에 대한 인식은 일차적으로 객관적 아름다움보다는 주관적 아름다움의 관점에서 생성된다. 인간이 외모의 아름다움을 인식하는 일차적인 기제는 외모 그 자체가 갖고 있는 특성보다는 외모의 아름다움을 인식하는 사회문화적 맥락의 영향을 받아 인간이 외모에 아름다움의 성질을 부여함으로써 나타난다. 태국의 카렌족은 목이 길수록 미인에 속한다. 어려서부터 목의 길이를 늘이기 위해 목에 링을 차고 자라게 하는데 이러한 현상은 태국의 카렌족 문화권에서만 나타나는 현상이다. 문화적 맥락에 따라 특정 문화권에서는 특정한 외모의 특성이 선호된다.[3]

아름다움에 대한 평가는 외형적인 특성에 의해 영향을 받기도 하지만 이념과 정치 체제라는 무형의 가치 체계에 의해서도 영향을 받는다. 사회주의와 자본주의 사회는 역사 인식과 인간에 대한 기본 인식이 상이하다. 이념적 차이에 따라 상이한 문화가 형성되어 인간의 삶에 다양한 영향을 미친다. 1948년 조선민주주의인민공화국으로 출발한 북한은 한반도에 오랜 기간 거주한 한민족을 기본 구성원으로 출발했지만 마르크스-레닌주의의 이념으로 한국과는 상이한 문화를 형성했다. 사회주의라는 이질적인 문화의 영향을 받아 공산주의 도덕을 추구하게 되고 사물에 대한 아름다움의 인식에도 공산주의 사상이 반영되었다. 개인을 중시하는 민주주의 사회와는 다르게 사회주의 국가는 집단과 단체를 중요시한다. 이것을 사회주의적 집단주의 도덕관이라고 하는데 사회와 집단을 위해 사는 것을 보람차고 행복한 삶으로 평가한다.[4] 특히 북한의 사회주의 체제는 '우리식 사회주의'라는 점을 강조한다. '우리식 사회주의'로 표방되는 북한의 사회주의는 여타의 사회주의 체제와는 변별되는 특수성을 갖는다. 북한의 '우리식 사회주의'는 서구나 자유 민주주의 진영에서 보면 사회주의의 가부장적 변형, 사회주의적 전체주의 및 세습적 일인 숭배의 사회주의로 규정될 수 있다. 북한은 '집단주의'를 모든 사회적 구성원들이 지향해야 할 최고의 가치 원리로 표방한다. 집단주의를 표방하는 북한 사회와는 달리 남한 사회는 정치적으로 자유민주주의, 경제적으로 시장원리와 경쟁에 기초한 자본주의 체제이다. 자본주의 정치·경제적 체제에 상응하는 조직 원리나 이념 체계는 '개인주의'에 기반을 두고 있다.[5]

북한은 자본주의와 개인주의에 기반을 둔 사치와 허례허식은 부르주아적 사상이며 수정주의 사상이라고 비판한다. 사치와 허례허식을 좋아하는 부화방탕한 생활을 황색바람에 물든다고 표현하며 지양해야 할 삶으로 여긴다. 황색바람은 저속하고 퇴폐적인 풍조를 일컫는 북한 용어로서 제국주의 사상 문화, 자본주의 문화 침투에 대한 경각심을 촉구하는 표현이다.[6] 북한은 자본주의 문화인 황색바람은 고유한 문화 전통을 말살시키기 때문에 전통문화가 최선이고 자본주의의 풍조는 최악으로 평가한다. 북한 당국은 고유의 민족성을 살려 전통을 지키는 것이야말로 동방예의지국인 조선의 아름다운 문화라고 주장한다. 북한 정권은 고유의 아름다움을 내세워 집단의 단합과 화목을 강조하며 일심 단결된 민족의 우수성을 빛내는 행태를 가치 있는 문화라고 강조한다. 북한식의 고유한 문화를 강조하는 도덕적 기풍을 지키는 행동이야말로 선군시대에 인민의 인품을 높이는 아름다운 모습이 기본적인 북한 체제가 강조하는 미의 기준이다.

북한 주민은 사회생활에서 화려하지 않고 낭비하지 않는 소비생활을 하는 사회주의적 생활양식에 맞는 삶을 영위해야 한다. 검소하고 소박한 옷차림 및 몸단장, 깨끗하고 문화적인 생활 태도를 중요하게 여긴다. 사회주의는 기본적으로 "화폐는 중요하지 않다Money doesn't matter"는 마르크스주의 원리에 따라 물질보다 가치 사상적 체계를 중시한다. 북한도 사람에게 가장 귀중한 것은 돈이나 물건이 아니라 정치적 생명이라고 선전한다. 사람에게 물욕이 있으면 사회와 집단의 이익보다 자기 개인, 자기 가정의 이익만을 앞세우게 되므로 자신의 물질을 희생하는 한이 있더라도 국가와 사회의 재산을 아끼고 사랑하는 고상한 도덕 기풍을 지녀야 한다고 홍보한다. 모든 개인은 구성원보다는 집단을 우선시하는 공산주의 사상을 반영한 공산주의 도덕과 생활에 따라 행동해야 한다.

북한 사회는 폐쇄적인 현실 속에서 북한식 주체미학을 추구한다. 주체미학이란 아름다움을 평가하는 데 있어서 외적 형식보다는 사람의 사회적 속성인 자주적인 사상의식, 정신적·도덕적 측면 및 문화와 지식수준을 기준으로 미를 평가하는 인식 체계다. 주체미학에서는 사회생활의 미, 투쟁의 미를 더 귀중히 여기고 인간생활을 보다 아름답게 개척해나갈 것을 요구한다. 또한 자연의 아름다움도 사회적 가치를 기본으로 평가한다.[7] 주체미학은 형식미보다는 내용미를 기본으로 한다. 주체미학은 인간의 아름다움을 평가하는 데 외적 행태인 형식미보다는 사회생활의 미, 투쟁의 미, 그 안에 담긴 가치와 의미를 중시여기는 내용미를 더 귀중하고 아름답게 평가한다.[8] 북한에서 제일의 아름다움은 장군님을 절대적으로 믿고 받드는 충성의 한마음, 조국을 받드는 애국의 한마음을 지닌 사상적·도덕적 풍모이다. 그렇다면 주체미학을 반영한 북한의 아름다운 여성은 어떤 스타일일까? 북한의 미인은 어떤 모습을 하고 있을까?

북한은 어떤 여성을 미인이라고 할까요?

북한의 이상적인 미인은 김정은 위원장의 부인인 리설주형이다.[9] 통통하고 동그란 보름달형 얼굴에 쌍꺼풀이 있어서 큰 눈을 가진 여성이 전형적인 미인상이며 하얀 피부와 큰 키를 선호한다. 김일성, 김정일 시대부터 둥실둥실한 얼굴을 복스럽다고 했는데 이는 김정일 모친인 김정숙의 영향이다. 북한은 김정숙을 국민 어머니인 모체母體 이미지로 부각시키며 여성들이 본받아야 할 추앙 인물로 내세운다. 김정숙은 일제로부터 해방되기 전 빼앗긴 조국을 되찾기 위해 각종 투쟁에 참가한 여성 혁명가로서 전쟁터에서 남편과 자식, 동생을 잃은 유가족들을 돌봐주는 따뜻한 이미지로 형상화한 인물이다. 1917년생인 김일성의 첫째 부인 김정숙은 이미 1949년 9월 32세의 젊은 나이에 사망했지만 북한은 아직도 그녀의 일대기를 우상화하며 북한 여성의 귀감이 되어야 할 존재로 미화시킨다. 김일성의 백두혈통을 자식 김정일에게 연결시키는 모계 우상화를 상징하는 인물이다. 따뜻한 국민 어머니로 조작한 김정숙은 외모도 아름다운 표준 미인형으로 각색되었다.[10] 이후 김정숙의 얼굴이 미인형으로 굳어져 현재까지도 북한의 전형적인 미인상으로 내려온다. 〈그림 2-1〉과 〈그림 2-2〉를 비교해보면 김정숙과 리설주가 상당히 닮았다는 것을 알 수 있다. 동그란 얼굴에 갈매기형 눈썹, 쌍꺼풀이 있는 선한 눈, 콧대가 높지는 않지만 동글동글한 콧방울, 작은 입술의 생김새가 매우 흡사하다.

김정숙과 리설주는 외관상으로는 비슷한 얼굴이지만 두 사람의 이미지는 다르다. 실제로 김정숙은 외모를 기준으로 미인이라기보다 여성 혁명가로서 투쟁의 미를 형상화하면서 북한식 주체미학이 반영된 아름다운 여성이란 자체 평가다. 탈북자 인터뷰에서도 김정숙은

● 그림 2-1　16세 당시 리설주(위)
● 그림 2-2　어린 김정일과 생모 김정숙(아래)
(자료: 연합뉴스)

외관상 아름다운 여성이라기보다는 사상적으로 존경하는 여성으로 확인된다. 반면 리설주의 경우는 김정은 위원장이 부인으로 간택한 여성으로서 북한 사회의 대표적인 미인으로 손꼽힌다. 탈북 여성을 대상으로 심층 인터뷰를 진행한 결과, 북한 여성들이 리설주의 패션과 스타일을 따라 하는 것으로 나타났다. 특히 아름다움을 무기로 김정은 위원장의 부인이 되었기 때문에 북한 여성들은 미의 기준으로 가장 벤치마킹해야 할 대상으로 생각한다.

북한에서는 여성에게 '아름답다', '예쁘다'라는 표현보다는 '곱다'라는 표현을 보편적으로 사용한다. 고운 외모로 인정받는 리설주는 북한 여성들에게 선망의 대상이다. 리설주가 했던 커트머리(친머리), 무릎 위의 짧은 치마, 명품 가방 등은 평양을 중심으로 젊은 세대 사이에서 가장 많이 따라 하는 유행이었다.[11] 과거 김정숙이 수수한 옷차림에 현숙하고 단정한 이미지였던 것과는 다르게 리설주는 파격적인 짧은 헤어스타일에 무릎 위로 올라가는 스커트를 입기도 한다. 공개 행사에서도 때로는 모든 고위급 북한 인사가 가슴에 착용하는 김일성·김정일 배지도 달지 않는다. 고전적인 혁명 이미지의 김정숙과는 다른 신세대 여성의 이미지로 세련된 패션 스타일을 선보이며 유행을 선도하고 있다.

유명한 여배우는 누구이며 어떤 미모의 소유자일까?

북한 인민의 대중적인 사랑을 받는 스크린 스타의 외모도 리설주형이다. 1970~1990년대 인기가 있었던 스크린 스타로는 '인민배우 3인방'이었던 홍영희, 오미란, 김정화를 꼽는다. 북한에서는 연기력에 상관없이 인민배우 이미지만으로 최고의 특혜를 받기도 하는데 김씨 일가 역할을 전담으로 담당하는 배우가 주로 이에 해당한다. 김씨 일가와 닮기만 해도 인민배우 칭호를 받고 북한 사회에서 우대받는다. 이들은 김씨 일가와 닮았다는 이유로 함부로 외출해서도 안 되고 김씨 일가에 누를 끼치는 행동을 해서도 안 된다. 인민배우에 뽑히기 위해서는 김씨 일가와 외모가 비슷해야 한다. 북한은 1990년대 중반까지만 해도 160cm 정도의 키에 약간 통통한 몸매, 둥그스름한 얼굴이 최고 미인으로 꼽혔다. 오미란과 홍영희가 대표적인 사례다. 개성 출신인 홍영희는 1955년생으로 영화 〈꽃파는 처녀〉의 주인공 꽃분이 역을 맡아 일약 스타덤에 오른 여배우다. 이 영화에서 주인공 꽃파는 처녀는 '청순한 이미지'를 바탕으로 순박하고 눈물이 많은 캐릭터다. 당시 16세였던 홍영희가 주인공 역을 실감나게 연기해 이듬해 17세에 공훈배우가 되었다. 2년 뒤 1974년 한 단계 등급이 격상되어 인민배우가 되었다.

영화 〈꽃파는 처녀〉는 1920~1930년대 초 일제강점기 시절에 평범한 농촌의 머슴 가정이 겪은 비참한 삶을 그려낸 줄거리로 투쟁만이 살 길이라는 주제를 표현한다. 주인공인 홍영희의 얼굴 생김새는 통통한 계란형의 복스럽고 순종적인 이미지다. 역시 김정숙, 리설주와 비슷한 얼굴로 북한에서 선호하는 얼굴이다. 비슷한 시기 인기를 끌었던 오미란도 북한 남성들에게 이상적인 여성상이다. 배우 오미란은 1954년생으로 북한을 대표하는 성우 오향문의 딸이다. 1980년 〈축포가 오른다〉는 영화로 데뷔하고 바로 김정일의 눈에 든 인물로 유명하다.[12] 오미란은 연기력도 우수해 북한 주민들에게 많은 사랑을 받았으며 아버지에게 배운 특유의 화술도 일품이라고 평가된다. 오미란의 외모도 김정숙과 비슷해 동그스름한 얼굴에 큰 눈이 순종

● 그림 2-3 홍영희(왼쪽)와 오미란(오른쪽) (자료: 연합뉴스, (사)평화문제연구소)

적인 이미지다.

북한은 1987년부터 비정기적으로 제3세계 비동맹국가가 참가하는 '평양영화축전'이라는 영화제를 평양에서 개최했다. '평양영화축전'에서 오미란은 〈도라지꽃〉으로 금연기상을 수상했으며 최우수 작품상, 최우수 시나리오상을 수상하는 등 중요한 상을 휩쓸었다. 북한에서 영화는 강한 호소력과 전파력이 있는 장르로 대중 교양과 선전을 위해 이용하는 중요한 정책홍보 수단이다. 영화는 인민들에게 노동당의 정책과 방향을 제시하고 공산주의적 인간형으로 만드는 나팔수 역할을 한다. 노동 계급인 주민들을 혁명화시키고 사회주의 건설에 앞장서게 하기 위해 김씨 일가가 영화에 주기적으로 등장한다. 김씨 일가와 닮은 주인공을 내세워야 시각적인 장면을 담아내는 데 효과적이다. 홍영희와 오미란이 영화에 집중적으로 투입된 이유다. 특히 홍영희는 영화광인 김정일의 총애를 받아 수많은 영화에 출연했다.

1990년대 들어 시대가 변하면서 북한에서도 165cm의 키에 약간 마른 몸매를 소유한 화려한 외모의 여배우들이 폭발적인 인기를 얻는다. ≪로동신문≫은 북한 최고의 영화로 평가되는 〈민족과 운명〉 시리즈에 출연한 배우들 중 인민배우 '김정화'를 가장 인기 있는 배우로 소개한다. 영화 〈민족과 운명〉 시리즈는 북한 체제를 찬양한 영화로 지난 1992년 2월 김정일 노동당 총비서의 50회 생일(2월 16일)을 맞아 1·2편이 개봉된 이래 56부작까지 제작되었다. 여주인공 역을 김정화가 맡아 열연했다. 특히 김정화는 20부작 〈이름 없는 영웅들〉이라는 영화에서 극중 여주인공 김순희의 역할을 천연덕스럽게 소화해내 배우로서의 재능을 인정받았다.[13] 이 영화로 인해 북한에서 김정화는

● 그림 2-4 인민배우 김정화 (자료: 연합뉴스)

● 그림 2-5
춘향전에 출연한 김영숙
(자료: (사)평화문제연구소)

아직도 순희로 불린다. 김정화는 1954년생으로 평양연극영화대학 배우학부를 졸업하고 1978년부터 조선예술영화촬영소에서 배우생활을 했다. 그녀는 〈붉은 날개〉, 〈나의행복〉, 〈민족과 운명〉 등에 출연하며 인민배우 칭호를 얻었고 국기훈장 제1급을 비롯해 많은 훈장과 메달을 수훈했다.[14] 배우 김정화가 나오는 영화를 인상 깊게 본 김정일이 승용차까지 직접 선물했다고 전해질 만큼 유명한 인기 인민배우다.

이후의 대중적인 스크린 스타로는 지난 1984년에 제작되었던 〈사랑, 사랑, 내사랑〉에 여주인공으로 발탁된 장선희를 들 수 있다. 1964년 평양 출신인 장선희는 신상옥 감독의 눈에 들어 〈사랑, 사랑, 내사랑〉의 주인공인 춘향 역으로 출연해 1984년부터 1990년대 중반까지 인민들의 큰 사랑을 얻었다. 여기서 춘향 역이었던 장선희는 기존의 미인과는 약간 다른 V라인에 가까운 계란형 얼굴이며 후에 〈민족과 운명〉에 출연하며 일본인 여성인 유키꼬 역할을 맡아 많은 사람의 사랑을 받았다. 또한 1980년 영화 〈춘향전〉에 출연했던 춘향 역의 김영숙도 인민들의 대중적인 인기를 얻었다. 김영숙도 리설주의 얼굴과 비슷한 형이다. 〈그림 2-5〉에서 볼 수 있듯이 북한에서 선호하는 얼굴은 김영숙처럼 대체로 통통한 계란형에 처진 큰 눈의 순종적인 여성상이다. 이는 '우리식 사회주의'를 외치는 북한 사회에서 서구적이고 현대적인 미인보다는 민족성을 바탕으로 전통적인 미의식을 고려한 것으로 보인다. 또한 능력 있고 당당한 이미지보다는 참한 현모양처 이미지를 좋아하는 가부장적 문화가 반영되었다.

2000년대 들어 북한의 미인형은 한국과 비슷하게 바뀌고 있는 추세다. 작은 얼굴에 또렷한 이목구비를 한 여성 접대원들이 주로 북한 영상매체에 나타나고 있다. 과거에는 작은 얼굴을 선호하지 않았으나, 최근에는 165cm 이상의 키에 작은 얼굴, 큰 눈, 오뚝한 콧날의 여성을 북한 노동당 5과에서 미인으로 선발한다. 〈그림 2-6〉은 2015년 남북 이산가족 상봉 행사에서 한복을 곱게 차려 입고 행사 진행을 도운 북한 여성 접대원이다. 과거와는 다르게 작은 얼굴, 뚜렷한 이목구비, 자연스러운 화장은 한국여성과 다를 바 없는 현대적인 미인의 모습이다. 북한에서도 미의 기준이 서구화된 것을 시사한다.[15] 큰 키를 선호하는 추세는 북한에서도 여성들이 서구적인 외모를 선호하는 흐름을 반영한 결과다.

리설주의 신장은 164cm로, 북한 여성 평균 키 159cm보다 크다. 과거 김정숙이 155cm 내외의 작은 키였던 것에 반해 큰 키의 리설주는 국제화된 미를 반영한다. 노동당 5과는 김정은 위원장의 서기실 등 국가기관의 봉사업무에 투입할 여성을 선발하기 위해 13세부터 신체검사를 실시한다. 키가 크고 외모가 아름다운 여성을 주로 선발한다. 채용된 여성들은 1부류, 2부류, 3부류로 구분해 업무를 맡게 되는데 통상 1부류는 김정은 위원장의 서기실조로서 문건을 정리하고 간호하는 일을 한다. 이외에 김정은 위원장의 침실을 정리하고 식사를 시중드는 일을 한다. 2부류는 악기를 연주하거나 노래를 하는 등 음악 및 무용 예능 계통의 일을 한다. 3부류는 김정은 위원장의 별장인 초대소에서 대기하다가 김정은 위원장이 별장을 방문할 때 지원하는 보조원 역할을 한다. 북한의 일반 가정에서는 5과에 뽑히는 것을 가문의 영광으로 생각한다. 탈북자들은 자녀가 5과에 있는 한 먹고살 걱정이 없기 때문이라고 증언한다. 하지만 평양의 중산층 이상의 여유 있는 가정에서는 자녀가 5과에 뽑혔음에도 각종 활동 제약 등으로 거부하는 경우도 있다. 아무래도 일부 부모들은 자녀가 개인의 행동

● 그림 2-6
2015년 남북 이산가족 상봉 행사에서 진행을 도왔던 여성 접대원
(자료: 연합뉴스)

과 표현의 자유가 극히 제한되는 특수 직업에 종사하는 것을 탐탁지 않게 생각하는 측면도 있다.

의복: **북한의 기본 옷차림새**

북한의 국가정책 수행은 계획 수립과 대국민 홍보와 선전으로 이원화되어 있다. 국가의 정책을 실행하기 위해 노동당이 사업 계획을 세우고 목표 생산량을 설정하면 각종 언론기관들은 세부 사항을 홍보 및 선전·선동하는 역할을 담당한다. 조선중앙TV, ≪로동신문≫, ≪조선녀성≫ 등이 대표적인 홍보 담당매체이다. 특히 월간지 ≪조선녀성≫은 여성을 대상으로 여성의 의무와 책임 등을 적극 홍보한다. 여성을 '가정의 혁명화' 주체로 세우기 위해 사회주의 일원으로 키워나가도록 정책 제시 및 실천을 강조한다. 또한 ≪조선녀성≫은 북한 여성 정책의 기본 방향을 제시한다. ≪조선녀성≫에는 현모양처의 바람직한 자세, 북한 여성의 아름다운 태도와 같은 구체적인 내용도 실려 있다. 이외에도 살림살이 노하우부터 아름다움을 가꾸는 민간요법, 옷차림새까지 세세한 것들의 정보를 제공한다. 북한은 여성을 '가정의 혁명화' 주체로 인식해 용모와 옷차림까지 규제한다는 것을 알 수 있다.

북한 사회에서 옷차림이란 그 사람의 정신적·도덕적 풍모를 표현하므로 중요하다. 아름답고 고상한 옷차림은 인민의 혁명적 사상의식과 높은 정신 상태, 문화적 생활 면모를 세상 사람들에게 보여주는 징표가 되기 때문이다. 옷차림에도 '우리식 사회주의' 사상이 반영되어야 한다. 주체미학이 반영된 옷차림은 민족성을 살리는 데 초점이 맞추어진다. 민족의 우수성을 반영한 옷은 조선옷이다. 북한 당국은 조선옷을 입어야 민족적 색채가 진하게 풍겨 민족성이 구현되며 옷차림을 통해 민족적 긍지를 느끼고 자부심을 갖게 되어 사회주의 위업을 수행할 수 있게 된다고 선전한다. 민족성을 살린 조선옷이란 조선 치마저고리를 말하는데, 이는 개화기 당시에 여성들이 주로 입었던 흰색 저고리에 검정색 치마이다. 북한은 흰색 저고리와 검정색 치마야말로 조선 여성의 몸매에 맞으며 보기에도 우아하고 아름다운 것이라고 찬사를 아끼지 않는다.

> 여자 조선옷은 짧은 저고리에 긴 치마가 곧은 직선과 부드러운 곡선으로 사귀면서 외부적 윤곽선을 나타내고 있다. 전체적인 구성은 웃옷보다 아래옷이 길고 폭이 넓으면 아래 몸보다 윗몸이 가볍게 처리되어 상승감과 함께 안정감을 주며 키에 관계없이 누구나 입어도 늘씬하고 듬직해 보인다. 조선옷 뒤 면에는 등골선우에 깨끗한 동정이 살짝 보일뿐 아주 단순하고 점잖게 처리되어 있다. 또한 깃과 동정, 어깨선, 도련, 겨드랑이선과 고름 등 저고리앞면에 시선이 집중되게 구성되어 있는데 거기서도 시원하게 파준 깃에 단정하고 깨끗한 흰 동정이 초점을 이룬다. 그리고 짧고 단정한 저고리와 대조적으로 유연하게 퍼진 긴 치마는 몸매를 더욱 늘씬하고 풍만해 보이게 하는데 치마폭의 잔주름이 은근하게 움직일 때면 조선옷의 독특한 아름다운 률동이 참으로 인상 깊게 나타난다. 저고리에서 치마로 쭉 내리드리운 고름은 률동적이며 키가 더욱 커보이게 한다. 조선치마저고리의 우아하고 소박한 특성은 다음으로 연하고 부드러운 것을 좋아하는 우리 인민의 민족적 감정을 살리면서 여러 가지 색깔을 배합하고 있는데서 나타난다.
>
> —「아름답고 우아한 민족옷 - 조선치마저고리」[16]

● 그림 2-7 2002년 8·15 민족통일대회에 참석한 북측 기수단 (자료: 연합뉴스)

전통미를 살린 치마저고리는 시간이 흐르면서 실용성을 더해 바닥에서 30cm 정도 올라온 통치마 길이를 유지한다. 활동성을 감안해 여성이 생활을 편리하게 할 수 있도록 현대적 감각이 더해진 것이다. 북한의 치마저고리 복장은 마치 구한말 개화기 시대 여성들이 주로 입었던 전통복장 차림을 연상시킨다. 2005년 4월과 8월 두 차례에 걸쳐 중국 상해에서 촬영된 삼성의 스마트폰 애니콜 광고는 '하나의 울림'이라는 주제 속에 북한의 젊은 예술인 조명애와 남한의 대중 가수 이효리가 휴대전화를 통해 만나고 교감하는 모습을 보여주는 내용이었다. 국내 최초로 북한 현지인이 광고 모델로 출연한다는 점은 많은 사람의 관심을 이끌기도 했다. 1차 캠페인, 초반 CF 조명애 편에서는 조명애가 남한의 가수 이효리를 보면서 '처음 보는 순간 곱구나'라고 생각하고 "꼭 한 번 만나보고 싶다"라고 말했고, 이효리 편에서는 물동이를 이용해 춤을 추고 있는 조명애를 바라보면서 "처음 보지만 낯설지 않다"라고 말하며 서로에게 느끼는 호감을 드러내는 것을 보여주었다. 초반 CF는 공개되기도 전에 국내뿐만 아니라 해외에서도 많은 관심을 이끌었는데 1차 캠페인 당시 이효리와 조명애는 호텔 엘리베이터에서 잠깐 마주치는 것이 전부였다. 두 모델은 2차 캠페인 때인 2005년 8월 상해에서 다시 만났다. 많은 통제 속에서 이루어진 것이라 단둘이 말을 나누고 깊은 얘기를 하기에는 시간이 부족했지만, 이효리는 조명애에게 "명애 씨"라 하고, 조명애는 이효리에게 "효리 동무"라 부르며 서로의 이상형에 대해서도 얘기 나눌 만큼 가까워졌다. 특히 한 인터뷰에서 조명애에게 이효리에 대한 인상을 물었는데, "조선 여성 같지 않고, 서양 사람 같아 보인다"고 하며 문화적 차이에 대한 생각도 들어볼 수 있었다.[17]

휴대전화 광고를 촬영했던 북한의 가수 조명애도 치마저고리

● 그림 2-8 조명애 (자료: 연합뉴스)

를 입고 2002년 방한했다. 2002년 8·15 민족통일대회 개막식에서 북측 기수단으로 입장한 조명애는 당시 수려한 외모로 한국에서 주목을 받았다. 조명애와 함께 한국을 방문했던 북한 미녀 응원단 모두 흰색 저고리에 검정색 치마를 입었다. 조선 민족이라는 강렬한 이미지를 의복으로 표출했다. 이를 통해 남한은 서양의 미국 제국주의 문화를 받아들인 데 반해 북한은 전통을 고수하고 있다는 메시지를 전달하고자 노력했다. 북한 당국은 외모를 통해서 남북한 정부가 한반도에서 정통성 경쟁을 전개하는 인상을 주었다.

치마저고리 복장은 2017년 현재까지도 북한이 바람직하다고 생각하는 북한 여성의 기본적인 옷차림으로 공식적인 의복이다. 형식이 내용을 지배하는 측면을 고려해 여성의 복장을 당국이 지정해 통제함으로써 개인이 사회주의 전체에서 이탈하지 못하게 하는 효과를 노리기 위한 의도다.

> 우리 녀성들은 열렬한 민족애를 지니고 세상에 자랑할 만 한 민족옷인 조선치마저고리를 명절날만이 아니라 일상생활에서도 즐겨 입고 다녀야 한다. 그리고 머리단장에서도 우리 조선녀성들의 성격과 정서, 얼굴형태에 잘 어울리는 전통적인 머리형태들인 외태머리, 쌍태머리, 그네머리, 쪽진머리 형태 등을 적극 장려하여야 한다. 또한 몸단장을 고상하고 건전하게 하고 다녀야 한다.
>
> —「민족적정서가 짙은 조선옷」[18]

〈그림 2-9〉는 2016년 11월호 ≪조선녀성≫에 실린 기사 내용으로 중년 여성들에게 잘 어울리는 옷차림이라며 한복과 양장을 나란히 배치하고 있다. 실제로 북한 여성들은 개인당 4~5벌의 한복을 소유하고 있는데 이는 국가 행사에 한복을 입고 참석하는 것이 의무이기 때문이다. 국경일인 2월 16일 김정일 생일, 3월 8일 국제부녀절, 4월 15일 김일성 생일, 7월 27일 조국해방전쟁승리기념일, 8월 15일 해방일, 9월 9일 북한 정권 수립일, 10월 10일 노동당 창건일과 같은 국가 행사는 물론, 결혼식과 같은 개인의 잔치에도 한복을 입고 참가한다. 한복을 입을 일이 많은 북한 여성들은 남한의 여성들이 서양식의 청바지는 물론 투피스, 원피스 등 각종 옷을 소유하는 것처럼 다양하고 화려한 한복을 소유하고 싶어 한다는 것이 탈북자들의 증언이다.

북한에서 주체성과 민족성을 살린 조선옷은 선군시대에 맞는

● 그림 2-9 북한식 옷차림 (자료: ≪조선녀성≫)

문화적 풍모를 갖춘 차림새이기도 하다. 민족성을 살린다는 것은 다른 표현으로 외세를 배척한다는 것이기도 하다. 북한 당국은 남의 식, 남의 풍을 따라 하는 행태는 제국주의자들의 썩어빠진 부르주아 문화를 모방하는 자세라고 비판한다. 새 세대들이 어릴 때부터 우리식, 우리의 것을 사랑하고 귀중히 여겨야 외세에 강력하게 투쟁하는 선군시대를 빛낼 수 있다고 주장한다.

반면 북한 당국이 금지하고 단속하는 여성 복장은 이색적인 옷차림과 바지 차림이다. 양복이나 뜨개옷과 같은 옷을 입더라도 북한식 민족적 정서가 우러나오게 스타일링을 해야 하고, 얼럭덜럭한 옷과 외국 스타일의 옷은 따라 하지 말아야 하며 배격해야 할 행위라고 주장한다. '얼럭덜럭한' 옷이란 국어사전에 따르면 어두운 빛깔의 점, 줄 따위의 무늬가 고르지 아니하게 촘촘한 모양을 말한다. 어두운 색의 물방울무늬나 줄무늬, 외국 느낌을 주는 옷차림, 바지를 입은 옷차림새가 단속 대상이다. 그 외에 망사 재질로 만든 옷도 단속 대상이다. 한때 리설주가 망사 천으로 만든 옷과 바지를 입고 공식적인 자리에 등장해 구설수에 오른 적이 있다. 바지를 입은 옷차림새가 금기시되는 문화는 여성스러운 모습이 사라져 성性 정체성이 흔들리는 풍조가 사회주의 체제의 통제문화에 바람직하지 않다는 판단에서 비롯된다.

북한 당국은 순종적인 여성이라도 바지를 입고 남성과 동등하게 양성평등을 주장하는 것은 가부장적 북한 사회의 특성에서 판단할 때 바람직스럽지 않다는 평가다. 바지를 입는 행태가 우리식이 아니고 서양식이라고 간주해 부정적인 옷차림이라고 평가절하하는 것은 여성의 사고를 수동적으로 통제하기 위한 의도다. 여성들이 아무래도 조심스러운 행동이 요구되는 치마보다는 편리한 바지를 주로 입는다면 행동이 적극적으로 되고 남녀 평등의식이 고양되어 남성의 권위가 낮아질 수 있어 이를 우려하는 것이다. 의복을 통해 여성의 의식과 행동을 통제하기 위한 고도의 심리전 전략이다.

> 모든 녀성들은 우리 민족의 고유한 조선옷을 즐겨 입는 것을 생활화하며 양복이나 뜨개옷 등 여러 가지 옷차림을 하는 경우에도 민족적 정서에 맞게 하여야한다. 얼럭덜럭한 옷과 특히 녀성들이 바지를 입고 다니는 것은 우리 식이 아니다. 우리 식이 아닌 이색적인 옷차림은 우리의 민족적 정서를 흐리게 하고 사회의 건전하고 혁명적인 분위기를 좀먹게 한다. 우리 식이 아닌 옷차림을 넘겨다보거나 본 딸 것이 아니라 철저히 배격하여야 한다.
>
> —「우리식의 옷차림을 적극 살려나가자」[19]

계절에 어울리는 색감은 무엇일까요?

북한에서 옷차림과 몸단장은 사회적인 규범을 지키는 형식으로 당국의 지침에서 개인이 일탈하기는 어렵다. 지키지 않았을 때 형사적인 처벌이 따르지는 않지만 통제 사회에서 개인이 당국에서 표준 의복으로 권장하는 의복과 몸단장을 거부하기는 어렵다. 당국에서 권고하는 옷차림과 몸단장은 계절과 시대에 따라 다르고 다양하다. 북한에서도 옷차림은 기후를 고려해 계절에 따라 달라진다. 치마저고리를 여성들의 기본 복장 양식으로 하면서 계절에 따라 권장하는 색과 옷감이 달라질 뿐이다.

북한에서 옷의 색은 계절과 나이, 성별, 몸매, 천의 재질 등과

밀접히 연관된다. 특히 사계절이 규칙적으로 반복되는 북한에서는 옷 색깔에 계절적 변화의 특성이 다양하게 반영되는 것이 좋다고 권한다. 우선, 봄에 어울리는 옷은 기본 스타일인 흰색 저고리에 검은 치마이다. 블랙 앤드 화이트의 색조화가 산뜻하고 단정하며 순결하다고 주장한다. 그 외에 봄철 색감으로는 계절감을 나타내는 꽃 색깔이다. 진달래색, 무궁화꽃색, 살구꽃색, 복숭아꽃색도 대표적인 색감이다. 그 외에 연두색, 연보라색, 연분홍색, 장미색, 연노란색, 밝은 회색 등과 같이 자연과 조화를 이루는 색상이 봄철에 추천된다. 여름은 햇빛이 강하고 연중 기온이 제일 높은 시기이기 때문에 산뜻하고 서늘한 감을 주는 색깔을 선택해야 좋다. 흰색을 기본으로 시원한 느낌을 주는 하늘색, 연녹색, 연보라색 등이 바람직하다. 30대 여성의 경우는 하늘색 저고리와 하늘색 치마 또는 흰색 저고리에 하늘색 치마가 여름과 잘 어울린다며 권한다. 중년 여성의 경우에는 옥색 저고리에 남색 치마의 옷차림이 여름과 맞는다고 추천한다.

가을은 단풍이 드는 등 푸른 자연이 붉고 노랗게 물드는 계절이다. 따라서 가을에는 봄철보다 약간 어두운 색깔과 감색, 보라색, 노란색, 붉은색 등이 좋으며 진한 살색, 연한 밤색 등이 어울린다. 단풍잎 색깔은 자연에서 오는 색깔이어서 누구에게나 잘 어울린다. 진한 초록색인 수박색과 밤색 계통의 색깔도 가을 풍치에 어울리는 색감이라고 추천한다. 계절에 상관없이 밝고 화려하면서도 고상한 느낌을 주는 분홍색 계열은 주로 미혼 여성에게 잘 어울리고, 회색은 침착한 느낌을 주므로 중년 부인과 노인에게 잘 맞는다. 겨울은 태양열을 흡수하는 어두운 색이나 따뜻해 보이는 색, 자극이 강한 색을 선택해 옷을 만들어 입는 것이 좋다고 권장한다. 겨울에 어울리는 색상은 검은색, 밤색, 진한 청색, 진한 보라색 등이다. 미혼 여성의 경우는 감색,

푸른색, 연분홍색, 밝은 밤색을 추천한다. 중년 여성에게는 침착해 보이는 미색(아이보리), 밤색, 회색 계통이 점잖고 세련된 느낌을 준다고 말한다. 햇빛을 잘 받아들이는 쑥색(카키색)이나 자주색, 빨간색도 계절감이 있는 색상이다. 여기에 보온을 위해 목도리나 모자, 장갑의 구색을 맞추면 옷차림이 한결 다양해져 거리의 풍치를 더욱 빛나게 한다고 말한다. 대신 딱 달라붙는 옷을 입어 민족적 정서를 해치지 말고, 모자도 너무 푹 눌러쓰지 말고, 목도리를 볼품없이 둘둘 말고 다니지 말 것을 권고한다. 개개인 모두가 한 가정이라고 보는 북한 사회는 옷차림에서 개인의 취향보다는 전체와 조화를 이루기를 권고한다.

> 몸이 뚱뚱하고 키가 큰 여자들은 짙은색 계통의 천, 무늬가 잘 나타나지 않는 천, 가로무늬나 살창무늬가 있는 천, 약간 무게가 있으면서 부드러운 천으로 만든 옷을 입는 것이 좋다. 몸이 뚱뚱하고 키가 작은 여자들은 진한 색깔의 천, 무늬가 길이방향으로 있거나 무늬간격이 좁은 천, 작은 무늬가 있는 천으로 만든 옷을 입는 것이 좋다. 몸이 약하고 키가 큰 여자들은 더운색계통의 천, 가로무늬나 살창무늬(격자무늬)가 있는 천, 무늬간격이 넓거나 큰 무늬가 있는 천, 빳빳하고 부푸는 천으로 만든 옷을 입어야 잘 어울린다. 몸이 약하고 키가 작은 녀성들은 밝고 환한색 계통의 천, 자름 자름한 무늬가 있는 천, 부풀어나는 천으로 옷을 해 입어야 잘 어울린다.
>
> —「녀자옷 색깔을 잘 맞추려면」[20]

신체 조건에 따라 의복의 스타일은 달라진다. 키가 작은 사람은 커 보이게 입어야 신체의 단점이 보완되고 통통한 사람이 날씬해 보이려면 검정색 계열을 입어서 축소되는 효과를 내야 한다. ≪조선녀성≫의 기사에는 저고리 부분은 진한 색상을 택하고 연한 색상의 치마와 조화시키면 키가 커 보인다고 추천한다. 반면에 몸이 뚱뚱하면 어둡고 진한 색을 입을 것을 제안한다. 피부 톤에 따라 추천하는 색이 달라진다. 만약 피부가 희다면 푸른색 계열보다는 붉은색 계열이 혈기 있어 보여 잘 어울리며, 피부가 까무잡잡한 사람은 오히려 흰색이나 분홍색이 얼굴을 더 어두워보이게 하므로 피하라고 권고한다. 피부가 홍조를 띤 사람이라면 붉은 계통은 얼굴이 도드라져 보이므로 침착한 색감이 어울린다고 기사에 싣기도 한다. 몸매에 따라 색깔, 옷 문양, 천을 다르게 권유하고 있으나 역시 사계절 공통적인 추천 의상은 조선옷이다. 아름답고 고상한 민족적 풍습을 지키는 것이 '우리식 사회주의'를 고수하는 방식이다. 그래야 민족성이 살아나고 세련되면서도 현대미가 표현된다고 강조한다.

북한은 교복과 제복을 권장하는 사회

북한의 학생은 초등학교부터 대학교를 마칠 때까지 학창 시절 내내 계속해서 교복을 입는다. 사회에 나가서는 직장에 맞는 제복을 입는다. 교복과 제복이 생활화되어 있다. 북한의 학제를 살펴보면 의무적으로 유치원 1년, 소학교 5년, 고등중학교 6년 총 12년을 무상으로 교육받게 되며 학창 시절 내내 교복을 입어야 한다. 한국과 마찬가지로 대학은 보통 4년제이며 의과대학은 7년제다. 대학 재학 중에도 교복 착용이 의무화되어 있다. 학생들은 교복 착용과 함께 김일성과

● 그림 2-10 소학교 교복 (자료: 연합뉴스)

김정일 및 김정은의 얼굴이 그려진 배지도 반드시 왼쪽 가슴 상단에 달아야 한다. 교복 형태를 보면, 소학교(초등학교) 남자 어린이의 경우 여름에는 흰색 반팔 셔츠에 검정색 혹은 남색 바지를 입고 행사에 참가할 경우에는 빨간색 스카프를 착용한다. 여자 어린이의 경우는 흰색 반팔 셔츠에 검정 혹은 남색 멜빵 치마를 입고 행사에 참가할 경우에는 빨간색 스카프를 착용한다. 봄가을에는 남자 어린이의 경우 인민복 스타일의 교복을 입고 겨울에는 잠바를 착용한다. 인민복은 남색과 같이 쉽게 더러워지지 않는 어두운 색상이 사용된다. 마찬가지로 여자 어린이의 경우 검정 혹은 남색 인민복 스타일의 치마 교복을 입고 겨울에는 잠바를 착용한다.

고등중학교는 전체 6년제로 한국의 중학교 3년, 고등학교 3년

● 그림 2-11　고등중학교 교복　　(자료: 연합뉴스)

에 해당하는 기간으로 계속 같은 학교에서 재학한다. 2012년부터 학제가 개편되어 중등학교와 고등학교가 각각 3년씩으로 나뉘고 각기 다른 학교에 다니게 되었다. 교복의 경우 소학교와 고등중학교의 교복은 큰 차이가 없어 남학생은 인민복 스타일의 교복을 입고 주요 행사가 있을 경우 소년단 복장인 빨간색 스카프를 착용한다. 여학생은 흰색 셔츠에 검정(남색) 멜빵 치마를 입고 행사 시 빨간색 스카프를 착용한다. 겨울에는 외투로 잠바를 입는다.

북한의 대학교는 교복 착용을 제도화하고 있다. 복장에 있어 학교별로 차이가 없으며 남학생과 여학생 모두 기본적으로 검정색(남색) 정장 스타일의 교복을 입는다. 주요 행사에 참가할 경우에도 교복 복장 그대로 참가한다. 여학생의 경우 조선옷 스타일의 흰 저고리에 검은색 치마 혹은 남색 저고리에 남색 치마를 입는다. 상의 왼쪽 가슴에는 김 부자 배지와 소년단 휘장 등 2개의 배지를 동시에 달아야 한다. 한국도 1970년대에는 대학생이 교복을 입고 학교 배지를 달고 다녔다. 하지만 1980년대 들어와 졸업정원제에 따라 대학 입학 정원이 2.5배 증가하면서 대학 진학률이 70% 이상을 상회하게 되었고 대학생은 더 이상 소수의 선발된 계층이란 인식이 사라졌다. 대학 진학률은 일제강점기부터 5% 이내였기에 그야말로 선발된 엘리트라는 자부심 속에 교복을 입고 가슴에 학교 배지를 달았던 문화는 누구나 대학생이 되는 보편적 대학교육 시대에 자연스럽게 자취를 감추었다.

북한에서 대학생은 여전히 선발된 핵심 엘리트 계층으로 당국의 관리와 감독을 받는다. 당연히 의복과 복장 등은 당국의 지침에 따른다. 북한의 대학생은 한국의 중·고등학교 조회 시간처럼 월요일 아침마다 운동장에 모두 정열해서 일제히 복장 검열을 받는다. 소지품부터 시작해 복장 불량까지 모두 지적받기 때문에 늘 품행이 단정해야 한다. 결국 유치원을 제외하고 초등학교부터 대학교까지 약 15년 이상 교복을 착용해야 한다. 북한의 학생들은 방학 때도 외출할 때면 주로 교복을 입는다. 북한의 대학생은 한국에서 군의 핵심 장교를 양성하는 사관학교의 생도들이 각종 규정 속에서 엄격한 교육을 이수하는 수준의 문화 속에서 항상 생활한다.

북한은 2015년 새로운 교복을 공개했다. 과거에 비해 밝은 색을 주로 사용했다는 것이 특징이다. 대학생의 경우 블랙 앤드 화이트 톤의 셔츠, 치마·바지를 기본으로 상의 재킷에 밝은 회색을 도입했다. 기존에 춘·추·동복에 검정색 및 남색 상의를 입었던 것에 비하면 밝은 회색이 환하게 보인다. 소학교와 중학교 남학생 인민복의 경우도 파란색의 채도를 높여 환한 분위기를 자아낸다. 여학생은 자주색

● 그림 2-12 기존의 검정색(남색) 대학교 교복 (자료: 연합뉴스)

● 그림 2-13 2015년부터 새로워진 교복 (자료: 연합뉴스)

● 그림 2-14 청년동맹 옷차림 (자료: 연합뉴스)

에 밝은 회색을 도입했다. 현재까지 대규모 행사에서 새로운 교복을 착용한 모습은 자주 보이지 않는 것으로 보아 평양 내 일부 학교에만 우선 보급된 것으로 보인다. 북한의 경제적 상황을 고려하면 모든 학생에게 새로운 교복이 보급되기 위해서는 최소 5년 이상이 소요될 것으로 추정된다. 북한 당국이 시대에 따라 새로운 교복 색상을 제안하는 것은 최소한의 변화로 평가된다.

북한의 청년동맹은 만 14세부터 30세까지의 모든 학생 및 청년층이 의무적으로 가입하는 청년조직이다. 14~30세의 근로청년·학생조직체·군인으로 구성되며 당의 노선과 정책을 옹호, 대중에게 침투시키는 조선노동당의 후방군 역할을 하고 있다. 1946년 1월 17일 북조선민주청년동맹을 근간으로 그해 6월 세계민주청년연맹에 가입

● 그림 2-15 청년동맹 무도회 옷차림 (자료: 연합뉴스)

했고, 1951년 1월 조선민주청년동맹으로, 1964년 5월 조선민주청년동맹 제5차 대회에서 사회주의노동청년동맹으로, 1996년 1월 19일 김일성사회주의청년동맹으로 개칭되었다. 이러한 명칭 변경은 청년들의 정치의식 수준과 문화 수준 향상을 이유로 사회주의에서의 청년 단체의 역할과 임무를 새롭게 규정하면서 이루어졌다.

2016년 8월 29일 조선중앙통신은 "2016년 8월 28일 채택된 김일성사회주의청년동맹 제9차 대회 결정서에 의하면 대회는 김일성사회주의청년동맹의 명칭을 '김일성-김정일주의청년동맹'으로 명명한다는 것을 선포했다"며 "결정서는 전원 찬성으로 채택됐다"고 보도했다. 명칭 변경은 김일성과 김정일을 연결시켜 3대 세습을 공고히 하려는 의도로 분석된다. 이 단체는 청년들을 당의 혁명사상·주체사

● 그림 2-16 붉은색 조끼와 치마를 입은 미래상점 직원 (자료: 연합뉴스)

상과 그 구현인 당 정책으로 무장하기 위한 정치사상 고양사업을 강령으로 정하고 있다. 남녀 모두 청년동맹 행사에 참석할 경우에는 검정색 정장에 흰색 셔츠와 파란색 넥타이를 착용한다. 남성의 경우 무도회에 참석할 때는 흰색 와이셔츠에 빨간색 넥타이만 착용한다. 여성은 평상시 흰색 저고리에 무릎까지 오는 검정색 치마를 착용하고, 무도회 참석 시에는 화려한 한복을 입는다.

북한에서 서비스직에는 대부분 여성이 종사한다. 판매원을 비롯해 서비스 분야 업무는 유니폼을 입은 여성들이 맡고 있으며 규모가 큰 판매점은 개별 유니폼을, 소규모 판매점 여성들은 한복 및 양장을 주로 착용한다. 그 밖에 장마당에서는 일반 여성들이 영업을 하며 일상복 차림을 하고 있다. 장마당에서 물건을 판매하는 사람들도 대부분 여성이다. 〈그림 2-16〉은 평양 보통강 기슭에 자리한 '미래상점'으로 김정은 위원장의 지시하에 과학자, 기술자들에게 저렴한 가격에 제품을 공급하기 위해 만든 일종의 특별 백화점이다. 미래상점은 2012년 4월에 문을 열었으며 종업원들은 붉은색 스커트와 조끼를 착용하고 있다. 최신식 시설을 자랑하는 미래상점에서는 북한산 가전제품을 비롯해 식료품과 일용품 등을 판매한다. 미래상점에는 북한산 화장품 '봄향기'와 '은하수' 화장품이 전시되어 있다. '봄향기'와 '은하수' 화장품은 북한의 명품 기초 화장품 브랜드로 보통 3~5개 제품을 세트로 구성해 판매한다. 탈북자 전언에 따르면 북한은 과학·예술 분야 공로자들에게 일 년에 두 권의 쿠폰북을 공급한다. 쿠폰북에는 여러 장의 종이 쿠폰이 들어 있다. 이 종이 쿠폰으로 미래상점에서 원하는 상품을 국정 가격에 구매할 수 있다. 국정 가격은 매우 저렴하기 때문에 공로자들은 국가로부터 혜택을 받고 있는 셈이다. 이 쿠폰으로 통조림과 같은 식료품과 화장품을 포함한 다양한 상품을 구매할 수 있다.

2009년 들어 북한에도 서구화의 영향을 받아 패스트푸드점이 생겼다. 북한 용어로 '속성음식센터'다. 기존 삼태성 청량음료점이 외

● 그림 2-17
평양의 속성음식센터 삼태성
(자료: 연합뉴스)

국인 서비스를 겨냥해 새로 리모델링해서 개점했다. 대부분의 메뉴는 서양 음식이지만 외래어를 전혀 쓰지 않고 북한말로 현지화했다. '다진 소고기 빵'을 주문하면 햄버거가 나오고, '구운 빵 지짐'을 주문하면 와플을 먹을 수 있다. 속성음식센터에서 주문을 받는 종업원은 모두 여성이다. 종업원은 모두 현대식 유니폼을 입어 단정하고 깔끔한 느낌을 준다. 검정색 티셔츠에 치마를 입었다. 녹색 앞치마를 X자로 걸치고 있어 세련된 느낌이다. 옅은 화장을 한 여성 종업원들은 밝은 피부색이 돋보이는 미인들로 평가된다. 남한에서는 패스트푸드점이 매우 대중적인 음식점이지만 북한에서는 첨단을 걷는 유행 선도 식당이라 모든 것이 세련된 모습이다. 북한에서는 이러한 음식점 근무 자체가 상당한 실력과 배경 및 미모가 구비되어야 가능하기 때문에 사진 속 여성들은 한국 기준으로 보아도 수준급이다.

옷에도 세대 차이가 있을까요?

북한에서 양육은 온전히 어머니의 몫으로 자녀의 옷차림은 어머니의 책임이다. 북한 당국은 세 살 버릇 여든까지 간다는 속담처럼 자녀가 탁아소나 유치원, 학교에 갈 때 어머니는 아기의 옷이 터지거나 닳지는 않았는지, 다림질은 잘 되어 있는지 살펴보고 제때에 손질해주어야 유아의 올바른 버릇을 키울 수 있다고 주장한다. 아무리 잘생긴 어린이라도 옷을 되는대로 입으면 귀여움을 받지 못할 것이라는 ≪조선녀성≫의 기사 내용은 의복이 갖는 사회적 의미를 적나라하게 지적한다. 유아 때는 특별히 정해진 복장 없이 각종 아동복을 착용한다. 10대 학생의 경우 교복 착용이 일상화되어 있다. 20대 남성의 경우 대학생이 아닌 남성은 대부분 군 복무 중이다. 남성들의 군 복무는 통상 7~10년으로 군 복무를 마쳐야 대학 진학이나 직장 배치 등 사회생활에 절대적으로 유리하다. 20대 여성들은 투피스(나뉜옷) 정장 차림이 다수이나 최근 민소매 원피스나 망사 재질의 옷과 무릎 위로 올라오는 치마 등을 착용한다. 2012년 김정은 위원장 집권 이후 젊은 세대 사이에서 평양을 중심으로 리설주 스타일이 유행하면서 패션이 다양화되고 있다. 필자가 지난 2005년 평양을 방문했을 때 북한의 대표적인 식당 옥류관에 냉면을 먹으러 온 평양 사람들은 지방 사람들에 비해 옷차림이 매우 세련되었다. 커트머리에 검정색 치마를 입은 중년 여성은 한국 사람과 비교해도 손색이 없을 정도의 패션이다. 멋스러운 양산을 쓰고 핸드백을 팔에 들었으며 검정색 샌들은 의상과 색을 맞추었다. 유리문 입구의 옥류관 여종업원은 빨간색 치마에 옅은 분홍색 저고리 차림으로 전통적인 한복을 입고 있었다.

30~40대 남성은 대부분 인민복을 입는데 최근 파스텔톤(하늘색, 분홍색)의 셔츠나 간혹 체크무늬 셔츠를 착용한다. 여성은 통상 투피스 정장과 한복을 입으며, 원색 계통의 원피스와 바지 정장, 트렌치코트, 무릎 아래 길이의 치마를 착용한다. 평양은 다른 지역에 비해 생활수준이 높은 곳으로 근래에 어두운 색깔에서 밝고 경쾌한 색으로 의복 색깔이 바뀌고 있으며 하이힐, 통굽, 웨지힐 등 자본주의 시장경제에서 유행하는 신발을 신은 주민들의 모습을 볼 수 있다. 50대 이상의 일상복은 정장, 인민복, 한복을 주로 입으나 셔츠와 면바지, 치마, 운동복 등 활동하기에 편한 옷을 착용한 것을 볼 수 있다. 멋보다는 실용성 중심으로 의복을 착용하며 여성들은 여름에 반팔 투피스 정장을 즐겨 입는다. 50대 이상은 기성세대로 다른 연령대에 비해 전통성을 살린 한복을 주로 입는다. 때론 통이 넓은 면바지 등도 즐겨 입는다.

● 그림 2-18 파격적인 의상의 모란봉 악단 (자료: 연합뉴스)

기존 남성들이 흰색의 셔츠를 주로 입던 것에 비해 근래 20~30대는 파스텔톤(분홍색) 색상, 남색, 체크무늬 등 다양한 색깔과 디자인의 셔츠를 입고 있다.

최근 들어 옷을 몸에 맞게 줄이고 치마 길이도 무릎 위로 올라오게 짧게 입는 방식이 여학생들에게 유행이다. 이는 과거에는 당국이 '날라리풍'으로 규정해 금지된 복장 형태였다. 속칭 '날라리풍'은 김정은 위원장 집권 직후인 2012년 7월 미니스커트와 파격적인 원피스를 입고 등장한 '모란봉 악단'의 공연 이후 확산되었다. 최고 지도자가 감상하는 음악 행사에 여자 단원들이 파격적인 의상을 입고 공연하는 모습은 일종의 충격 자체로 김정은의 지시가 없이는 불가능한 행사였다. 김정은의 지시로 2012년 창단된 '북한판 걸그룹'인 모란봉 악단은 북한 최고 미녀들의 집합소이다. 2015년 12월 중국 베이징北京 공연을 불과 3시간여 앞두고 취소하는 초유의 사태가 발생하기도 했다. 특히 모란봉 악단은 북한 공식 행사에서 여성 복장의 금기 사항인 민소매 차림으로 공연해 관객들을 놀라게 했다. 모란봉 악단이 기존의 격식을 깨고 새로운 형태의 파격적인 복장과 음악으로 공연을 하는 이유는 새로운 지도자가 등장했다는 사실을 상징적으로 알리고 새로운 시대의 도래를 선전하기 위한 김정은 위원장의 의도로 분석된다.

최근 평양은 리설주의 패션 스타일이 이목을 끌면서 여성들의 '리설주 따라 하기'가 유행이다. 세련된 블라우스나 허리 라인이 살짝 들어간 셔츠, 무릎 위로 올라오는 치마나 화려한 원피스 등이 유행하며 다양한 디자인의 가방과 하이힐도 등장했다. 이 외에도 리설주가 착용하는 유명 브랜드의 짝퉁 제품이 중국에서 밀수입될 정도로 북한 여성들에게 인기를 끌고 있다. '리설주 따라 하기'는 세련미와 화려함, 실용성을 추구하는 북한 신세대 여성의 취향을 반영한 것이다. 리

● 그림 2-19 공식 석상의 리설주 옷차림 (자료: 연합뉴스)

설주의 친머리(커트머리) 역시 실용성을 강조한 것으로 검정색 원피스에 물방울무늬의 빨간색 재킷은 기존에 볼 수 없었던 화려한 스타일이다. 또한 신발의 앞코가 뚫린 새로운 스타일을 선보이며 유행을 선도하기도 했다. 리설주는 화려한 색상의 미니스커트에 하이힐을 신은 채 김정은 위원장의 공개 활동에 동행하는 모습을 자주 선보였다.[21] 패셔니스타 리설주의 등장으로 주로 개화기 한복을 입던 북한 여성들의 패션이 원피스, 투피스 등으로 다양화되었다.

북한의 남성은 인민복과 정장을, 여성은 한복과 정장을 주로 입었으나 최근 들어 짧은 치마, 몸에 맞게 줄인 옷, 망사 재질 옷 등으로 의복이 서구화되고 세계적인 트렌드를 따라가고 있다. 남성의 경우 정장을 입는 것에 큰 변화는 없으나 재질과 색상이 다양화되고 셔츠도 기존에 주로 입던 흰색에서 파스텔톤 색상과 체크무늬 등 화려하고 밝은 색을 입는다. 의복은 폐쇄적인 국가라 할지라도 시대적 상황과 유행에 따라 변화를 거듭하는 만큼 향후 북한 주민의 의복 변화가 사회 변화상을 판단하는 기초 자료로 활용될 수 있다.

헤어스타일 북한에서는 독특하거나 나이에 맞지 않는 머리 스타일을 지양한다. 특히 청소년 시기에는 머리 형태를 엄격하게 규제한다. 학교 당국은 단순한 단발머리와 하나로 묶은 머리, 반묶음 머리, 땋은 머리를 권장한다. 긴 머리칼을 묶지 않고 푸는 것은 금지한다. 북한 여성의 헤어스타일은 주로 목선이 드러나도록 하면서 단정하게 연출할 것을 강조한다. 고등중학교 학생의 경우 앞머리도 내려오면 안 된다. 앞 머리카락이 내려올 경우는 핀으로 단정하게 고정시켜야 한다.[22] 북한에서는 통제된 사회 분위기를 고려해 결혼식과 같은 특별한 날이 아닌 이상 평소에는 화려하지 않게 소박하고 단정한 머리단장을 지도한다. 동안을 선호하는 한국 사회와 달리 북한은 직업과 나이에 맞게 머리를 단장하라고 지시한다.

이상적인 머리 형태는 연령별로 다르다. 학생 및 미혼 여성에게 어울리는 단발머리, 외태머리, 쌍태머리 스타일이 있고 기혼 여성의 경우에는 쪽진 머리가 있다. 학교에서는 당의 방침에 따라 해마다 지시하는 헤어스타일이 달라진다. 당에서 단발령이 내려지면 모든 학생이 단발을 하게 되고, 외태머리 지시가 내려오면 모든 학생이 외태머리를 한다. 당의 기분에 따라 학생들의 헤어스타일이 달라지므로 북한 사람들은 당의 기분을 변덕스럽다고 표현한다. 먼저 외태머리는 보기에도 좋고 단장하기 쉬운 간편한 머리단장 형태이다. 앞머리는 가운데 가르마를 내고 매끈하게 빗은 후 뒷머리를 하나로 묶는다. 하나로 묶은 머리채를 세 갈래로 나누어 양손을 엇바꾸어가며 땋아 머리채를 만든다. 머리칼의 길이는 25~30cm 정도가 좋다. 이 머리 형태는 생기발랄하고 젊음이 넘쳐나는 미혼 여성, 특히 대학생과 여성 노동자에게 더없이 잘 어울리는 머리 형태다.

쌍태머리는 일반적으로 두 가락으로 땋아 늘인 머리 형태이다.

이미 삼국시대 이전부터 발해 및 후기 신라, 고려, 조선시대까지 계승한 여성들의 땋은 머리 형태에서 대표적인 것이 바로 쌍태머리다. 쌍태머리는 주로 결혼 전 젊은 여성의 기본 머리 형태다. 북한에서 쌍태머리는 여성의 근면한 성격과 얼굴 형태에 맞는 보기 좋고 편리한 머리 형태라고 표현한다. 가운데 가르마를 곱게 타고 양쪽으로 머리를 갈라 꼼꼼히 땋아 늘이고 댕기를 맨 머리는 북한 여성의 갸름한 얼굴 형태와 아주 잘 어울리며 언제나 부지런하고 외유내강한 성격에 맞게 매우 활동적으로 보인다. 쌍태머리는 보는 사람들에게 단정하고 귀여우며 생기발랄한 느낌을 준다. 특히 쌍태머리는 민족적 정서가 풍기는 스타일로 한복과 잘 어울려 당국은 젊은 여성들에게 한복과 쌍태머리를 추천한다. 당국이 추천하는 헤어스타일 중에 그네머리가 있는데 그네머리란 두 가닥으로 땋아 반대편으로 올려 귀 부근에서 고정시킨 스타일을 말한다.

그림 2-20 외태머리
(자료: 고려대 아세아문제연구소)

그림 2-21 쌍태머리
(자료: 고려대 아세아문제연구소)

북한 언론은 학생들이 유행을 따를 경우 민족적 감정에도 맞지 않고 어울리지도 않는다며 추세에 따르는 것을 경계하기도 한다. 만약 이를 위반할 경우 각 지역마다 라디오로 통보 방송을 한다고 탈북자는 전한다.[23] 최아무개는 ○월 ○일 머리카락을 풀어헤치고 다녔다는 식으로 비난 방송을 해서 학생들의 행동을 통제한다. 성인이 되어서도 외관은 단정해야 하며 그렇지 못할 경우 단속 대상이 되어 직장에 출근할 수 없게 된다. 한편, 북한에서는 여성들에게 머리카락을 길게 기르지 말라고 권유한다. 단백질 공급이 부족한 북한에서 여성들이 머리카락을 길게 기르면 100가지가 넘는 영양분이 머리카락으로 소모되기 때문에 영양물질이 인체에 도달하지 못한다는 것이다. 영양물질이 부족하면 지능에도 영향을 미치므로 특히 청소년은 머리카락을 길게 기르지 않도록 권고한다. 북한 당국이 영양 낭비의 이유를 내세워 개인의 사생활인 머리 기르는 것까지 통제하는 것은 경제난으로 물자 공급이 부족한 현실이 심각하다는 측면과 동시에 시시콜콜한 개인의 신체 사안까지 통제하는 북한 체제의 비합리성을 상징적으로 시사한다.

> 머리카락을 길게 자래우면 인체의 뇌조직에 공급되는 영양물질이 부족됨으로 너무 길게 기르지 않는 것이 좋다.
>
> —「머리카락 관리에서 알아야 할 몇가지」[24]

실제로 김정은 위원장은 2014년 신년사에서 축산업·수산업 분야를 강조하며 식량 부족에 따른 단백질 공급에 대한 대책을 내놓았다. 국가가 인민들의 단백질 공급 및 식량 부족을 국가 차원의 심각한 문제로 여긴다는 방증이다. 그 결과 김정은 위원장의 직접 지시로 2015년 강원도 세포지구에 축산기지가 건설되는가 하면 2015년과 2016년 매해 두 번씩 수산사업소를 김정은 위원장이 직접 방문해 생산 독려를 위한 현지지도를 했다.[25] 이렇듯 북한의 현실은 먹고사는 것이 절박한 문제가 되는 상황이기 때문에 성장기 청소년인 여학생에게 머리카락을 길게 기르지 못하게까지 한다.

2014년에 발간한 ≪조선녀성≫은 중년 여성이 관심을 갖는 각종 머리 형태를 매우 세부적으로 소개했다. 짧은 단발머리, 어깨선까지 내려오는 다소 긴 단발머리, 쪽진 머리 형태가 있다. 단정한 형태를 추구하는 데 치중하다 보니 스타일이 다양하지 못하다. 2014년 ≪조선녀성≫에 실린 "조선옷차림에 어울리는 머리형태 몇 가지"라는 제목의 기사는 조선 옷차림에 어울리는 헤어스타일로 '쪽진머리, 땋은머리, 그네머리, 묶음머리' 정도를 제시한다. 옷이 전통 의복이므로 머리 형태도 고전적이다. 당이 제시하는 양 갈래 땋은 머리에 개화기 한복은 일제강점기 의복 스타일 수준이다. 북한 여성들 사이에서 리설주 스타일이 유행하는 것과는 동떨어진 내용이다. 북한 여성들이 1960년대 유행했던 이러한 스타일을 정확하게 준수할지는 미지수다.

> 우아하고 단정한 조선옷차림에는 목선이 시원하게 드러나도록 하면서도 될수록 머리가 작게 보이도록 부품을 주지 않고 얼굴에 붙인 머리형식이 잘 어울린다. 그러한 머리형식으로서는 전통적으로 내려오는 머리형태들인 쪽진머리, 땋은머리(외태머리, 쌍태머리),그네머리, 묶음머리 등을 들 수 있으며 파마하여 화려하게 단장한 옥류머리, 대학생머리 등도 조선옷차림에 잘 어울리는 머리형태들이다. 파

마머리나 짧은 머리의 녀성들이 조선옷차림을 하는 경우에는 앞머리는 매끈하고 반듯하게 다듬어빗으며 뒷머리칼이 목선을 가리우거나 어깨에 내리드리우지 않도록 뒤로 넘겨 빗어 단장해주어야 한다. 그래야 흰동정 부분이 산뜻하게 드러나 단정한 느낌을 줄 수 있다.

—「조선옷차림에 어울리는 머리형태 몇 가지」[26]

1997년 ≪조선녀성≫은 여성들에게 적당한 헤어스타일과 머릿결 보호, 머리 감기의 주기 등을 설명하고 있다. 학생부터 미혼 여성에 이르기까지 단발형이 가장 단정하면서도 귀엽다고 장려했다. 평양 시민들은 레이어드(층)가 없는 획일적인 일자 커트가 가장 특징적이다.[27] 북한 여성의 헤어스타일은 찰랑거리는 생동감보다는 차분하고 단정한 이미지가 잘 살아나야 한다. 긴 머리의 경우는 틀머리를 하는 것이 좋다고 한다.

틀머리란 스튜어디스처럼 고정한 형태의 헤어스타일을 말한다. 단발머리나 고정된 머리를 권장하는 이유는 아름다움보다는 노동에 편리하도록 실용성을 추구하는 것으로 해석할 수 있다. 한국과는 사뭇 다르게 5일에 한 번씩 머리를 감는 것이 적당하다고 권장하는 내용이 이색적이다. 물과 에너지 및 식량이 부족한 북한에서는 목욕을 자주 할 수 없기 때문에 5일에 한 번 머리 감기를 권유하면서도 이율배반적으로 당국은 인민들에게 늘 위생을 강조한다.

중학교를 졸업한 애 어린 처녀로부터 30대미만의 녀성들은 둥근 단발머리를 하는 것이 좋다. 애어린 처녀들이 이 머리형을 하면 귀엽

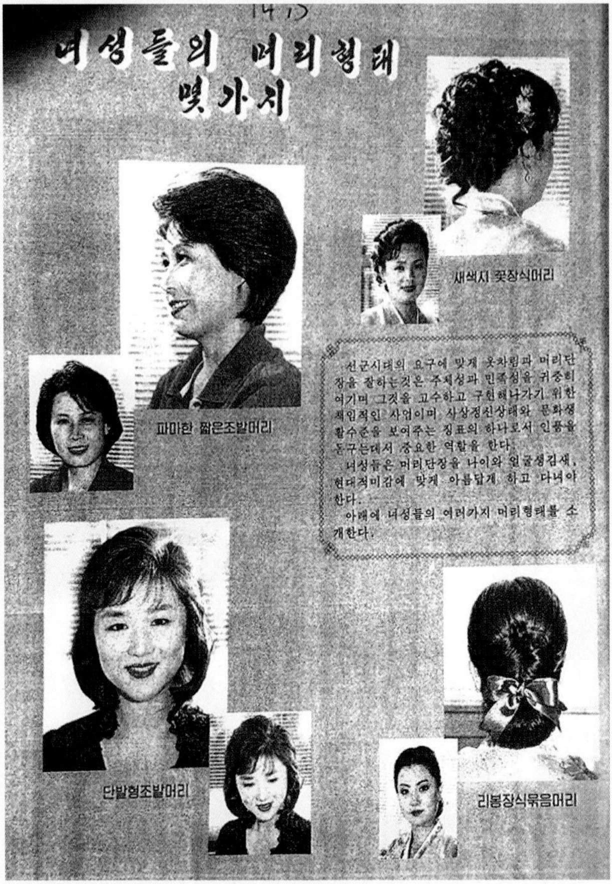

여성들의 머리형태 몇가지

새색시 꽃장식머리

선군시대의 요구에 맞게 옷차림과 머리단장을 잘하는것은 주체성과 민족성을 귀중히 여기며 그것을 고수하고 구현해나가기 위한 책임적인 사업이며 사상정신상태와 문화생활수준을 보여주는 징표의 하나로서 인품을 돋구는데서 중요한 역할을 한다.

녀성들은 머리단장을 나이와 얼굴생김새, 현대적미감에 맞게 아름답게 하고 다녀야 한다.

아래에 녀성들의 여러가지 머리형태를 소개한다.

파마한 짧은조발머리

단발형조발머리

리봉장식묶음머리

● 그림 2-22 ≪조선녀성≫에 제시된 여성들의 머리 형태 (자료: ≪조선녀성≫)

성스럽고 단정한 감을 주며 나이든 처녀들이 단정한 감을 주며 나이든 처녀들이 하면 어려보이고 활달한 인상을 주게 된다. 특히 키가 날씬하고 목이 길며 얼굴이 작을사한 닭알형의 얼굴에 이 머리형태가 잘 어울린다. 또한 젊은 부인들과 중년 부인들은 틀머리 형태를 하면 좋다. 이것은 누구나 쉽게 간단히 치장할 수 있는 간편하고 아름다운 머리형인데 사원하면서도 조선옷 차림에도 양장에도 잘 어울린다. 또한 머리단장에서 중요한 것은 머리를 깨끗하게 감는 것이다. 머리는 피부의 성질, 계절, 작업 및 휴식 등 생활조건에 따라 서로 다르지만 대체로 닷새에 한번 정도씩 감는 것이 알맞춤하다. 감은 머리칼은 그늘에서 말리워야 한다. 머리에 기름을 바르고 향수를 치면 머리칼이나 피부에 좋다.

—「머리단장을 잘하려면」[28]

2004년 발간한 ≪조선녀성≫은 머리 감기에 대해 구체적으로 방법을 제시했다. 경제난 속에서 상수도 시설이 개선되지 않아 물 공급은 나아지지 않고 물 부족 사태가 여전하다. 역시 머리는 대체로 5~7일에 한 번씩 감는 것이 좋고 머리는 감기 전에 빗으로 빗은 다음 물에 적시라고 조언한다. 머리 감는 주기와 함께 머리때 벗기는 방법과 머릿결을 부드럽게 유지하는 정보도 실려 있다. 북한에서는 집에 상수도 시설이 없는 경우가 많기 때문에 우물에서 물을 길어 머리를 감아야 한다. 따라서 샘물로 머리를 감을 경우를 대비한 정보성 기사도 눈에 띈다. 만일 샘물에서 머리를 감는다면 샘물 1L에 티스푼 하나 정도의 소다를 넣어야 때가 잘 빠지고 수돗물로 감을 경우는 수돗물에 비누를 풀어 그 물에 머리카락을 비벼서 감으라고 조언한다. 그

외에 머리카락을 부드럽게 하려면 머리를 감고 나서 쌀 씻은 물이나 생콩물 또는 두부를 만든 물로 적셨다가 맹물로 헹구든지 연한 식초탄 물로 감으라고 방법을 설명한다. 또 다른 방법으로는 살구씨를 이용하거나 귤껍질을 이용하는 비법도 소개한다. 샴푸와 린스를 사용하지 않는 것을 알 수 있다.

> 머리는 대체로 5~7일에 한번 씩 감는 것이 좋다. 머리는 감기 전에 먼저 빗으로 빗은 다음 물에 적신다. 만일 샘물로 머리를 감는 경우에는 물 1L에 차 숟가락 하나정도의 소다를 넣은 연한물로 만들어 써야 거품이 잘 일고 때가 말끔히 빠진다. 물에 비누를 풀고 거품이 충분히 일어나도록 머리카락을 문지르는 식으로 잘 비빈 다음 물로 씻는다. 머리카락을 부드럽게 하려면 비누로 머리를 감은 다음 쌀씻은 물이나 생콩물 또는 두부를 앗은 물로 추겼다가 마른 다음 맹물로 씻거나 연한 식초물로 감는 것이 좋다. 또한 살구씨 15알정도 까서 얇은 천에 싸서 짓찧은 다음 그 천을 빤 물에 감는다. 감은 머리카락은 그늘에서 말리워야 한다. 머리카락이 윤기가 나고 빠지지 않게 하려면 소금을 연하게 푼 물에 머리를 감은 다음 비누로 씻으면 된다. 귤껍질 삶은 물에 감아도 윤기가 난다. 머리카락이 빠질 때 민간요법으로는 생강즙을 물에 희석하여 머리피부에 바르고 문지르는 방법, 검은 참깨가루를 알콜에 섞어 바르는 방법 등이 있다.
>
> —「**머리카락 관리에서 알아야 할 몇가지**」[29]

2017년 평양의 대표적인 고급 미용실 창광원에 가면 15개의 헤어스타일을 액자로 걸어놓은 모습을 볼 수 있다. 손님은 15개 헤어스타일을 고를 수 있는데 형태가 다양하지 않다. 서구 풍조가 유입되는 것을 차단하기 위해 국가가 인가한 적격 헤어스타일 중 하나만 선택해야 한다. 긴 생머리 스타일이나 웨이브형은 없으며 커트형과 단발머리 형태가 대부분이다. 북한에서는 여성의 헤어스타일만으로 기혼인지 미혼인지 결혼 여부를 알아볼 수 있다. 대부분의 기혼 여성은 짧은 더벅머리 스타일이 아니라면 퍼머를 한 스타일이며 미혼 여성은 머리를 땋거나 리본을 묶는 등 스타일이 획일적이기 때문이다. 그만큼 헤어스타일링도 선택의 폭이 매우 좁다.[30]

남성의 경우 연출할 수 있는 헤어스타일이 여성보다 더욱 제한적이다. 양복 차림의 남성들은 3:7 가르마에 머릿기름으로 고정시킨 단정한 스타일이 대부분이며, 어린 학생부터 대학생까지 모두 김정은 위원장처럼 짧은 스포츠형(패기머리)이 가장 많다. 당국은 경제난으로 물 공급이 여의치 않으면서도 머리카락이 짧은 남성에게도 위생을 강조해 자주 씻고 이발할 것을 권고한다. 단정한 머리를 강조함으로써 개인이 집단으로부터 일탈하지 못하도록 통제하는 장치로 분석된다. 남성에게는 대략 10개 형태의 헤어스타일을 제시함으로써 모습이 대체로 비슷하다. 남북한 당국 회담에 나오는 북한 안내원들은 대체로 닮은꼴이라는 느낌을 준다. 헤어스타일이 유사하다 보니 개성을 찾기가 어렵고 단지 나이가 적고 많고 정도의 차이만 있는 모습이다.

북한에서도 샴푸와 린스를 사용하나요?

1999년 12월 5일 평양봉화예술극장에서 열린 '2000년 평화친

선음악회'에는 핑클과 젝스키스 등 한국 대중 가수들이 최초로 북한 땅에서 공연했다. 김대중 전 대통령은 2000년 6월 13일 평양을 직접 방문해 정상회담을 개최하고 '6·15 남북공동선언'을 발표했다. 당시 다량의 한국 물품이 북한으로 흘러들어갔다. 한국 측이 제공한 공식 지원 물품뿐만 아니라 회담 관계자와 기자단이 숙소에 남겨놓고 간 샴푸와 린스를 숙소의 직원들이 사용해보고 품질이 매우 좋아 놀라기도 했다. 이즈음부터 인민들은 샴푸를 비롯한 질 좋은 한국산 제품을 사용하기 시작했다고 탈북자들은 기억한다. 그 전에는 양잿물 비누로 머리를 감았다고 한다. 양잿물 비누란 참나무 재를 우린 물로 참숯 재가 가성소다(수산화나트륨) 역할을 해서 때가 잘 빠진다. 북한에는 비누, 샴푸 등의 세척제가 없기 때문에 천연 소재를 이용해 세척제를 만들어낸다. 때로는 참숯을 우린 물에 옥수수눈을 짓이겨 고체 덩어리로 만들어 양잿물 비누를 만들기도 한다. 한국산 제품이 들어가기 전까지는 양잿물 비누를 직접 만들어서 사용했다고 한다.

2004년 평안북도 용천군에서 용천역 폭발 사고가 있은 후에 구호 물품으로 롯데 과자를 비롯한 한국산 식료품과 먹거리들이 많이 들어갔다. 구호 품목에는 당과류와 같은 식품이 주류를 이루어 평양의 시민은 당시 롯데식품을 많이 먹어봤다고 탈북자는 전했다. 보통 2015년 기준, 샴푸와 린스 세트 가격은 45달러 정도다. 공무원의 한 달 월급이 2300원(0.25달러)인 것을 감안하면 45달러는 너무나 비싼 가격이다. 비싼 가격 때문에 샴푸와 린스는 부유층만이 사용할 수 있으며 일반인은 샴푸와 린스를 사용하지 못한다. 상품은 주로 케라시스와 미쟝센 샴푸가 연변을 통해 평양까지 유통된다. 중국 연변 지역을 통해 북한으로 들어오는 케라시스, 미쟝센 샴푸는 중국산 '짝퉁'이 많아 제품의 질이 좋지 않았고, 개성공단을 통해 들어오는 제품이 진짜 한국산으로 품질이 좋았다고 탈북자는 회고했다. 1990년대만 하더라도 부유층만이 샴푸를 사용했지만 2000년 6·15 남북정상회담 이후 한국 샴푸가 유입되어 이후부터 샴푸 사용이 증가했다.[31]

북한 사회에서 머릿결을 위한 헤어 관리는 천연 기름을 이용해 스타일링을 한다. 예를 들어 동백기름의 경우는 머리카락에 윤기를 더하고 코팅 역할을 한다. 동백기름이 린스, 헤어 컨디셔너, 헤어 에센스 제품을 대신하는 것이다. 북한은 과거 1990년대까지 남성이건 여성이건 포마드 기름을 많이 사용했다.

> 예로부터 우리나라에서는 동백기름이 유명했다. 좋은 머릿기름으로 쓰이는 동백기름은 동백나무의 씨앗에 들어있다. 동백나무의 씨앗에는 약 60%의 기름이 들어 있다. 그의 주성분은 올레인산(80~85%)이다. 오래전부터 우리 녀성들은 동백기름을 즐겨 썼는데 까맣고 탐스러운 머리에 동백기름을 발라 곱게 땋아 늘이거나 쪽진 머리단장은 단정하고 윤기가 흘렀다. 지금도 동백기름은 좋은 화장품의 하나로서 우리 인민들과 녀성들 속에서 많이 쓰이고 있다.
>
> —「**동백기름**」[32]

북한은 검은 머리색에 집착해 남한처럼 갈색 머리의 염색을 금지했다. 염색이라는 것은 오로지 새치를 감추는 검정 염색만 있었다. 2011~2012년 들어 한국 드라마의 영향으로 자연스러운 갈색 염색이 유행이어서 미용실에 가서 끝부분만 살짝 염색을 하기도 한다. 단발머리 여학생의 경우 머리카락 길이가 옷깃에 닿지 않을 정도의 길이를 유지해야 한다. 이때 단발머리 끝부분을 갈색으로 염색하고 C컬로 살짝 드라이를 해서 염색한 부분을 감췄다고 한다. 북한 여성들 사이에 머리의 안쪽과 바깥 부분을 다르게 염색하는 '안팎 머리' 스타일도 유행했다. 안팎머리는 머리 안쪽과 바깥쪽의 색이 다르기 때문에 보안원의 적발을 피해 낮에는 바깥의 검은 머리로 쓸어 넘기다가 초저녁에는 안쪽의 염색된 부분으로 머리를 쓸어 넘겨 자신의 취향대로 머리색을 바꾸는 것이다.

평양을 방문하거나 남북한 당국 회담에 나온 북한 남성의 헤어스타일에는 남한과 대조되는 한 가지 특징이 있다. 탈모로 인한 대머리 모습의 남성이 매우 드문 모습이 의아했다. 영양 공급도 부족하고 온수도 공급이 안 되고 샴푸 린스도 부족한데 어떻게 탈모가 남한과 비교해서 적은지 이해가 되지 않았다. 혹시 탈모 방지 비법이 있나 싶어 북한 안내원에게 요청하기도 했다. 비법은 전혀 없었고 오히려 역설적인 결론에 도달했다. 탈모가 적은 원인은 세 가지로 머리와 관련한 과도한 남한의 행동이 주로 탈모를 촉진하는 행동이었다는 결론에 도달했다. 우선 남한에서는 머리를 지나치게 뜨거운 온수로 감고 샴푸와 린스를 과도하게 사용한다. 빈약한 단백질 공급으로 영양 부족을 걱정하는 북한과 달리 고단백질의 식사를 즐기는 남한의 식습관도 탈모를 촉진한다. 특히 국제화·시장화 흐름 속에서 매우 분주하게 생활하는 남한과 달리 획일된 사회생활에서 단순하게 사고하고 행동하는 북한 주민의 삶은 매우 간단하다. 유일수령사상 체제에서 통제에 순응하는 수동적인 삶은 오히려 스트레스를 가질 틈이 없다. 탈모에 가장 큰 부정적 요인인 스트레스를 멀리할 수 있는 것이다. 결국 지나치게 뜨거운 온수와 과도한 양의 샴푸와 린스 사용, 고단백질 식사 등이 일상의 스트레스와 맞물림으로써 탈모를 촉진시킨다. 역설적으로 북한의 가난한 내핍 생활이 탈모를 방지한다. 모순되지만 탈모는 선진국에서 발생하는 질병이라고 평가할 수 있다.

액세서리: 귀걸이, 목걸이, 반지

북한 여성도 남한 여성과 같이 외형적인 아름다움을 갖추기 위해 귀걸이, 목걸이, 반지 등 액세서리를 착용한다. 다만 북한 여성이 액세서리에 관심을 기울이는 정도는 남한 여성보다는 약하다. 최근 들어 신세대를 비롯한 젊은 계층과 경제적으로 여유가 있는 중산층 사이에서 액세서리에 대한 관심이 높아지고 있다. 우선 북한 여성들은 외모를 돋보이게 하기 위해 장신구 등 액세서리보다는 일차적으로 복장에 관심을 기울인다. 북한 여성들은 장신구를 많이 착용하지는 않으나 장마당에서 귀걸이, 목걸이, 팔찌 등을 구입할 수는 있다. 장마당에서는 장사치들이 직접 기계로 귀를 뚫어주기도 한다. 원칙적으로 학생은 귀걸이를 착용할 수 없지만 많은 여학생이 귀걸이를 착용해 멋을 내기도 한다. 한국과 마찬가지로 멋을 낸 청소년은 학교 당국의 복장 단속을 피해야만 한다. 북한 여고생들도 등교 시에 몰래 귀걸이를 착용하고는 이를 들키지 않기 위해 머리카락으로 귀를 가리다가 단속원이 지나가면 머리카락을 다시 귀 뒤로 넘겨 귀걸이를 자랑했다고 탈북 여학생은 웃으며 말한다. 선호하는 귀걸이로는 귀에 달라붙는 작은 제품이다. 조금 화려하다 싶은 것은 긴 귀걸이 모양이다. 크거나 둥근 귀걸이는 선호하지 않는다. 액세서리로 화려하게 치장하는 여성을 주변에서는 이상한 시선으로 바라보기 때문이다.

지역별로는 속칭 앞동네인 평양은 얌전하고 세련된 느낌의 패션을 추구하고 뒷동네인 북·중 접경지대 사람들은 중국의 영향을 받아 빨간색을 좋아하고 다소 화려한 복장을 선호하는 경향이 있다. 한국 드라마의 영향도 있고 당국에서도 밝은 색을 권장하는 터라 과거에 비해 옷 색깔이 화려해지고 한복 문양도 꽃문양부터 새 모양의 문양까지 화려하게 바뀌었다. 구두는 하이힐도 신고 다니며 웨지힐 같은 통굽도 한때 평양에서 유행했다. 구두 제품은 (주)삼덕통상 제품을 많이 신는다. (주)삼덕통상은 개성공단에 입주한 한국 기업이다. 개성공단에서 생산한 제품이 북한 전역으로 유통된다는 증거다. 북한산 제품보다 세련되고 튼튼해 인기가 높다. 신발은 30단계의 공정을 거치는 노동과 기술이 동시에 집약된 제품으로 전 세계 신발 회사에 납품되는 한국산 제품의 인기는 북한에서도 매우 높다.

평양의 멋쟁이 여성들은 양산을 즐겨 사용한다. 알록달록한 형형색색의 양산을 가지고 대동강변을 거니는 여성들의 사진을 평양에서 발행한 잡지나 화보집에서 자주 볼 수 있다. 여름철 평양에서 데이트를 즐기는 여성들은 대부분 양산을 쓰고 있다. 평양뿐만 아니라 지방에서도 양산은 여성의 제일 중요한 소지품이다. 하얀 피부를 선호하는 북한 여성에게 양산은 액세서리이자 하나의 필수품으로 여겨진다. 북한 지역은 자외선이 강하나 선크림 등이 보편적이지 않은데도 하얀 얼굴을 선호하기 때문에 양산은 외출할 때 지참해야 하는 물건이다. 북한에서는 학생부터 성인까지 반드시 김일성·김정일 부자 배지를 왼쪽 가슴에 달고 다녀야 한다. 김일성과 김정일의 두 얼굴이 세트로 그려진 빨간색 배지는 하나의 액세서리로 취급된다. 우선 색깔이 빨간색이기 때문에 패션의 포인트로 여긴다는 것이다.

북한 여성들은 김 부자 배치를 일종의 브로치 개념으로 생각하고 있었다. 배지의 가격도 천차만별이어서 비싼 배지는 저렴한 것에 비해서 2배 이상 가격 차가 나기도 한다. 배지 테두리를 금으로 두른 것도 있다. 김 부자 초상의 휘장에 따라 사람의 품격이 결정된다. 만약 남성이 비싼 휘장을 달았으면 부유한 남성으로 여겨져 여성에게 인기가 높다. 심지어 좋은 배지일 경우는 낚아채어 훔쳐가는 사람도 있다. 그럴 경우 배지를 잃어버리는 것뿐만 아니라 옷감까지 함께 떨어져나가기도 한다. 만약 값비싼 고급 옷을 새로 구입하면 좋은 옷에 배지 구멍이 나는 게 싫어 배지를 안쪽 옷에 달기도 한다. 본심은 비싼 옷감이 뚫어질까봐 배지를 안쪽 옷에 다는 것이지만 어버이 수령님은 귀한 분이시기 때문에 안쪽에 모셨다고 농담처럼 말하기도 한다.

피부관리: **민간요법을 이용해요**

동서고금을 막론하고 여성이라면 누구나 젊고 윤기 있는 피부를 갖고 싶은 것이 인지상정이다. 한국도 여성들이 오이팩을 해서 피부에 보습 효과를 주거나 꿀을 이용해 피부를 매끈하게 하는 것처럼 북한도 천연 재료를 활용한 피부 가꾸기 비법이 많다. 북한에는 의약품과 팩, 헤어스타일링 제품 등이 없기 때문에 피부 관리에 민간요법을 활용한다. 자연에서 얻은 천연 재료만으로 피부를 관리하고 치료한다. 북한은 의약품이 부족하기 때문에 일부 여성들은 미를 가꾸는 것뿐만 아니라 병을 치료할 때도 오로지 식품과 자연에서 온 재료만을 이용한다. 먼저 피부를 가꾸는 데 이용하는 가장 대중적인 방법은 한국과 마찬가지로 오이를 이용해 보습을 하는 것이다. 오이는 열을 진정시키는 효과와 함께 미백, 보습에도 효능이 좋기 때문에 화장수로도 많이 애용된다. 남북의 차이가 있다면, 한국에서는 오이 껍질보다는 껍질을 깎아낸 알맹이를 얇게 썰어 얼굴에 올리지만 북한에서는 알맹이는 먹고 남은 껍질로 팩을 한다.

피부결 관리와 미백 효과에 탁월한 쌀뜨물도 알뜰하게 이용된다. 쌀을 씻고 난 뿌연 물은 구수한 맛이 있어 된장찌개나 김치찌개를 끓일 때도 사용할 수 있지만 쌀의 미네랄과 전분, 비타민 등은 피부에 영양분을 공급한다. 그 밖에 얼굴에 영양분을 주는 방법 중 하나로 꿀이나 계란 노른자를 얼굴에 발라 팩을 한다. 이러한 방법은 식량이 부족하기 때문에 생활에 여유가 있는 평양의 중상층 여성들이 피부 미용 방안으로 이용한다.

여드름이 난 피부의 관리법도 민간요법이 효과적으로 활용된다. 녹두가루는 해독 효과가 있기 때문에 녹두가루를 미지근한 물에 푼 다음 그 물로 세안하면 여드름 퇴치에 효과가 있다. 다른 여드름 치료법으로는 소염 작용을 하는 알로에를 섭취하는 방법이 있다. 그 외에도 황백가루는 소염 및 진통에 효과가 탁월하다. 얼굴에 뾰루지가 나거나 염증이 있을 때 가루 자체를 먹기도 하고 찬물에 황백가루를 반죽해 찰기가 있을 때 얼굴에 직접 바르기도 한다. 인터뷰에 응한 탈북 여성들은 황백가루가 만병통치약이나 다름이 없다고 찬사를 아끼지 않았다. 황백가루는 황경피나무 껍질을 간 것으로 아토피 환자에게도 좋고 소화 불능에도 효능이 있으며 해독제로도 사용하고 진통제 대용으로도 복용한다고 전했다.

북한 사람들 사이에서는 아플 때 이용하는 민간요법이 대대로 전해져 내려온다. 북한 주민은 민간요법에 대한 의존도가 상당히 높은 편이며 1990년 후반 경제 위기 이후 이러한 현상은 더욱 심해졌다. 민간에서 가장 많이 이용하는 방법은 주로 식품이나 약초를 이용하는 것이다. 구토나 설사를 할 때는 당근 우린 물이 효과가 있다. 설사를 오래하면 생명이 위독해질 수도 있는데 당근 우린 물을 마셔 소변을 배출하게 하면 설사가 멈춘다고 했다. 각종 음식을 먹고 체했을 때 구급 대책으로는 각각 음식에 따라 생강즙을 마시거나 생무즙, 미나리, 배, 두부능쟁이즙, 쌀 씻은 물, 녹두, 살구씨 등을 활용한 민간요법이 있다. 구체적인 민간요법은 다음과 같다.

- 국수 먹고 체했을 때 생강즙을 내여 술에 타서 식사 후에 한잔씩 마시거나 즙을 그대로 반 숟가락씩 식사 후 여러 번 먹는다. 생 무즙을 마시거나 미나리한줌을 생것으로 먹는다. 배를 먹기도 한다.

- 두부 먹고 체했을 때 능쟁이즙을 한 컵 마시거나 고사리를 달여 그 물을 한 컵 마신다. 쌀 씻은 물(2~3번째)을 진하게 달여 한번에 50ml씩 하루 3번 식사 후에 마신다.

- 닭알 먹고 체했을 때 식초 1~2 숟가락을 먹거나 생마늘을 적당한 량 씹어 먹는다.

- 닭고기 먹고 체했을 때 은행나무를 짓찧어 달여 먹는다.

- 마시고 체했을 때 팥 20알을 씹어 먹거나 50~100g을 삶아서 물과 함께 먹는다.물에 닦은 녹두에 물을 적당히 두고 달여 30g씩 하루 3번 식사 후에 먹는다(술 마신 뒤 머리가 아플 때 쓴다). 은행나무가지를 잘게 썰어 물을 두고 달여 한번에 100~150ml씩 식사 후에 먹는다.

- 고구마 먹고 체했을 때 콩된장 반 숟가락을 물 한 사발을 붇고 끓여서 한 번에 마신다. 무즙을 내여 자주 마신다. 배 1~2알을 한 번에 먹거나 즙을 내여 마신다.

- 돼지고기 먹고 체했을 때 새우를 약한 불에 닦아 가루내여 한 숟가락씩 더운물에 타먹는다. 새우를 국에 끓여 먹거나 새우젓을 먹는다. 생강을 한번에 3쪽씩 씹어 먹는다.태운 팥을 가루내여 한 숟가락씩 더운 물에 타 먹는다. 어떤 고기를 먹고 체했든 잘 듣는다.찔광이를 가마에 져서 햇볕에 말리워 보드랍게 가루낸 것을 한번에 6~8g씩 하루 3번 더운물에 타서 식사 후에 먹거나 30~40g을 적당한 물에 달여 한 번에 먹는다.감초 15~20g을 잘게 썰어 물에 두고 진하게 달여 2~3번 먹는다.

- 단고기(개고기) 먹고 체했을 때 복숭아씨 2~3개를 짓찧어 물에 우려 찌끼(찌꺼기)를 버리고 한번에 마신다. 살구씨 15개를 적당한 량의 물에 달여 한 번에 마시거나 8개를 가루내여 엿 또는 꿀에 재워 한 번에 먹는다. 땅콩을 한줌 구워서 먹는다.

—「몇 가지 식료품에 체했을 때 구급대책」[33]

북한은 구전으로 전해지는 민간요법 외에 언론이 공식적으로 정보를 제공하기도 한다. 여성 대상 공식 월간 기관지인 ≪조선녀성≫은 피부 노화를 예방하기 위한 간단한 정보를 제공했다. 가령, 알칼리성 식품인 우유, 차, 토마토, 오이, 무, 포도, 딸기, 호두, 사과 등을 섭취하고 산성인 육류와 술, 담배 등은 멀리하라고 권고한다. 피부 노화를 막기 위해 충분한 수면 시간을 가질 것과 햇빛에 장시간 노출되지 말 것, 목욕 시 알칼리성이 센 비누를 사용하지 말 것, 적당한 노동과 운동으로 건강하고 낙천적인 생활을 유지할 것 등도 권고한다. 피부에 부스럼이 생기거나 여드름이 났을 때는 살구씨가 효능이 있다는 기사도 있다. 살구씨에는 올레인산, 리놀렌산 등 불포화지방산과 다양한 성분이 들어 있어 피부가 마르는 것을 막고 잔주름, 기미, 주근깨를 없애는 효과를 낸다. 살구씨 기름은 항균 작용을 하기도 하므로 여드름에 효능이 아주 좋다. 이렇듯 살구씨 기름이나 식품과 같은 천연 재료로 치료도 하고 피부 관리를 하라는 제안은 북한에 의약품이 귀하기 때문이다. 의약품을 구할 수 없어 필연적으로 자연에서 치료제를 구해야 한다.

예로부터 부스럼이 생겼거나 여드름이 났을 때, 량볼이 빨갛게 상기되었을 때 살구씨를 치료약으로 많이 이용하였다. 살구씨에는 올레인산, 리놀렌산 등 불포화지방산과 다양한 이용 성분들이 들어있으므로 피부가 마르는 것을 막고 잔주름과 기미, 주근깨를 없애는 효과를 나타난다. 그러므로 영양크림을 만들 때 살구씨 가루나 살구씨 기름을 넣는다. 살구씨 기름은 보습효과를 나타내므로 피부의 윤기와 탄력을 보장하며 항균작용을 한다. 그러므로 여드름이 많이 생기는 기름성 피부에 바르는 것이 좋다.

—「피부를 맑고 희게 해주는 살구씨」[34]

미국 중앙정보국CIA 보고서에 따르면 한국은 공식적으로 1983년부터 북한의 경제력을 앞질러 2017년 현재는 북한 경제력의 30배를 상회하는 것으로 나타났다. 따라서 북한의 경제 수준이나 생활상을 상상하려면 한국의 1970~1980년대 생활수준을 연상하면 된다. 겨울에 튼 피부에도 자연식 재료가 이용된다. 한국의 경우 생활수준이 향상되어 겨울에도 어느 곳이나 난방시설이 잘 구비되어 있고, 핸드크림을 바르는 등 영하의 강추위에도 좀처럼 얼굴이나 손발이 트지 않는다. 북한은 지금도 겨울이면 어김없이 얼굴이나 손발이 튼다. ≪조선녀성≫의 토막상식 코너에는 겨울이면 늘 이를 극복하기 위한 튼 피부 치료 방안을 소개한다.

찬바람이 불 때 손이나 얼굴을 잘 보호하지 않으면 피부가 트게 된다. 이것을 빨리 치료하려면 설익은 닭알의 노른자위 한 알과 꿀한 차 숟가락, 따뜻한 우유 3숟가락과 비타민 A주사약 1암플(200mg)

을 균일하게 섞어서 손이랑 얼굴에 바르고 20~30분 있다가 따뜻한 물로 씻으면 된다. 남은 혼합물은 냉동기에 보관하였다가 필요한 때에 꺼내어 쓸 수 있다.

—「찬바람에 튼 피부를 치료하려면」[35]

북한은 국가 차원에서 한방 치료에 커다란 비중을 두고 있다. 북한이 한의학에 큰 비중을 두는 것은 김일성의 아버지인 김형직이 한의사였기 때문에 김일성의 한의학에 대한 이해가 바탕이 되었다. 그러나 무엇보다도 의약품의 절대 부족과 의학 수준의 낙후성을 보완하려는 측면이 크다. 재래식 민간요법과 한의학을 최대로 활용하는 것이 경제적이라고 판단하고 있다. 한국에서 한의학韓醫學이라고 부르는 전통의학을 북한에서는 고려의학이라고 부르고, 한국에서 의학이라고 부르는 서양의학을 북한에서 신의학新醫學이라고 부른다. 북한의 '인민보건법' 제16조는 "국가는 우리 민족의 우수한 치료 방법인 고려치료방법을 발전시키고 고려의료망을 널리 받아들이도록 한다"라고 규정했다. 또한 제30조는 "보건기관과 의학과학 연구기관은 고려의학을 과학화하기 위한 연구사업을 강화해 고려의학과 민간료법을 리론적으로 체계화하고 더욱 발전시켜야 한다"라고 규정했다. 북한 '의료법' 제31조는 "해당 의료기관은 고려약료법, 침료법, 뜸료법, 부황료법 같은 고려의학적 방법과 약수, 언촌, 감탕 같은 자연 인자를 환자 치료에 널리 받아들여야 한다"라고 규정했다.[36] 북한은 양방과 한방을 대등하게 접목한 '고려의학'을 강조한다. 어린아이가 열이 나거나 체했을 때 고려약재인 소아청심환을 먹일 것을 대중잡지 ≪천리마≫에서 소개한다. 아이가 폐렴에 걸렸을 때 우황환을 만들어 치료하는 방법과 성인이 심한 기침을 하고 아플 때 먹는 패독산 만드는 방법을 소개하고 있다.

소아청심환

시호, 형개, 주사와 그 밖의 몇 가지 고려약재를 보드랍게 가루내어 꿀에 반죽해서 만든 특이한 냄새와 단맛, 쓴맛이 있는 벽돌색이 나는 알약이다. 열내림 작용, 진정작용이 있어 어린이경풍, 원인 모를 열, 음식에 체해서 소화가 안 되면서 열이 나는 데에 쓴다. 한번에 1g씩 하루 3번 미음 또는 젖에 풀어서 먹인다.

우황환

가루내여 인조우황, 황련, 속썩은 풀뿌리와 그 밖의 몇 가지 고려약재를 보드랍게 가루내여 꿀에 반죽해서 만든 밤색의 둥근 알약이다. 겉에는 파라핀이나 초물을 입혔다. 열내림 작용, 독풀이작용, 경련을 멈추는 작용이 있다. 어린이 폐염, 급성 뇌척수염으로 열이 날 때, 어린이경풍 때에 쓴다. 한 번에 한 알(1.7g)씩 하루 3번 더운물에 풀어서 먹는다.

패독산

인삼, 벌건솔뿌리혹, 시호, 궁궁이, 생치나물뿌리, 강호리, 따두릅, 도라지 및 그 밖의 몇 가지 고려약재로 만든 누른 밤색의 보드라운 가루약이다. 열을 내리우며 아픔멎이 및 기침멎이 작용을 한다. 감기로 열이 나고 온몸이 아픈 때에 쓴다. 한번에 3~5g 씩 하루 3번 뜨거운 물에 타서 먹는다.[37]

중병일 때도 민간요법을 추천하고 이용한다. 기관지 천식 증상이 나타날 때도 민간요법으로 치료할 수 있다. 목에서 쌕쌕거리는 소리가 나고 가르랑거리며 기침이 날 때 환자는 누워 있지 못하고 숨을 내쉬기 힘들어한다. 이때 마황 4g과 도라지 8g을 물에 달여 사탕을 적당히 타서 하루 2번 나누어 끼니 뒤에 먹는 게 좋다. 마황에 들어 있는 에페드린이 기관지 힘살을 이완시켜 숨길을 넓히고 숨 가쁨과 기침을 멈추며 도라지는 가래 삭이는 작용을 한다고 조언한다. 뇌출혈에 효과적인 약재는 사향, 천마, 삼지구엽초, 솔잎이다.

뇌출혈 때 효과적인 민간료법

- 사향

보리알 크기만 한 량의 사향을 보드랍게 가루내여 종이에 놓고 숨을 들이 쉴 때 코구멍 안에 들어가게 하거나 40%짜리 술 한 잔에 0.2~0.3g을 풀어서 먹되 하루에 1~2번 먹는다. 이 약은 중추신경흥분, 소생, 강심작용을 하므로 뇌출혈 때 빨리 쓰면 쓸수록 좋다.

- 천마

말린 천마를 보드랍게 가루내여 한번에 3~4g씩 하루 3번 끼니 뒤에 먹는다. 이 약은 뇌출혈후유증으로 몸 한쪽을 잘 쓰지 못하거나 팔 또는 다리가 저리면서 머리가 아프고 어지러우며 말을 잘하지 못할 때 쓴다.

- 삼지구엽초

말린 것 60g을 가제 천주머니에 넣어 25~35%짜리 술에 5~7일간 담그다가 건져 낸 다음 술을 한번에 40~50ml씩 하루 3번 끼니사이에 마신다. 이 약은 뇌출혈 후에 혈압이 오르면서 손발을 잘 쓰지 못할 때 쓰면 효과적이다.

- 솔잎

깨끗한 솔잎 100g을 짓찧어 낸 즙을 술 500ml에 넣어 하루 밤 어두운 곳에 두었다가 한번에 50ml씩 하루에 3번 끼니 사이에 마시고 땀을 낸다. 이 약은 뇌출혈로 입과 눈이 비뚤어졌을 때에 쓴다.[38]

성형수술:
쌍꺼풀 수술

인간은 자기가 생각하고 있는 가치에 적합한 대우를 받으면 긍지를 느끼게 된다. 인정받기 위한 욕망과 그에 따르는 수치, 긍지와 같은 감정은 인간 속성의 일부이며 정치 세계에서도 핵심적인 요소가 된다. 그리고 헤겔은 이와 같은 감정이 역사의 과정 전체를 움직여 가는 힘이라고 생각했다.[39] 헤겔이 말하는 인정받기 위한 투쟁은 사회주의국가든 민주주의국가든 체제를 막론하고 전 세계 어디에서나 마찬가지로 존재하는 인간의 본능이다. 타인에게 인정받기 위해 사용하는 수단에 있어서 남성과 여성은 다르다. 여성은 외모를 통해 상대방에게 인정받기 위한 투쟁을 이어나간다. 사회생활에서 원하는 것을 얻기 위해 혹은 연인을 매혹하기 위해 끊임없이 외모를 가꾼다.

여성에게 외모는 자신을 표현하는 수단으로 사회적 상황 내에서 개인의 신체적·정신적 노력으로 이루어지고 다른 사람에게 자신의 정체성을 보여준다. 신체적으로 더 매력적인 사람은 사회생활을 하는 데 관대한 평가를 받고 자신의 능력을 충분히 발휘하며 자신감을 느낀다. 반면, 매력적이지 않은 사람들은 사회생활에서 타인에게 좋은 대우를 받지 못하게 되는 등 상대적으로 불이익을 경험해 사회적으로 위축된다. 이는 곧 자신감을 상실하는 원인이기도 한다. 신체는 자아실현을 위한 개인적 자산으로 인식된다. 강하고 아름다운 신체는 자신감과 지배력을 향상시키는 매개체로서 개인적인 만족 혹은 사회적인 성공에 중요한 영향을 미친다. 신체가 개인의 자산이자 경쟁력이라는 특성은 정도의 차이는 있는지만 사회주의와 자본주의 체제를 막론하고 통용된다.

자본주의 시장경제 사회만큼 외모가 상업화되어 있지는 않으나 북한 사회도 여성이 외모로 매력을 어필하는 부분은 분명히 존재한다. 대표적으로 결혼 적령기의 20대 미혼 여성들은 좋아하는 남성에게 매혹적으로 보이기 위해 외모를 가꾼다. 탈북자의 심층 인터뷰에서도 호감이 있는 남성에게 잘 보이기 위해 달랑거리는 귀걸이를 하고 액세서리를 돋보이도록 하기 위해 머리칼을 귀 뒤로 쓸어 넘겼다는 증언이 있다.[40] 북한 여성들도 외모에 관심을 갖고 자신의 외모를 가꾸기 위해 장신구를 이용하기도 하고 피부 관리, 헤어 관리뿐만 아니라 문신, 성형수술을 하기도 한다. 경제적으로 궁핍한 북한 사회에서도 성형수술에 대한 수요가 많다는 사실은 아름다움이 사회의 자산이 될 수 있다는 인식을 반영한다.[41] 인터뷰를 실시했던 여성 탈북자 모두가 북한에서도 성형수술, 그중에서 쌍꺼풀 수술은 대중적일 만큼 흔하다고 입을 모았다. 코 수술과 가슴 성형수술도 존재하나 위험성이 높아 시술을 받는 사람이 많지 않지만 쌍꺼풀 수술은 일반적이라고 증언했다. 인터뷰를 통해 성형수술에 대한 수요가 높다는 것을 확인할 수 있었고, 인터뷰에 참여한 일부 여성들은 북한에서 쌍꺼풀 수술을 했다고 고백했다.

북한은 의사에 대한 감시·통제가 심해 돈벌이를 위한 의사의 상업 행위가 발각되는 즉시 의사 자격이 박탈된다. 사회주의 사회에서 의사는 사회 구성원의 공공복지 증진 차원에서 주민들의 삶을 관리한다. 헌법에서 무상의료가 명시되어 있어 상업 행위를 할 수 없기 때문에 의사는 고소득 직업이 아니며 인기 직업도 아니다. 2001년 일률적으로 노동자 월급을 인상한 바 있는데 3급 의사의 경우 월급이 북한 화폐로 2300원부터 시작한다. 북한에서 의사는 사무원 계열 중 제일 하급이며 직업 선호도도 낮다. 자신의 모든 의료 지식과 기술을 발휘해 하루하루 먹고사는 기능 노동자다.

성형수술은 기본적으로 의사 개인이 할 수 없고 평양의 적십자병원 내 피부 전문병원에서 시술한다. 적십자병원의 설비는 김대중 전 대통령이 2000년 6·15 남북정상회담 이후 지원했다. 북한은 사회주의 의료제도의 우월성을 강조하면서 무상치료제도를 내세운다. 이는 모든 인민을 대상으로 무상치료를 시행함으로써 '병 없는 나라'를 건설하겠다는 당적 의지의 표현이다. 따라서 적십자병원에서 하는 의료 행위는 모두 무료이다. 적십자병원 피부미용과에서 실시하는 수술은 얼굴의 잡티, 주근깨, 쌍꺼풀 정도의 간단한 성형수술 정도이며 무료다. 뼈를 깎거나 보형물을 삽입하는 수술은 거의 시행되지 않는다. 쌍꺼풀 수술은 1980년대 말부터 1990년대 초까지 유행했는데 이때 적십자병원에서 의료팀을 구성해 각 도를 다니면서 의료홍보 활동을 했고 20대 여성들을 대상으로 쌍꺼풀 수술을 해줬다.

1990년대 중반 들어 고난의 행군이 시작되면서 식량이 배급되지 않아 의사들의 경제적 어려움이 심화되면서 돈을 벌기 위한 의사들의 자체 시술 행위가 늘어났다. 1997년부터 개인 시술이 늘어나기 시작했는데, 주로 사회적 문제가 있거나 개인 사정상 병원에 가서 치료받기 어려운 환자들이 의사를 집으로 부른다. 병원에 구급차가 없기 때문에 운신이 불편한 노인들은 의사가 직접 가서 치료해준다. 남성은 요도염, 요도 질환을 앓고 있는 경우, 여성은 불륜에 의한 임신이나 미혼 임신인 경우 몰래 의사를 찾는다. 환자 측에서 의사에게 왕진 명목으로 현물이나 현금을 준다. 평양에서 쌍꺼풀 수술을 할 경우 비용은 2015년 당시 10~20달러 선이며 예쁘게 수술해달라고 요구할 때 50달러까지도 지불하는 것으로 전해진다.[42] 북한의 물가 수준을 감안하면 쌍꺼풀 수술 비용은 매우 비싼 금액이다. 이 비용을 지불하고 쌍꺼풀 수술을 하는 계층은 상류층인 것으로 추정된다.

의사들이 돈을 받고 시술하는 상업 행위는 원칙적으로 금지되어 있으나 식량 부족과 경제난으로 인해 병원 내 의사들을 감시·통제하는 조직계획과에서도 의사들의 개인 시술 행위를 눈감아주는 형편이다.[43] 그나마 지방에서는 전문병원이 존재하지 않아 쌍꺼풀 수술의 경우 의사가 원하는 집에 왕진을 가거나 의사가 따로 수술 방을 마련해 불법적으로 수술을 한다. 수술을 하는 의사는 정식 면허가 있는 의사가 아닌 단순히 의료 기술만 있는 기술자인 경우도 많다. 특히 지방의 경우 수술 비용을 현물로 지급하는 경우가 많으며 청진의 경우 2010년 당시 옥수수 10kg 정도를 지급했다고 전해진다.[44]

북한의 화장make-up 기법

화장make-up 문화 북한은 인민들이 검소하게 생활하며 절약하는 행태를 국가의 기본적인 문화와 풍습으로 정했다. 국가가 인민에게 소박하고 알뜰하게 생활하는 습관을 체화시키려 노력하고 있다. 주민들은 물자가 부족해 소비보다는 있는 물건을 오래 쓰는 습관이 몸에 배어 있다. 옷이 닳을 경우 덧대어 입고 기워 입으며, 가구도 오래 쓴 제품을 새 물건처럼 보이기 위해 진한 찻물을 천에 묻혀 발라 새 제품처럼 윤기 나게 쓰곤 한다. "전기절약과 우리 생활", "가구를 언제나 새것처럼 쓰려면"과 같은 ≪조선녀성≫의 제목만 보더라도 가정생활에서 활용할 수 있는 절약과 관련된 정보를 언론에서 제공한다. 이러한 생활 풍조는 식생활, 옷차림, 주택생활뿐만 아니라 화장 문화化粧 文化에서도 나타난다. 지역마다 차이가 있기는 하지만 기본적으로 여성은 화려하게 치장하지 않고 화장 시에도 진한 색깔을 쓰지 않는다.

북한에서는 외모를 드러내지 않고 수수하게 보이도록 하는 모습이 미덕이다. 행동거지도 적극적이고 진취적인 의사 표현을 하기보다는 다소 부끄러워하며 수줍어하는 행동을 여성스럽고 아름답다고 여긴다. 전통적인 여성상을 이상적으로 설정하고 있는 것이다. 진한 화장을 하고 외출하면 모두가 이상한 시선으로 바라보는 것이 북한 사회의 분위기이다. 따라서 화려하고 색조감을 살리는 화장make-up 문화가 발전하지 못했다. 엄숙하고 경직적인 사회 분위기를 반영해 색조 화장품의 개발은 아직 초보 단계다. 현재까지 기초와 색조 화장품 모두 북한이 자체적으로 완전하게 제조하는 데 한계가 있다. 특히 색조 화장품의 개발은 이제 걸음마 단계다. 제조 기술도 부족해 제조 원료로는 주로 중국산이나 유럽산을 수입해 사용하고 있고 최근에는 중국에 수출된 한국산 원재료를 간접적으로 수입해서 사용한다. 과거에는 일본 제품이 인기가 있었으나 값이 비싸 서민들은 접근이 불가능하며 최근에는 한국 드라마의 영향으로 기초·색조 화장품 모두 한국 제품이 인기가 높다. 다만 한국 제품은 당국에서 수입금지 품목으로 차단하고 있어서 상인들이 용기에 적힌 한글 및 영어 브랜드 이름을 긁어서 지운 뒤 유통한다. 만일 한국산 제품임에도 브랜드명이 영문인 경우 해외 제품으로 착각하여 유통시키기도 한다.

북한 사회는 화장에 대해서 긍정적인 시각을 갖고 있다. 화장은 문화생활의 필수적인 요소이므로 자신의 용모를 아름답고 문화적으로 가꾸는 데 중요한 요소라며 화장을 권유한다. 화장을 잘하는 고운 여성은 가정과 사회의 꽃으로서 인품을 한결 돋울 수 있다. 단, 때와 장소, 환경과 조건에 맞게 해야 한다. 자신이 속한 일터에 맞게, 마을 분위기에 맞게 화장을 해야 한다. 여성에게 화장은 지적 정도와 문화적·정서적 수준, 도덕적 수양 등과 연관되기 때문이다. 장소, 환경 등을 고려하지 않고 인위적으로 진하게 화장하는 것은 사회주의 생활양식에 어긋나고 도덕적으로도 몰상식한 현상이라고 설명한다. 따라서 직업이나 역할 등 자신의 하루 생활을 고려해 알맞게 화장해야 한다고 지적한다. 당국은 북한 여성들에게 안정되고 자연스러운 화장,

연한 화장을 강조한다. 피부색을 밝게 표현하고 눈, 입술, 볼터치 화장 정도는 허용한다. 진한 화장은 천박하고 건강에도 좋지 못하다고 설명한다. 예를 들어 입술연지를 자주 진하게 바르면 몸에 해로운데 립스틱이 복잡한 화학물질로 구성되어 있기 때문에 알레르기를 일으킬 수 있고 입술이 말라 터지기 때문에 거칠어지는 등의 증상이 빈번하게 나타난다고 과학적인 근거를 댄다.

> 거리에 나갈 때에는 얼굴바탕색과 눈, 입술, 볼색 화장을 자기 피부색깔에 맞게 선정하고 밝고 부드러운 색조로 자연미가 나타나게 하면서도 얼굴이 돋보이게 하는 것이 좋다. 작업을 하거나 가정생활 때에는 피부보호와 건강을 위한 화장재료를 쓰는데 기본을 두면서 고상하게, 연하게 하는 것이 좋다.
>
> —「화장과 도덕」[45]

북한 사회의 경우 지역과 직업, 계층마다 화장化粧 문화에 상당한 차이가 존재한다. 농촌 지역이나 서민층의 여성은 먹고사는 것이 녹록지 않아 화장을 거의 하지 않는다. 직업별로는 예술 계통에 있거나 서비스직에 있는 여성들은 완전한 메이크업을 한다. 공연할 때 혹은 호텔처럼 관광객을 상대하는 서비스직 여성들은 외모가 중요한 직업이므로 화려한 한복에 진한 화장을 한다. 계층별로 보면 중산층 이상에서는 한국 드라마의 영향으로 한국식 화장법이 유행이다. 자연스러운 메이크업에 염색도 하고 빽때바지(스키니진)를 입기도 한다. 고위 간부층의 자제들은 문제가 되더라도 부모가 해결할 능력이 있기 때문에 이런 파격적인 스타일을 시도한다. 지역에 따라 화장하는 스타일도 달라진다. 색조 화장을 살펴보면 평양은 속칭 앞동네라 중산층 이상이 거주하는 곳이므로 옷차림과 화장이 모두 은은하고 고급스럽다. 반면 뒷동네인 청진, 회령 등의 북·중 접경 지역은 중국의 영향을 받아 옷차림새가 화려하고 화장을 인위적으로 진하게 한다. 가령 립스틱을 바를 때 립라인을 티가 나게 그리고, 빨간색 립스틱으로 입술을 채우며, 아이섀도 색깔도 파란색으로 발라 북한 기준으로 볼 때 인위적이고 부자연스러운 화장을 한다. 회령 출신의 한 탈북 여성은 진한 색조 화장을 해야 화장을 한 것 같다고 표현했다.

화장에도 공산주의의 사상이 반영된다. 화장을 하는 행위는 개인의 멋을 부리기 위한 자신만의 겉치레가 아니라 사회와 집단 및 가정의 꽃으로서의 임무와 역할을 다하기 위한 중요한 사업이라는 평가다. 일종의 공산주의 사회의 일원으로서 하나의 임무다. 집단주의적 성격을 가진 북한 사회에서 '하나는 전체를 위하여 전체는 하나를 위하여'라는 구호처럼 여성은 전체 인민 속에서 하나의 꽃에 불과하다.

> 우리의 녀성들은 화장이 멋이나 부리기 위한, 자기 혼자만을 위한 겉치레가 아니라 사회와 집단, 가정의 꽃으로서의 임무와 역할을 다하기 위한 중요한 사업이며 자신을 도덕적으로도 수양하고 완성하기 위한 사업, 자기 건강을 위한 사업이라는 것을 명심하고 때와 장소, 환경과 조건에 맞게 화장을 아름답고 고상하게 그리고 건전하게 하고 다녀야 한다.
>
> —「화장과 도덕」[46]

화장은 어떻게 배울까?

한국 여성들이 화장을 시작하는 연령은 대체로 20세 전후라고 볼 수 있다. 최근 들어 화장을 경험하는 연령이 점점 낮아져 초등학교 때부터 어린이용 화장품을 사용해보기도 한다. 대체로 여성들은 고등학교를 졸업하고 사회에 진출했을 때, 혹은 대학에 진학하고 나서 본격적으로 외모에 관심을 갖고 화장품을 구매해보기도 하면서 화장을 시작한다. 한국 여성들이 화장을 배우는 경로는 다양하다. 잡지를 통해 화장법을 배우기도 하고 백화점 매장에서 제품 홍보를 위한 화장법 시연을 활용하기도 한다. 요즘은 인터넷의 발달로 수많은 메이크업 관련 블로그가 존재해 유튜브, 개인 블로그 등의 동영상을 통해 화장술에 관한 다양한 정보를 얻는다. 대학생의 경우는 학교에서 특강의 형식으로 이미지 메이킹 강좌를 접하기도 한다. 최근에는 각 대학마다 취업 대비 면접을 위해 메이크업 강좌를 마련하고 있다. 화장에 관심이 많은 여성은 사설학원에서 유료로 강의를 듣는다.

반면에 북한 여성들은 화장술에 관해 접할 수 있는 경로가 매우 한정적이다. 북한 여성들이 평균적으로 화장을 시작하는 시기는 한국과 마찬가지로 고등중학교를 졸업하고 사회에 진출했을 때다. 늦으면 대학을 졸업하고 사회에 나가면서 화장을 시작한다. 북한 여성들도 20세를 전후해 외모에 관심을 갖고 화장품을 구매해 화장을 시작한다. 폐쇄된 사회에서 살아가는 북한 여성들은 인터넷을 통해 화장품이나 화장 방법에 관한 정보는 얻을 수 없으며 화장법에 대해 따로 강의를 들을 기회도 없다. 그러다 보니 화장술은 온전히 개인의 센스로 터득한다. 엄마나 친인척 언니 혹은 주변 친구들이 화장한 것을 보고 배운다. 북한 드라마나 영화에 나온 스크린 스타를 따라 하는 경우는 매우 드물다. 오히려 한국 드라마를 보고 한국 연예인의 화장법과 스타일링을 모방한다. 한국 제품을 사용하고 싶어 하며 한류의 이미지가 세련되었다고 판단한다.

남북한 화장 스타일 비교 및 제품 사용 후기

세계는 K-뷰티K-beauty 열풍이다. 한국의 화장품과 화장법은 한류를 타고 세계 곳곳에서 인기를 얻고 있다. 중국, 동남아는 물론 미국과 유럽에서까지 코리안 뷰티에 관심이 있다. 최근에는 인터넷이나 유튜브 동영상을 통해 "한국 메이크업 따라 하기" 붐이 일고 있다. 메이크업 전문가들은 외국인이 관심을 갖는 부분은 한국 여성의 자연스러운 피부 표현과 한 곳에만 집중하는 포인트 메이크업이라고 의견을 모은다. 이목구비를 전부 화려하게 칠하는 게 아니라 화장을 했는지 안 했는지 잘 모를 정도로 가볍고 매끄럽게 연출하는 게 한국 스타일이라고 생각하고 이를 따라 하고 싶어 한다.[47] 외국인들 사이에 가장 인기 있는 메이크업은 청순해 보이고 화사해 보이는 투명 메이크업이다. 진한 색조 화장보다는 물광 피부 혹은 도자기 피부로 만들어주는 투명 메이크업을 선호한다.

한국의 화장품은 스킨케어 부문이 강세다. 화장품 수출액은 매년 두 자릿수 증가를 보이고 있다. 2016년 한국 화장품 생산 실적은 10조 7328억 원(92억 달러)을 기록해 전년보다 19.64% 증가했다. 증가분 가운데 스킨케어는 58%, 6조 2000억 원, 색조 화장품은 16%, 1조 7200억 원을 차지했다. 한국 화장품의 수출 규모를 살펴보면 2015년 수출액은 2조 9280억 원(25억 8780만 달러)으로 이는 전년 대비 73.76% 증가한 수치다. 최근 5년간 화장품 수출액의 평균 성장률

은 34.3%를 기록했다.[48]

할리우드 배우들도 한국 화장품 회사가 생산한 마스크 팩 제품을 사용한다. 그만큼 한국 제품은 우수하다. 레드카펫에서 가장 아름다운 모습을 보여야 하는 세계적인 스타들이 시상식 직전에 한국산 마스크 팩을 사용하고 있었다. 2017년 1월 8일 제74회 골든글로브 시상식 직전 유명 여배우인 드류 베리모어Drew Barrymore와 〈라라랜드〉로 골든글로브 여우주연상을 거머쥔 엠마 스톤Emma Stone은 한국산 마스크 팩을 붙인 사진을 인스타그램에 게시했다. 드류 베리모어 사진에는 '좋아요' 클릭 수가 6만 6794건, 엠마 스톤 사진에는 2733건에 달했다. 국제적으로 통용되는 한국 화장품은 단연 기능성 기초화장 제품이다. 미국 할리우드 배우들이 애용하고 자신의 인스타그램에 사진을 올릴 정도이니 만족도가 매우 높다는 것을 암시한다.

색조 화장이 잘 표현되려면 기초화장이 탄탄해야 한다. 색조 화장이 뜨지 않으려면 일차적으로 토대 화장이 피부에 안착해야 한다. 기초화장 제품은 스킨부터 로션, 아이케어 라인, 에센스 혹은 세럼, 보습크림, 안티에이징크림, 영양크림, 미백크림, 리프팅 제품, 자외선 차단제, 미스트, 팩까지 종류가 많다. 최근에는 한방 성분을 넣은 고급 기초 화장품 라인이 중국까지 인기몰이를 하고 있다. 한마디로 스킨케어 부문에 기능성 제품이 다양하고, 저렴한 라인부터 고급 라인까지 선택의 폭이 넓다. 반면 북한 화장품은 다양하지 못하다. 북한에는 단순하게 스킨, 로션, 크림, 파운데이션 정도의 화장품만이 존재한다고 해도 과언이 아니다. 탈북 여성들의 경우 한국에 정착해서 국내 화장품을 선택할 때 제품이 너무 많아 혼란스럽다는 것이 공통적인 불만이었다. 북한에서는 종류가 단순해 선택에 문제가 없었는데 한국은 종류가 많고 사용법도 다양하니 오히려 구입 및 선택에 어려움이 많다는 지적이다. 탈북 여성들에 따르면 북한 여성들은 화장을 하더라도 기초화장 중심이며 연예계 여성을 제외하고는 색조 화장을 거의 하지 않는다. 색조 화장을 하더라도 한 듯 안한 듯 아주 연하게 한다. 이를 아련하게 화장한다고 표현한다. 특히 당 간부나 평양에 사는 중산층 이상의 계층이 한국의 영향을 받아 아련한 스타일로 화장을 한다.

북한 사람들은 대체로 살결물(스킨)을 바르고 물크림(로션)을 바른 뒤 크림이라고 부르는 유분기가 있는 제품으로 기초화장을 마무리한다. 크림에는 영양크림, 밤크림(나이트크림), 미백크림 정도가 있다. 이후 색조 화장은 피아스라고 부르는 분크림(크림 타입의 파운데이션)을 찍어 발라 피부 톤을 정리하고 마지막으로 가루분으로 피부를 뽀얗고 하얗게 연출한다. 최근에는 북한 여성들도 한국의 영향을 받아 물광피부, 도자기 피부를 연출하느라 가루분을 생략하기도 한다. 피아스 혹은 삐아스라고 부르는 제품 대신에 최근에는 BB크림, CC크림 대용으로 표백크림이라는 것을 바른다. 표백크림은 선크림과 파운데이션 역할을 동시에 하는 제품으로 발림성이 상당히 촉촉하다고 한다. 피부톤을 정리한 이후에는 눈썹먹으로 눈썹의 형태를 그려주고 입술연지(구홍 혹은 립스틱)로 색조를 마무리한다. 입술연지를 이용해 홍조를 띠도록 가벼운 볼터치를 겸하기도 한다. 1990년대 이전에는 제품이 마땅치 않아 성냥개비를 태워서 눈썹연필을 대신했다. 동전 끝에 닳은 검은 부분을 이용해 눈썹을 그리기도 했다고 탈북자는 전한다.

피부는 기본적으로 하얀 피부를 선호해 화장품에 미백 기능이 있는 제품을 선호한다. 한국처럼 건강미를 표현하기 위해 일부러 태닝을 하여 구릿빛 피부를 표현하는 방식은 존재하지 않는다. 오히려 햇볕에 그을린 피부는 못 먹고 못사는 계층으로 여겨 기피한다. 북한 화장품의 기능성 부분은 오로지 화이트닝 효과를 내기 위함이다. 하

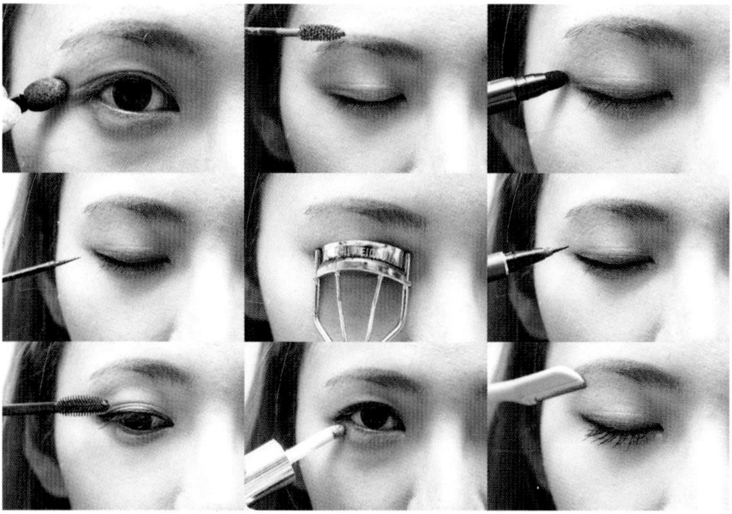

그림 2-23 한국의 다양한 아이 메이크업(eye-make-up) (자료: 고려대 아세아문제연구소)

얀 피부를 선호하다 보니 파운데이션과 분가루로 자신의 피부 톤보다 한층 밝아보이게 표현한다. 색조 화장에서 한국 스타일과 북한 스타일의 가장 큰 차이점은 한국 여성이 얼굴을 입체적으로 표현하려는 연출이라면 북한은 얼굴에 색깔을 덧입히는 단순 도색 행위다. 한국 여성은 서양인처럼 얼굴을 입체적으로 보이기 위해 음영을 넣는 작업을 한다. 일례로 얼굴 전체에 자신의 피부 톤과 맞는 색의 파운데이션을 펴서 바르고 얼굴의 티존T-zone 부위와 아래턱 부분에 자신의 피부 톤보다 밝은 색 파운데이션을, 하관을 비롯한 얼굴 윤곽선은 자신의 피부 톤보다 어두운 색으로 발라 얼굴을 입체적으로 표현한다. 갸름한 얼굴을 표현하기 위해 V-라인을 만들도록 하관 부분에 음영(셰이딩)을 주기도 한다. 일반적으로 얼굴이 입체적으로 보여야 작은 느낌을 준다.

한국은 작은 얼굴이 나이보다 동안童顔으로 보이고 귀여운 느낌을 주기 때문에 선호한다. 눈 화장에서는 자신의 눈보다 커 보이게 하기 위해 눈썹을 붙이기도 하고 아이라인을 길게 빼서 그린다. 아이섀도를 이용해서 눈에 음영을 넣으면 눈매가 더 깊어 보이면서도 눈이 더욱 크게 보인다. 코에도 입체감을 주기 위해 음영을 넣는다. 콧대는 하이라이터를 이용해 세워주는 메이크업을 하고 콧대 옆등은 어둡게 셰이딩을 준다. 끝으로 마스카라를 이용해 속눈썹 위아래를 세밀히 채워가면서 마무리한다. 이렇게 세 가지 톤으로 음영을 주는 것이 컨투어링 메이크업contouring make-up이다. 여성 개개인마다 메이크업 방식에 차이는 존재하지만 한국에는 음영 메이크업이 존재하고 대중적으로 행해진다. 또 세계적인 트렌드에 따라 다양한 제품을 사용해 여러 가지 형태의 메이크업 방식이 시시각각 변한다. 한국 사회는 그야말로 국제화 추세에 즉각적으로 반응하고 때로는 선도하기도 하는 실험장의 역할을 한다. 다국적 기업들은 한국 소비자에게 통용되는지 여부를 기준으로 제품 출시를 결정하기도 한다.

반면 북한은 여성들이 유행에 민감하게 반응할 기회나 여건이 구비되어 있지 않다. 경제난으로 인해 유행에 맞추어 적기에 화장품을 구매하는 행위는 일부 고위층 여성을 중심으로 극히 제한적으로만 가능하다. 다만 고위층 여성들의 소비가 이루어지면 시차를 두고 다음 계층들도 소문을 듣고 고위층을 따라서 구매한다. 따라서 고위층 여성은 북한 화장 문화의 선도자라고 평가한다.

반면에 북한의 화장법은 매우 단순하며 트렌드에 민감하지 않다. 북한에서도 공연이나 영화계 여성 혹은 여성 아나운서가 화장을 진하게 한다. 지역별로는 북·중 접경 지역에 거주하는 여성은 화려하고 진한 화장을 한다. 일반적으로 대중적인 북한식 화장은 색조감이 진하지 않고 연한 방식이 기본이다. 북한 여성 대상의 월간 기관지 ≪조선녀성≫은 여성들에 대한 정보 제공 차원에서 화장 방법을 소개한다. 스킨, 로션, 크림, 볼크림(크림 타입의 파운데이션), 아이브로우, 아이라이너, 립스틱 등이 기본적인 화장품이다. 아이섀도나 마스카라, 볼터치 등은 언급되지 않으며 파운데이션도 음영을 주는 어두운 파운데이션, 하이라이트를 주는 밝은 색 파운데이션에 관한 언급은 없다. 화장은 연하고 다소 밝은 톤으로 하라는 내용만 나와 있고 방법이나 순서가 자세하게 기술되어 있지는 않다. 우선 파운데이션으로 피부 톤을 정리한 뒤, 눈썹을 그리고 아이라이너로 눈매만 살려준 뒤 립스틱으로 입술에 색조를 불어넣는다. 화장을 통해 얼굴의 단점을 보완하는 연출을 하기보다는 단순히 얼굴에 색조만 덧댄다. 북한은 소박하고 수수한 외모를 강조하는 만큼 메이크업 산업이 발달할 수 없어 화장품의 기능과 기술이 매우 낙후되어 있을 수밖에 없다. 실제로 북한에서는 색조 화장품의 유통과 생산이 제한되어 있다. 기초 화장품만 생산할 뿐 색조 화장품은 트윈케이크와 립스틱, 립글로스 정도로 종류가 매우 한정적이다.

아름답고 젊어보이게 하는 화장 방법

- 얼굴의 잔주름이 나타나지 않게 하는 화장 방법

1. 얼굴피부에 살결물을 충분히 바르고 보통크림을 잘 바른다.
   (볼크림을 바르는 부분에는 언제나 크림을 발라야한다.)
2. 다음 분크림을 연하게 바른다.
3. 눈과 눈썹은 환하면서도 선명한 색으로 밝게 그려준다.

어두우면 침침한 감을 주기 때문에 환하게 해야 한다.

4 입술은 선을 명확히 그려주어야 한다.
입술 색깔은 될수록 밝은 것으로 택하는 것이 좋다.
이렇게 화장을 하면 분크림을 얼굴 전체에 연하게 발랐으므로
시간이 지나도 눈에 주름이 잘 보이지 않는다.[49]

남북한의 뚜렷한 화장법 차이 중 하나는 화장을 할 때 북한은 도구를 사용하지 않는다는 점이다. 기초 및 색조 화장품을 바를 때 북한 여성들은 오로지 손으로만 바른다. 손의 체온을 이용해 부드럽게 펴서 바른다. 한국은 아이섀도를 펴서 눈두덩에 바르거나 단계적으로 색을 바르는 그러데이션gradation을 할 때 그것에 맞는 도구가 얼굴 부위마다 모두 다르다. 온갖 다양한 종류의 브러시부터 시작해 퍼프, 솔, 눈썹 정리용 기구 등 수많은 화장 도구가 존재한다. 색조 화장은 물론 기초화장을 할 경우에도 화장솜부터 클렌징cleansing할 때 쓰는 해면 스펀지, 전동 클렌저 등 도구가 매우 다양하다. 북한은 기술이 미흡해 화장 도구를 생산하는 것이 여의치 않고, 사치품에 해당하는 화장 도구를 생산할 경제적 여력도 없다.

북한에서는 이중 세안의 개념이 존재하지 않는다. 한국 여성들은 클렌징 크림, 클렌징 로션, 클렌징 오일 등의 제품을 사용해 1차 세정을 한 후에 클렌징 폼으로 거품을 내어 2차 세안을 한다. 메이크업을 하는 것보다 메이크업을 지우는 것이 피부에 더 중요하다고 생각하며 세안을 꼼꼼히 한다. 그래야 피부에 묻은 유해 성분이 닦이고 트러블도 피할 수 있다. 탈북 여성들은 한국의 이러한 세안 방법에 놀라워한다. 북한에 있을 당시 비누로 문지를 뿐 화장을 깨끗이 닦아내는 개념이 없었다고 전한다. 북한에서는 클렌징 제품이 다양하지 않으며

세면크림, 세척크림(클렌징 폼)이 존재하지만 대중적으로 사용하지는 않다. 북한에는 남성용 화장품이 없다. 북한 남성은 스킨, 로션도 잘 바르지 않는다. 중산층 이상과 서민층 사이에 차이는 있을 수 있으나 대체로 북한 남성은 기초 화장품을 바르지 않은 채 맨얼굴로 생활한다. 자외선 크림도 대중적이지 않아 햇볕에 피부를 그대로 노출한다.

탈북 여성들이 한국산 화장품 중에서 가장 감탄하는 제품은 기능성 화장품이다. 세럼, 에센스, 탄력크림 등의 기능성 제품을 사용해 보고 탄력이 생기는 느낌이었다고 언급했다. 북한에서는 기초 화장품을 바르지 않고 바로 가루분을 발랐기 때문에 가루분이 얼굴에 떠서 항상 본연의 피부와 겉돌 수밖에 없었다고 한다. 한국에 와서 기능성 화장품을 바른 후에 색조 화장을 했더니 피부의 밀착감이 높아 화장이 뜨지 않는 것이 신기하다고 말했다. 여성 탈북자들은 장마당에서 유통되는 한국산 바르는 마스크 팩을 써보고는 품질이 매우 뛰어나다는 사실을 이미 인지했다고 전한다. 바르는 마스크 팩은 튜브형으로 되어 있었는데 팩을 붙이고 난 후에 보습이 되어 피부에 윤기가 돌았다고 고백한다. 색조 화장품의 경우 아이섀도와 볼터치 등을 발랐을 때 발색이 은은하다고 평가했다. 눈으로 보기에는 색상이 진해 보였지만 피부에 표현되는 색상은 진하지 않게 표현되며 지속력이 우수하다고 했다. 한국산 화장품 용기는 튼튼하고 디자인이 고급스러우며 신뢰감을 준다는 반응을 보였다. 사용하고 나면 버리기가 아깝다는 생각이 들어 용기가 큰 크림통의 경우는 귀걸이를 담아두는 액세서리 통으로 활용한다는 대답도 있다.

탈북 여성들은 화장품에 유통기한이 있다는 것을 생소하게 생각했다. 실제로 북한 화장품을 분석한 결과 제품의 80% 이상이 유통기한이 적혀 있지 않았으며 "오래 보관할수록 효과가 더욱 뛰어나다"

라는 다소 황당한 문구가 명시된 화장품 설명서도 있었다. 한국에서는 성분의 변질 가능성을 우려하는 등 화장품의 품질 관리 차원에서 6~12개월 이내에 제품을 소비할 것을 규정한다. 북한은 화장품의 품질 관리 차원에서 유통기한을 제정하는 정도까지 이르지 못한 상태로 평가된다. 한국산 화장품의 인기 때문에 (주)아모래퍼시픽의 설화수 상표를 단 중국판 짝퉁 설화수가 북한의 장마당에서 버젓이 판매된다. 한국산 제품의 인기를 반영한 중국산 가짜 제품이 한국산으로 판매됨에 따라 일부에서는 이를 인식하지 못하고 한국산 제품의 품질이 낮아졌다고 불만을 표시하기도 한다.

한국은 전국 곳곳에 수많은 미용실이 존재해 언제든 헤어스타일을 바꾸고 메이크업 서비스를 받기도 한다. 강남을 중심으로 뷰티산업이 발달해 성형외과, 메이크업숍, 헤어숍, 웨딩업체, 네일숍, 명품매장, 쥬얼리 매장 등의 업체가 집중되어 있다. 이에 비해 북한은 평양의 창광원, 문수원, 류경원 정도의 미용실에서만 미美를 가꿀 수 있다. 북한의 미용실은 대부분 머리 손질뿐만 아니라 목욕과 세탁업을 함께 한다. 화장 전용 미용실은 창광원뿐이다. 창광원에는 화장과 마사지를 전문으로 하는 마사지실이 따로 있다. 창광원은 다른 미용실과 달리 규모와 시설이 현대적이고 고급스러워 한국의 고급 미용실과 비슷한 수준이다. 비싼 가격 때문에 일반 주민들은 이용하기가 쉽지 않다. 주로 인기 예술인이나 거액의 외화를 소지한 북송 교포가 이용하고 일반인은 뇌물을 주지 않으면 출입이 불가능하다. 중앙당과 군부의 고위 간부 가족들을 위한 미용실은 전용 주택단지 내에 따로 꾸려져 있다. 이 미용실은 설비와 자재가 전부 일본산 고급 제품이며 미용사들도 일류급이다. 고위 간부 가족만을 대상으로 3~4명의 미용사들이 항시 대기하고 있어 일반 미용실과 달리 조용하고 기다리는 경우가 거의 없다.

지방의 경우 각종 미용 용품의 부족으로 미용실이 제대로 운영되지 못한다. 파마약은 각 지역의 화학 공장에서 생산되어 편의봉사관리소를 통해 미용실에 공급되지만 현재는 화학 공장들이 원료 부족과 여타 제품 생산 등으로 파마약을 생산할 여력이 부족하다. 결국 파마약이 절대적으로 부족해 미용실에 적기 및 적량 공급이 어렵다. 지방의 경우 각 시·군에 편의봉사관리소를 두고 동마다 2~3개 정도의 미용실이 있으나 재료도 부족할 뿐 아니라 미용사들이 노력동원에 장기 출타 중이어서 지역 소도시의 미용실은 정상적으로 운영되기 어렵다.[50]

반영구 화장도 북한 여성의 관심 사항이다. 북한 여성도 한국 여성과 마찬가지로 화장할 때마다 매일 그려야 하는 눈썹 그리기가 번거롭다. 타인에게 민낯을 보일 때 눈썹이 없을 경우 민망하기 때문에 눈썹을 아예 문신하기도 한다. 2010년에는 갈매기 눈썹이 유행해서 눈썹 문신도 갈매기 모양을 많이 했다. 눈 모양을 따라 속눈썹 아이라인을 문신하기도 하는데 보통 장마당에서 장사꾼이 돌아다니면서 눈썹과 속눈썹을 문신해준다. 가격은 각각 옥수수 10kg으로 현물 교환 방식이다. 2016년 들어서는 일자형 눈썹 문신이 유행했다. 평양의 문신 전문가들이 지방에 위치한 개인 미용실에 거주하면서 일자 눈썹을 새겨주고 돈을 받는다. 이들은 중국을 통해 넘어온 한국산 문신 기구로 상업 행위를 해 많은 돈을 벌고 있다. 종전의 가느다란 눈썹 문신과는 달리 최근에는 적당한 너비를 유지하면서 자연스러운 일자형에 눈썹 끝부분을 아래 방향으로 약간 내려 그려준다. 색깔도 검은색보다는 갈색으로 그린다. 일자 눈썹 문신 비용은 한 사람당 중국 화폐로 100위안이며, 눈썹 문신을 지우는 가격은 150위안이다. 이는 쌀 50kg 가격에 해당하는 비용으로 매우 비싸지만 일자 눈썹을 하려는 여성들의 수는 날마다 늘어가는 추세이다. 북한 여성들이 일자 눈썹을 선호하는 것을 한류 때문이다. 한국 드라마 속 남한 여성들의 자연스러운 일자 눈썹이 북한 여성들의 호감을 샀다. 눈썹과 마찬가지 방식으로 입술 문신도 한다. 입술 모양을 변형해 외모를 뚜렷하게 하는 방식이다.

북한 여성들도 일상적으로 향수를 사용한다. 2016년에는 평양에 사과 향수가 유행했다. 대동강변 사과에서 향을 추출해 만든 신선한 사과 향수는 묘향천호합작회사에서 생산하는 제품으로 고등학생과 미혼 여성들 사이에서 크게 유행했다. 가격은 10달러 선으로 비싼 편이지만 평양 중산층 이상에서 붐을 이루었다고 전해진다.

북한 정권이 갈색 머리를 자본주의 상징으로 보고 엄중히 단속

● 그림 2-24 갈색 머리의 리설주 (자료: 연합뉴스)

하는 데 비해 갈색 눈썹은 제재를 하지 않아 북한 여성들은 당국의 간섭을 받지 않는 갈색 눈썹을 고집한다.[51] 북한에서는 머리 모양도 규제 대상이지만 머리색도 제한을 받는다. 검은색 머리 이외에 남한 여성들처럼 머리에 색을 들이는 것은 '자본주의풍'이라 하지 않는다. 북한 조선중앙통신은 2017년 3월 2일 한국의 식목일에 해당하는 식수절을 맞아 김정은 노동당 위원장이 만경대혁명학원을 찾아 원아들과 함께 나무를 심었다며 아내 리설주와 팔짱을 낀 모습을 공개했다. 부드럽고 온화해 보이는 이미지를 연출하기 위해 리설주가 예외적으로 갈색 염색을 했을 가능성이 있다.[52] 이에 따라 북한 고위층 여성을 중심으로 '리설주 따라 하기'의 머리 염색이 유행할 것으로 예상된다.

인기 브랜드와 구매 경로

김정은 위원장은 2015년 2월 15일 평양화장품공장을 방문해 공장의 현대화와 화장품 공업의 발전을 강조하는 등 경공업 분야의 육성을 강조했다. 특히 생산 제품의 질을 개선하라고 요구하면서 '은하수'라는 상표를 만들어 세계화할 것을 요청했다. 평양화장품공장에서는 크림(로션), 향수, 살결물(스킨), 연지(립스틱), 머릿기름(무스), 화장비누(클렌징) 등을 생산한다. 이후 김정은 위원장은 인민생활 향상을 강조하며 인민들에게 제일 좋은 화장품을 안겨주어야 한다며 평양시 만경대구역에 비누공장을 지으라고 지시해 2016년 10월 용악산 기슭에 비누공장이 건설되었다. 용악산 비누공장은 비교적 수요가 많은 목욕용 물비누, 샴푸(머리물비누), 가루비누 등을 생산한다. 북한의 대표적인 화장품공장인 평양화장품공장이나 신의주화장품공장 제품은 보통 김일성 생일, 김정일 생일, 3·8 국제부녀절과 같이 특별한 날 주민들에게 선물용으로 기초 화장품 세트를 배급하는 용도로 화장품을 생산할 뿐 일반 국민이 사용할 수 있는 일반 화장품은 생산하지 않는다. 특히 이 공장들은 수출을 주목적으로 제품을 생산한다. 화장품 원료가 없어서 수입해야 하므로 생산 수량이 매우 적고 가격이 비싸 서민들은 국내산 화장품을 구입하기가 어렵다.

평양화장품공장은 1957년 말 평양 평천구역에 건설되었고 대표적으로 '은하수' 라인 기초 화장품을 생산하고 있다. 신의주화장품공장은 1945~1950년에 단계적으로 건설되었다. 인삼이 들어간 기초 화장품 '너와나' 고급 라인을 수출용으로 생산한다. 1999년 남신의주로 이전한 신의주화장품공장은 최근 '봄향기' 라인을 만들어 판매하고 있다. 스킨, 로션, 파운데이션, 에센스, 크림, 마스카라 6종 세트인 '봄향기'는 중국 연변 등지에서도 850위안 정도에 구매할 수 있는데 이는 한국 화폐로 15만 원가량으로 북한 주민이 구입하기에는 비싼 가격이다. 심층 인터뷰에 참여한 탈북자들은 기초 화장품으로 어느 브랜드를 선택했냐는 질문에 국내산(북한산)인 평양화장품공장의 '은하수'화장품이나 신의주화장품공장 제품인 '봄향기'는 개성고려인삼이 들어가 비싸고 좋은 화장품이어서 함부로 쓰지 못한다고 하나같이 대답했다. 북한 사람들은 개성 '고려인삼'이 들어간 국내산 화장품이 매우 좋다는 자부심이 있다. 이들 화장품의 품질이 우수하다는 판단은 세계적으로 유명한 개성고려인삼을 사용하고, 화장품 공장이 위치한 평양의 평천구역이나 남신의주 일대가 수질이 좋은 자연수·지하수를 화장품 원료로 사용하기 때문이라는 설명이었다. 2014~2015년 스킨, 로션, 데이크림, 나이트크림, 분크림으로 구성된 봄향기 기초 화장품 세트가 북한 내에서 약 70~80달러 가격으로 거래되었다. 기초 화장품 세트의 고급 라인은 100달러에 이른다.

북한 국내산 화장품은 내수용보다는 수출용으로 제작되며 북한 주민에게 지급되는 기초 화장품 세트는 선물용 하사품인 경우가 대부분이다. 혹은 결혼을 앞두고 국내산 기초 화장품 세트를 예물로 주고받는다. 중산층 이하의 북한 주민은 국내산 화장품을 구매할 능력이 없기 때문에 지역에서 생산하는 저렴한 화장품이나 중국산 화장품을 구입한다. 북한 회령시에 거주했던 한 여성은 경제적 어려움으로 지역에서 생산되는 저렴한 화장품을 사용했는데 품질이 좋지 못해 부작용이 발생했다고 답변했다. 북한 화폐로 5~10원 정도 하는 북한산 화장품은 브랜드가 없는 제품도 많다. 용기에 담겨 있기만 할 뿐 제품 이름도 성분 내용도 표기가 따로 없다. 이마저도 구입할 능력이 되지 않는 계층은 화장품을 직접 만들어 사용하기도 한다. 지역과 직업에 따라 빈부 격차가 심해 화장품을 보편적으로 사용하지는 못한다. 교통이 닿지 않는 산간 오지에서는 화장품을 직접 만들어서 사용한다. 하루하루 먹고사는 게 고민인 하층민의 경우 가족, 주변 지인의 경험을 바탕으로 자연에서 재료를 얻어 눈썹먹(눈썹연필), 가루분(파우더), 구홍(립스틱)을 만들어 쓰기도 한다.

말린 팥을 절구에 곱게 빻으면 미세한 가루가 되는데 이것을 파우더로 사용한다. 딱딱하게 말린 검은팥을 계속해서 빻아 고운 입자가 될 때까지 분쇄한다. 빻기를 반복하면 마지막에 하얀 가루가 남게 되는데 이 가루를 면 소재의 가제 천에 대고 체를 쳐서 미세한 가루분만 남긴다. 이 가루를 파우더 대용으로 사용하는데 마치 밀가루와 유사한 모습이다. 한국산 화장품과 비교하면 다소 입자가 크지만 거친 정도는 아니다. 이 팥가루 파우더를 얼굴에 바르면 뽀얗게 하얀 피부를 연출할 수는 있지만 피부 트러블을 커버해주지는 못한다. 눈썹연필은 비교적 쉽게 만들 수 있다. 얇고 작은 나무 꼬치를 태워서 그을

어진 끝부분으로 눈썹을 그리는 것이다. 립스틱은 빨간색 크레파스나 봉숭아꽃으로 만든다. 크레파스는 잘게 부숴 가루를 낸 다음 식용 기름을 섞으면 립스틱이 된다. 식용 기름을 많이 넣으면 액상 타입에 가까워지고 기름을 적게 넣으면 된 젤 타입이 된다. 봉숭아 꽃잎으로 입술을 물들이면 오렌지 빛깔에 가까운 입술색이 표현된다.

구매 경로

북한 주민들은 화장품을 장마당에서 주로 구입한다. 각 지역마다 장마당이 활성화되어 화장품을 비롯한 각종 물자가 유통된다. 심지어 고양이의 뿔을 제외하고는 다 있다는 표현이 있을 정도로 한국산, 중국산 등 외부 반입 물자도 다양하게 거래된다. 화장품 판매뿐만 아니라 장마당에서는 장사꾼이 돌아다니며 문신도 해주고 귀도 뚫어준다. 화장품의 종류도 다양해 매대 위에서는 합법적인 제품을, 매대 아래에서는 불법인 한국산 제품도 판매한다. 한국산 제품의 경우 공개적으로 팔지 못해 은밀히 호객 행위를 한다. 북한 주민들 사이에서 한국산 제품은 인기가 있기 때문에 우회적인 방법으로 유통되고 있다. 실제 생활에서 북한 주민들은 비교적 저렴한 중국산 화장품 제품을 많이 사용하고, 한국산이나 일본산은 제품의 질은 좋으나 가격이 높아 장마당에서 구매하기가 쉽지 않다. 한국산 제품은 이미 품질이 최상급이라는 소문이 퍼져 인기가 있지만 가격이 너무나 높아 일부 특권층과 무역상, 해외 파견 인력 정도만 사용할 수 있다.

2016년 탈북한 태영호 공사의 증언에 따르면 해외에 파견된 북한 사람들은 대부분 한국산 제품을 즐겨 쓰며 북한 여성들에게는 한국산 밥솥과 설화수 화장품이 인기가 좋다고 한다. 한국산 밥솥에서 서울 말씨로 '취사가 완료되었습니다'라는 알람이 나와 보위부원들이 문제 삼기도 하며, 설화수 제품은 인기가 좋아 중국산 모조품까지 나돌 정도라고 한다.[53] 중국은 한국 상품이 북한 내에서 인기가 있다는 점을 알고 한국산 의류와 전자 제품 중 선호도가 높은 제품의 '짝퉁'을 대량으로 유통시켜 이득을 취하고 있다. 당국이 한국 상품을 단속하고는 있지만 인기가 좋아 거래가 지속적으로 이루어지고 있다. 밥솥 외에 인기리에 거래되는 주요 품목은 화장품, 의류, TV, 카메라 등이다. 화장품의 경우 해외에 파견된 사람과 평양의 부유층은 자유롭게 해외에서 화장품을 직접 구입해 사용한다. 평양 출신 탈북민은 랑콤, 시세이도, 설화수 등 한국산, 일본산, 유럽산 화장품을 두루 사용해봤다고 증언했다.[54] 부유층은 화장품 외에도 일상생활의 모든 제품을 외국산으로 사용한다. 식료품은 롯데식품을 먹고 운동복은 아디다스, 나이키를 입으며 샴푸, 린스, 염색약은 아모레퍼시픽이나 애경산업 제품을 사용하고 있었다.

주

1 남윤자·이승희, 「한미여대생의 실제체형과 인지체형의 만족도에 관한 비교」, ≪한국의류학회지≫, 25권 4호(한국의류학회지, 2001), 766쪽.

2 한정아, 「화장품 광고 및 브랜드에 나타난 여성이미지에 관한 연구」, ≪한국메이크업디자인학회≫, 4권 2호(한국메이크업디자인학회지, 2008년 8월), 128~129쪽.

3 김선우, 「여성 외모의 아름다움 인식에 대한 한중일 비교문화연구」(서울대학교 대학원 의류학과 생활과학박사학위논문, 2013), 90~92쪽.

4 조선민주녀성동맹 중앙위원회기관지, 「공산주의도덕과 우리생활 '검박한 사생활과 녀성'」, ≪조선녀성≫, 제9호(평양: 근로자단체출판사, 1999), 38쪽.

5 이화여대 한국여성연구원, 『통일과 여성』(서울: 이화여자대학교출판부, 2001), 16쪽.

6 민주평화통일자문회의 블로그, "북한어휘 황색바람", http://blog.naver.com/sharp326/15 0005417939 (검색일: 2017.1.24).

7 이춘길, 「북한미학의 이해」, ≪민족미학≫, 창간호(민족미학회, 2003.7), 179쪽.

8 오양열, 「남북한 사회의 가치정향과 북한의 미적가치 수용방향」, ≪통일과 문화≫, 창간호(통일문화학회, 2001), 42쪽.

9 탈북자 김OO 면담 결과(2017년 1월 9일).

10 탈북자들은 공통적으로 김정숙이 여성 혁명가로서 똘똘한 이미지였다고 증언한다. 탈북자 김OO, 이OO 면담 결과(2017년 1월 12일).

11 ≪민족21≫, 「리설주 패션 신세대 패션의 변화, 남과 북이 가까워졌다(2014), 212~215쪽.

12 ≪동아일보≫, "주성하기자의 북한 이야기 … '북한 최고 여성 톱스타들의 미모는'", 2009년 5월 9일 자, http://blog.donga.com/nambukstory/archives/224 (검색일: 2017.1.11).

13 북한 지역 정보넷 홈페이지, 인물정보관 연극, 영화 부문, http://cybernk.net/infoText/Info HumanDetail.aspx?sc=A530&schword=&cp=1&mc=EJ0305&hid=EH060600011256&direct=1&SearchSubject=null&SearchAdminst=null (검색일: 2017.1.11).

14 북한 지역 정보넷 홈페이지, 인물정보관 연극, 영화 부문, http://cybernk.net/infoText/Info HumanDetail.aspx?mc=EJ0305&sc=A530&hid=EH060600011256&dir

ect=1(검색일: 2017.1.11).

15 KBS 뉴스, "이젠 북한 미녀도 서구형?", 2015년 10월 22일 자, http://news.kbs.co.kr/ news/view.do?ncd=3169034&ref=A (검색일: 2017.1.11).

16 조선민주녀성동맹 중앙위원회기관지, ≪조선녀성≫, 제3호(평양: 근로자단체출판사, 2001), 35쪽.

17 통일부 블로그, "문화로 만나는 남과 북, if 북한판 소녀시대 모란봉악단이 서울에 온다면", http://unikoreablog.tistory.com/4584 (검색일: 2017.5.12).

18 조선민주녀성동맹 중앙위원회기관지, ≪조선녀성≫, 제5호(평양: 근로자단체출판사, 2014), 50쪽.

19 조선민주녀성동맹 중앙위원회기관지, ≪조선녀성≫, 제8호(평양: 근로자단체출판사, 2005), 36쪽.

20 조선민주녀성동맹 중앙위원회기관지, ≪조선녀성≫, 제11호(평양: 근로자단체출판사, 2016), 54쪽.

21 연합뉴스, "평양에서도 미니스커트에 하이힐 … 리설주 따라 하기 열풍", 2016년 9월 21일 자, http://www.yonhapnews.co.kr/bulletin/2016/09/21/0200000000AKR20160921150500014.HTML(검색일: 2017.1.31).

22 탈북자 최OO 면담 결과(2017년 1월 9일).

23 탈북자 최OO 면담 결과(2017년 1월 9일).

24 조선민주녀성동맹 중앙위원회기관지, ≪조선녀성≫, 제1호(평양: 근로자단체출판사, 2004), 41쪽.

25 ≪중앙일보≫, "이영종의 평양 오딧세이 … '밥 대신 생선? 매일 300g 먹게 하라! 수산업 키우는 김정은'", 2016년 11월 22일 자, http://news.joins.com/article/20906610 (검색일: 2017.1.31).

26 조선민주녀성동맹 중앙위원회기관지, ≪조선녀성≫, 제5호(평양: 근로자단체출판사, 2014), 35쪽.

27 ≪동아일보≫, "조인직기자가 본 평양시민들의 헤어스타일", 2001년 6월 12일 자, http://news.donga.com/view.php?id=Print_Donga%7C3%7C20010612%7C7701939%7C1 (검색일: 2017.1.31).

참고 문헌

국내 문헌

김선우. 2013.「여성 외모의 아름다움 인식에 대한 한중일 비교문화연구」. 서울대학교 대학원 의류학과 박사학위논문.

김인호. 2008. "탈북인사대담: 북한의 보건·의료 부문 '소독기는 장작불로 지피고 수술장은 랜턴으로 밝힌다". ≪통일한국≫, 291권(3월호) .평화문제연구소.

≪민족21≫. 2014.「리설주 패션 신세대 패션의 변화, 남과 북이 가까워졌다」.

오양열. 2001.「남북한 사회의 가치정향과 북한의 미적가치 수용방향」. ≪통일과 문화≫, 창간호. 통일문화학회.

이춘길. 2003.「북한미학의 이해」. ≪민족미학≫, 창간호. 민족미학회.

이화여대 한국여성연구원. 2001.『통일과 여성』. 서울: 이화여자대학교출판부.

임도연. 2015.「한류문화 발전에 미치는 한국 메이크업 산업-K Beauty의 현재와 미래」. ≪문화산업연구≫, 제15권 4호.

프랜시스 후쿠야마. 1992.『역사의 종말』. 이상훈 옮김. 서울: 한마음사.

현두륜. 2016.「북한 의료법규 체계와 그 내용」. ≪의료법학≫, 제17권 제1호. 대한의료법학회.

북한 문헌

류식. 2000.『100년 장수에로의 길』. 평양: 의학과학출판사.

조선민주녀성동맹 중앙위원회기관지. 1997-2014. ≪조선녀성≫. 평양: 근로자단체출판사.

천리마사편집위원회. 2001. ≪천리마≫, 제1호. 평양: 종합인쇄소.

웹사이트

KBS 뉴스. 2015.10.22. "이젠 북한 미녀도 서구형?" http://news.kbs.co.kr/news/view.do?ncd=3169034&ref=A (검색일: 2017.1.11).

≪동아일보≫. 2009.5.9. "주성하기자의 북한 이야기 … '북한 최고 여성 톱스타들의 미모는'", http://blog.donga.com/nambukstory/archives/224 (검색일: 2017.1.11).

_______. 2001.6.12. "조인직기자가 본 평양시민들의 헤어스타일", http://news.donga.com/view.php?id=Print_Donga%7C3%7C20010612%7C7701939%7C1(검색일: 2017.1.31).

민주평화통일자문회의 블로그. "북한어휘 황색바람", http://blog.naver.com/sharp326/15000 5417939 (검색일: 2017.1.24).

북한 지역정보넷 홈페이지. 인물정보관 연극, 영화 부문. http://cybernk.net/infoText/InfoHumanDetail.aspx?sc=A530&schword=&cp=1&mc=EJ0305&hid=EH060600011256&direct=1&SearchSubject=null&SearchAdminst=null (검색일: 2017.1.11).

연합뉴스. 2013.2.22. "북한 여성들 선택 가능한 헤어스타일은 18개". http://www.yonhapnews.co.kr/politics/2013/02/22/0511000000AKR20130222069200009.HTML (검색일: 2017.1.31).

_______. 2016.9.21. "평양에서도 미니스커트에 하이힐 … 리설주 따라 하기 열풍". http://www.yonhapnews.co.kr/bulletin/2016/09/21/0200000000AKR20160921150500014.HTML (검색일: 2017.1.31).

≪중앙일보≫. 2016.11.22. "이영종의 평양 오딧세이 … '밥 대신 생선? 매일 300g 먹게 하라! 수산업 키우는 김정은'". http://news.joins.com/article/20906610 (검색일: 2017.1.31).

_______. 2017.1.2. "태영호 '영국 근무 때 삼성전화 금지령 … 평양서 LG폰은 몰라 난 그걸 써'". http://news.joins.com/article/21068233 (검색일: 2017.1.31).

≪한국스포츠경제≫. 2017.1.10. "할리우드스타들, 시상식 앞두고 한국산 마스크 팩 사용 알려져 눈길". http://www.sporbiz.co.kr/news/articleView.html?idxno=67333 (검색일: 2017.1.31).

북한에서도 화장품을 만들까?

| 북한의 화장품 산업 육성 정책
| 북한의 화장품 공장 현황
| 북한의 화장품 소개

3

내수용 화장품 ‘봄향기’는

북한 여성들과 북한을 방문한 외국인들에게

가장 인기 있는 화장품이다.

‘봄향기’라는 상표명은

김정일위원장이 직접 작명했다.

북한의 화장품 산업 육성 정책

김일성 시대 여성이라면 누구나 아름다움에 관심이 있다. 사회주의 국가라고 해서 여성들이 미美에 관심이 없는 것은 아니다. 북한 역시 국가 건설 초기부터 여성의 관심사인 화장품 산업을 육성하는 데 관심이 많았다. 한국전쟁 이후 진후 복구 시기 경제 재건 과정에서도 김일성은 인민경제 발전을 강조해 1953년 8월 5일 「모든 것을 전후인민경제복구발전을 위하여」를 교시했다.[1]

> 우리는 전후경제건설에서 중공업의 선차적 복구발전을 보장하면서 경공업과 농업을 동시에 발전시키는 방향으로 나아가야 할 것입니다. 그래야 우리나라의 경제토대를 튼튼히 할 수 있고 인민생활을 빨리 개선할 수 있습니다.

김일성은 북한 사회주의 건설 과정에서 여성의 노동력 활용에 대한 관심이 많았고 여성들이 본질적으로 아름다움을 추구한다는 사실을 인지했다. 따라서 1953년 한국전쟁 휴전 이후 전후 복구사업에 매진하는 과정에서 주택, 도로 등 각종 사회간접자본 시설의 긴급 복구·재건과 동시에 경공업 제품 생산에도 주력했다. 북한 당국은 다양한 경제 정책의 추진 과정에서 여성의 아름다움을 충족시키는 화장품을 비롯한 각종 생활필수품 증산 대책을 내세웠다. 1957년 9월 23일 내각결정 제90호로 공표한 「생활필수품 증산대책에 관하여」에서 화장품 및 잡화류 생산에 대한 구체적인 교시를 내렸다.[2]

(6) 화장품 및 잡화류 생산에 있어서

ㄱ. 경공업상은 화장품의 수요를 충족시킬 수 있도록 그 품종과 수량을 증가하며, 품질을 제고시킬 것이며 경공업상, 화학공업상, 조선생산협동조합 중앙련맹위원회 위원장은 향료 원천을 계속 탐구하며 백산차 박하 등의 천연 향료를 생산할 것이며, 합성향료도 생산할 데 대한 대책을 강구할 것

ㄴ. 화장비누에 대한 수요를 보장하기 위하여 국가계획위원회 위원장과 대내외 상업상은 당분간 경화유를 수입할 데 대한 대책을 강구할 것이며 앞으로 경화유 생산을 국내에서 그 수요를 충족시키도록 할 것

김일성이 여성의 미와 화장품에 관심을 가진 것은 항일운동을 하던 시절의 경험으로 거슬러 올라간다. 김일성 회고록 『세기와 더불어』[3] 제6권에는 1934년의 기억을 집필한 내용이 들어 있다. 주로 산악지대에서 무장투쟁을 하던 유격구 시절의 이야기가 포함되어 있다. 일본군에 추격당하고 중국군에게도 감시를 당하던 어려운 시절에 함께 투쟁하며 누이처럼 가깝게 지내던 최금숙이라는 여인이 등장한다. 김일성은 항일투쟁이라는 험난한 여정에서도 최금숙이라는 여성에게

다양한 감정을 갖게 된다. 당시 형성된 김일성의 여성관 및 미인관은 북한의 여성 정책 및 화장품 산업에 큰 관심을 갖게 하는 계기가 되었다고 판단된다.[4]

> 내가 자기를 보고 미인이라고 하면 그는 놀려준다고 야단이였다. 나는 최금숙이 내 잔등에 주먹질을 해대며 야단을 하는 것이 오히려 재미가 나서 그가 어색해하는 것을 알면서도 그냥 미인이라고 롱을 하였다. 사실 그는 뛰여난 미녀는 아니였지만 아주 복성스럽게 생긴 녀자였다. 나의 눈에는 도회지의 아가씨나 숙녀들보다도 최금숙과 같은 유격구의 녀자들이 훨씬 더 고상하고 아름다워 보이였다. 나는 이 세상에 유격구의 녀성들처럼 아름다운 녀성들은 없다고 생각하였다. 그들은 얼굴에 화장 한번 해보지 못하고 매연속에서 고생고생 살아가면서도 그것을 원망하거나 타발하지 않고 오직 혁명에만 전심전력하였다. 나는 여기에서 최상의 미를 찾았다. 내가 최금숙을 가리켜 미인이라고 한 것은 이런 심리의 표현인지도 모르겠다. 나는 그때 근거지의 녀성들을 돋보이게 하는 일이라면 무엇이든지 아끼지 않았다.

김일성의 글에서 북한 사회주의 여성상의 뿌리를 찾을 수 있다. 매연 속에서 고생하면서도 원망하지 않고 혁명에만 전심전력하는 것을 최상의 미로 보았다. 특히 현실의 어려움에 대해 불평하는 남자들에 비해 여성들이 관심사인 외모에 신경 쓰지 않고 현실에 묵묵히 적응하는 모습에 깊은 감명을 받았던 것으로 추정된다. 항일투쟁 당시 고난의 행군을 하는 과정에서 특이하게 화장품 관련된 내용도 나온다. 처음에는 전리품 중에 화장품이 있으면 쓸모없다고 생각해 모두 밟거나 개울에 집어 던져버렸다.[5]

> 우리가 로획한 전리품들 속에는 종종 분이나 크림과 같은 화장품들이 섞여있을 때도 있었다. 처음에 우리 대원들은 그런 화장품들이 보이기만 하면 일본계집년들의 상판대기를 곱게 해주는 물건딱지들이라고 하면서 개울 속에 집어던지든가 발로 막 짓뭉개 놓곤 하였다. 얼마동안은 나도 향내 나는 고급전리품이 그렇게 처분되는 것을 방임해두었다. 아무짝에도 쓸모없는 물건들이라고 생각해서였다. 우리 유격구의 녀성들은 그 당시 화장을 하지 않았다. 분내나 향수 내를 피우며 돌아다니는 것을 죄라고 보는 것이 그들의 공통된 견해였다. 간혹 명절 같은 때 어쩌다가 화장을 하는 녀자들도 있었지만 정작 대중 집합장소에 나타나면 뒤구석에 서서 줄곧 남의 눈치를 살피였다.

그러나 김일성은 함께 혁명을 하는 여성들이 꾸미지도 못하고 고생하는 것을 안타까워해 노획한 화장품을 여성 대원과 부녀 회원에게 나누어 주기로 결심한다. 처음에는 화장하는 것을 사치로 알았던 여자 부대원들도 점차 화장품을 바르는 것에 익숙해져가는 모습을 볼 수 있다.[6]

> 나는 이것을 분하게 여기였다. 그들이 일 년 내내 분도 바르지 못하

고 검댕이나 재가루가 묻은 얼굴로 포연 내를 맡으며 고생스레 살아가는 것이 가슴 아프게 생각 되였다. 그래서 대원들에게 말하였다.
≪이제부터 누구든지 화장품을 버리지 말자. 우리의 곁에도 녀성들이 있지 않는가. 유격구의 녀성들은 녀성이 아니라던가. 우리의 녀대원들과 부녀회원들보다 더 훌륭한 녀자들이 세상에 어디 있는가?≫
대원들은 이구동성으로 내 말에 호응하였다.
≪옳습니다. …… 화장품이 생기면 분도 바르라고 합시다.≫ 우리는 어느 날 부녀회원들에게 줄 화장품을 로획해 가지고 최금숙을 찾아갔다. 최금숙은 그 화장품 보따리를 보고 기뻐서 어쩔 줄 몰라 하였다. 그날부터 소왕청유격구에서는 분내가 돌기 시작했다. 명절날 아동유회대의 공연이 진행되는 구락부에 갔더니 거기서도 분내와 크림 내가 났다.

여성의 심리를 읽는 데 남다른 감각이 있다고 추정되는 김일성은 여성 노동력을 적극적으로 활용하고, 남성을 적극적인 혁명 과정 수행에 참여하도록 유도하기 위해서는 여성들의 마음을 사로잡는 것이 중요하다고 판단했다. 여성의 사회활동 참여를 유도하기 위한 다양한 의도는 북한 정권 수립 이후 각종 정책으로 추진된다. 사회주의 건설 초기부터 중공업 우선 추진 정책과 동시에 소비재 위주의 경공업 정책을 보완적으로 추진했다. 사회주의 경제에서는 일반적으로 성장의 엔진이 되는 산업을 우선순위에 두고, 다른 모든 경제 분야보다 집중적으로 투자하고자 한다. 산업화 중에서도 특히 중공업 우선 정책으로 강제된 성장forced growth을 도모한다.[7] 김일성 역시 중공업 우선 정책을 폈지만 화장품 공장은 예외적으로 사회주의 초기 시기부터 건설되었다. 북한은 1949년에 신의주화장품공장을, 1957년에 평양화장품공장을 각각 건설했다.

김정일 시대 화장품 육성 정책은 북한의 2대 지도자인 김정일 시대에도 계속되었다. 김정일 국방위원장 역시 경공업을 경제 건설의 매우 중요한 고리로 중시했고, 1984년 2월 16일 「인민생활을 더욱 높일 데 대하여」에서 인민소비품생산을 강조했다.[8]

> 인민생활을 높이기 위하여서는 경공업혁명을 일으켜야 합니다. 경공업혁명을 일으켜 질 좋은 여러 가지 인민소비품을 많이 생산하여야 인민들의 생활을 더욱 윤택하고 문명하게 할 수 있습니다. 우리는 경공업혁명을 일으킬 데 대한 당의 방침을 철저히 관철하여 인민소비품 생산에서 새로운 전환을 가져오도록 하여야 하겠습니다.

같은 해 8월 3일 상업 부문 책임일군들과의 대화를 정리한 「주민들에 대한 상품공급사업을 개선하는데서 나서는 몇 가지 문제에 대하여」라는 김정일의 담화는 그가 경공업이 인민들에게 풍족하고 문명한 생활을 제공하기 위해 필요한 산업이라는 인식을 갖고 있다는 것을 시사한다.

> 인민생활을 끊임없이 높이는 것은 우리 당 활동의 최고원칙입니다. 우

리당은 최근에 우리 인민들에게 더욱 유족하고 문명한 생활을 마련하여 주기 위하여 경공업혁명, 봉사혁명을 할 데 대한 방침을 내세웠습니다. 당의 방침에 따라 지금 우리나라에서는 경공업혁명과 봉사혁명이 힘 있게 벌어지고 있습니다.

1989년 6월 9일과 12일에 김정일이 조선로동당 중앙위원회 책임일군 및 도당 책임비서들과 한 담화「당을 강화하고 그 령도적 역할을 더욱 높이자」에서도 인민생활 향상을 위한 경공업 발전을 강조했다. 특히 신속하게 경공업을 발전시키고자 하는 김정일의 의도를 엿볼 수 있는 대목이다.

우리 당은 경공업을 빨리 발전시키는 것이 인민생활을 높이는 데서 매우 중요하기 때문에 언제나 거기에 깊은 관심을 돌려왔습니다. 이번 당중앙위원회 제6기 제16차 전원회의에서는 우리 혁명발전의 새로운 요구에 맞게 경공업을 한 계단 더 높이 발전시키기 위한 목표를 내놓았습니다. 당 조직들은 당중앙위원회 제6기 제16차 전원회의에서 결정된 경공업혁명방침을 철저히 관철하는 데 깊은 주의를 돌려야 합니다.

김정일은 경공업 발전을 경공업혁명방침이라 명명하고 혁명적 차원에서 이행할 것을 강조했다. 1990년 6월 2일에는 전국경공업대회 참가자들에게 보낸 서한인「경공업혁명을 철저히 수행할 데 대하

● 그림 3-1 평양화장품공장을 현지지도하는 김정일 (자료: 연합뉴스)

여」를 발표했다.[9] 이를 통해 김정일이 여성을 비롯한 인간의 기본적인 욕구를 충족시키는 데에 관심이 많았다는 것을 알 수 있다.

김정일 국방위원장은 2003년 8월 평양화장품공장을 방문했다. 평양화장품공장의 유학천 지배인은 김정일 위원장이 "인민들에게 질 좋은 화장품을 더 많이 안겨줄 데 대한 방향"을 제시해줌으로써 공장의 전 힘을 기술혁신에 쏟게 되었다고 말했다. 김정일의 방문 이후 기술혁신 열풍을 일으켜 소비자의 취향을 신제품 개발의 출발점으로 삼고 생산 공정도 그에 맞게 바꿨다. 신제품 개발의 핵심 부서인 '기술준비실'의 역할도 강화했다. 생산 공정의 대대적인 개선 이후 평양화장품공장은 2007년에 수세미 오이 살결물(스킨로션), 남성화장세트, 미안美顔크림, 황백치약 등 10여 종의 기능성 화장품을 출

시하는 성과를 냈다.[10]

김정일은 2008년 11월에는 신의주화장품공장의 비누직장을 방문했다. 북한의 공장에서 생산 라인을 '직장'이라고 부른다. 2008년 11월 25일 자 ≪로동신문≫에서는 "조선의 김정일 최고지도자가 최근 평안북도 공장기업소들을 시찰하면서 최신과학기술을 적극 도입해 현대과학기술로 국민경제에 대한 기술개조를 진행해야 한다고 강조했다"고 보도했다. 김정일은 공장 시찰 시 "정보화 시대의 요구에 따라 기계 생산 절차의 현대화, 과학화, 정밀화를 계속 추진함으로써 기계 생산의 튼튼한 물질기술기초를 닦아야 한다"고 지적했다. 또한 "과학기술은 경제발전과 인민생활수준 제고의 담보라고 하면서 노동당이 제출한 과학중시의 방침을 잘 시행해 현대과학기술을 토대로 국민경제의 기술개조를 적극 추진해야 한다"고 지적했다.[11]

그림 3-2
신의주화장품공장을 현지지도하는 김정일
(자료: 연합뉴스)

김정은 시대 북한에서는 지도자의 현지지도 행보를 보면 그의 관심 분야와 정책 방향성을 알 수 있다. 김정일의 뒤를 이은 3대 세습 지도자 김정은은 집권 5년차인 2016년 6월 평양시 만경대구역 소재의 용악산비누공장을 방문했다. 2016년 6월 4일 조선중앙통신과 ≪로동신문≫ 보도에 따르면 김정은은 선군정치 시대에 군사시설을 방문하는 동시에 여성들의 관심이 많은 비누공장을 방문해 교시를 했다.[12]

> 우리 인민들에게 세상에서 제일 좋은 화장품을 안겨주시기 위해 헌신과 노고를 바쳐가고 계시는 경애하는 김정은 동지께서는 여러 가지 물비누 등을 생산하는 현대적인 비누공장을 용악산 기슭에 일떠세울 데 대한 귀중한 가르치심을 주시었습니다. …… 경애하는 김정은 동지께서는 위대한 장군님께서 생전에 물비누를 전문적으로 생산하는 공장을 건설할 데 대한 교시를 주시었다고 하시면서 인민들 속에서 수요가 높은 머리물비누, 목욕용물비누, 가루비누 등을 생산하는 이 공장은 인민생활 향상과 직결되어 있는 공장, 당에서 중시하는 공장이라고 말씀하시었습니다.

김정일이 생전에 물비누 생산에 교시를 주었던 용악산비누공장에 대를 이어 방문한 김정은은 '인민생활 향상'을 강조하며 애민지도자상을 선전하려는 의도를 나타냈다. 그러나 인민경제에 통치 자금을 투자하지는 않고, '200일 전투의 기적과 위훈'을 내세우며 기관별 자체 해결을 강요했다. 특별한 예산 투입보다는 자체 노력으로 품질 향상을 강조함으로써 해당 공장 관계자들은 중국으로부터 소재와 원료를 도입하는 데 주력할 것이다. 현재 북한은 화장품 성분과 용기 등에서 내부 생산이 어려운 품목이 많아 대부분을 중국에서 수입해서 사용한다. 화장품의 성분은 주로 화학공업의 부산물이나 원료 등을 토대로 제조되는 경우가 다수다. 북한은 화장품 성분을 전부 생산하지 못함에 따라 중국에서 원료를 수입해서 사용한다. 김정은은 4개월 후인 10월 29일에 완공된 평양시 용악산비누공장을 재차 방문해, 불과 몇 달 사이에 규모가 큰 현대적인 공장이 완공된 데 대해 대만족을 표시했다. 물비누와 세척제 가짓수 및 생산량 확대와 질 향상, 제품 상표의 세련화, 비누 원료와 향료의 국산화 문제에 대한 과업을 제시했다. 6월 건설 현장 방문 후 10월 완공된 현장에 재방문한 것은 애민지도자상 연출, 건설치적 부각 및 기한부 완공을 확인하려는 의도인 것으로 평가된다.

북한은 매년 새해 정책을 신년사를 통해 발표한다. 1946년 1월 1일 0시 평양종 타종식 후 김일성 주석이 "신년을 맞으면서 전국 인민에게 고함"이라는 제목으로 연설을 한 것이 북한 신년사의 시작이

그림 3-3
용악산비누공장을 현지지도하는 김정은
(자료: 연합뉴스)

었다. 그 후 1957년과 1987년을 제외하고는 그 형식만 조금씩 달라졌을 뿐 신년사, 축하문, 연설, 신문 사설 등의 구성은 매년 대동소이하다.

1991년까지 신년사는 매년 1월 1일 김일성의 육성방송과 ≪로동신문≫ 1면 게재 틀을 유지했으며, 김일성 사후 1995년에는 3개 신문 공동 사설이라는 새로운 형식이 등장했다. 1996~1997년에는 발표 형식상 변화가 없었다. 하지만 김정일 위원장이 당 총비서에 추대되고 처음 맞은 1998년에는 3개 신문 중 ≪청년전위≫가 빠지고 ≪로동신문≫과 ≪조선인민군보≫ 2개 신문의 공동 사설에 신년사가 발표되었다. 그 후 1999년에는 ≪로동신문≫(당보), ≪조선인민군보≫(군보), ≪청년전위≫(청년보)에 신년사가 실렸다.[13]

김정은은 연초 신년사를 통해 북한의 연간 정책을 예고한다. 김정은은 2012년부터 매년 신년사를 발표하고 있다. 그중 경공업 정책과 관련된 내용을 꾸준히 언급한다. 특히 김정은은 2017년 1월 1일의 신년사를 통해, 경제·사회 분야에서 “경제발전 5개년 전략수행에 총력을 집중”하며 “자력자강으로 전민 총돌격전”을 전개할 것을 강조했다. 세부적으로 과학기술의 성과와 전력, 금속, 화학, 석탄, 철도, 기계공업 과업 수행을 강조한 데 이어 경공업·농업·수산업의 획기적 발전을 통해 인민생활의 향상을 강조했다. 7차 당 대회 개최 이후 발표된 신년사임에도 불구하고, 당 대회 결정 관철 외에는 주목할 만한 새로운 정책 제시 없이 전반적으로 예년과 유사하다. 경제발전 5개년 전략의 구체적인 목표는 제시하지 못하고, 자력자강에 의한 승리적 전진을 강조하는 등 지난해에 비해 자신감 있는 표현이 약화되었다. 이례적으로 김정은이 심부름꾼, 충복임을 강조한 것은 성과 부진에 대한 비난 회피 및 ‘인민 중시’를 김정은 시대의 브랜드로 만들어 대중

표 3-1 김정은 신년사를 통해 본 경공업 정책(2012~2017)

구분	내용	비고
2012년	- 강성국가 건설의 주공전선인 경공업 부문과 농업 부문에서 함남의 대혁신의 불길이 더욱 세차게 타오르게 하여야 함 - 방법론으로 '함남의 불길' 강조	- 김정은 집권 첫해로서 신년 공동 사설로 발표 - 김일성 생일 100주년
2013년	- 농업과 경공업을 함께 주공전선으로 언급 - 경공업 부문에서는 해당 공장들에 대하여 '원료, 자재 보장대책'을 철저히 수립하여 질 좋은 소비품들을 증산하도록 촉구	- 집권 이후 최초로 육성 신년사 발표
2014년	- 인민생활 향상에서 주요한 몫을 담당하고 있는 경공업 공장의 현대화 및 CNC화 강조 - 원료, 자재의 국산화 비중을 높여 생산을 정상화하며 모든 시, 군들에서 자기 지방의 실정에 맞게 지방공업을 발전시켜 여러 가지 질 좋은 인민소비품들을 더 많이 생산하도록 하여야 함	- 조선중앙TV를 통해 육성으로 신년사를 발표 - 농업, 건설, 과학기술을 3대 사업으로 제시함
2015년	- 올해 인민생활 향상에서 전변을 가져와야 함 - 중앙과 지방 경공업공장에서 생산 정상화로 인민들과 학생들, 어린이들에게 질 좋은 소비품, 학용품, 어린이 식료품 공급 강조	- 조국해방 70돐과 조선노동당 창건 70돐이 되는 매우 뜻 깊은 해 - 육성신년사 발표가 정례화
2016년	- 경제 강국 건설과 인민생활 향상에서 새로운 전환 촉구 - 경공업 부문 현대화와 원료·자재 보장, 품질 제고, 국산화 강조	- '우리식 경제관리 방법'의 전면적 확립을 강조
2017년	- 경공업, 농업, 수산업의 획기적 발전을 통해 인민생활 향상 - 경공업 원료·자재 국산화, 인민소비품 다종화 및 다양화, 질 제고	- 경제발전 5개년 전략 수행에 총력 집중, 자력자강으로 전민 총 돌격전 전개 강조

자료: 2012년 이후 북한의 신년사를 기초로 작성; 남성욱, 『현대 북한의 식량난과 협동농장 개혁』(한울, 2016), 404쪽의 표를 재구성.

적 기반을 구축하려는 의도로 평가된다.[14]

북한은 사회주의 계획경제 국가에서 목표 달성을 유도하기 위해 '선물정치'를 시행한다. 선물은 인민들이 평소 갖고 싶으나 구입하지 못하는 품목을 증정해 그들의 환심을 산다. 가전제품이나 의류 등이 인기 제품이다. 여성들의 경우 품질 좋은 화장품을 선호한다. 선물로 제공되는 품목 등은 평소 제작해서 쌓아 놓은 것이 아니라 기념일이나 국경일 등을 앞두고 선물 제공 방침이 결정되면 정해진 기간 내에 야간작업 등을 통해 긴급 제작한다. 김정은은 인민 중시 기조를 외형적으 로 과시하기 위해 수차례의 선물 증정 행보를 보였다. 김정은은 자신의 젊은 감각과 부인 리설주의 조언 등으로 여성용품을 선물로 증정했다. 2016년 5월 14일에는 북한이 노동당 7차대회 참가자에게 선물 보따리를 안겼고,[15] 8월 26일에는 김일성사회주의청년동맹 제9차 대회 참가자들에게 선물을 보냈다.[16] 또한 김정은은 12월 24일에 2016년 한 해의 알곡 생산량에 만족해 농업근로자동맹 참가자들에게 선물을 증정했는데 선물 품목은 판형 텔레비전, 당과류, 고급 술세트, 은하수 화장품, 고급 오리털 동복 등이었다.[17]

김정일 사망 이후 김정은이 집권한 첫 해인 2012년 3월 8일 국제부녀절 행사에 참여한 은하수 악단을 비롯한 예술인과 공로자 700~800여 명에게 선물하기 위해 '봄향기 화장품'을 생산하라고 지시했다. 북한의 화장품은 수요에 비해 공급이 부족한데 당시 일주일 내에 800세트를 만들라고 신의주화장품공장에 지시했고, 철야전투로 밤낮없이 공장을 돌려 겨우 생산량을 맞춰 선물을 나누어주는 당일 새벽에 간신히 제품이 평양역에 도착했다고 한다.[18] 이 일화를 통해 김정은이 여성용품에 관심이 많다는 사실과 동시에 북한의 내로라하는 화장품공장도 800세트의 재고가 없을 정도로 열악한 산업 현장

● 그림 3-4 미래상점에 방문한 김정은과 리설주 (자료: 연합뉴스)

의 현실을 엿볼 수 있다.

2016년 3월 28일 김정은은 북한식 백화점인 평양 보통강변 미래상점과 종합봉사기지를 방문했다고 조선중앙통신과 ≪로동신문≫이 전했다. 김정은의 이번 방문은 김일성, 김정일 선대의 사업을 자신이 잘 이어받고 있다는 점을 선전하기 위한 것으로도 풀이된다. 김정은은 지난 2012년 이 상점을 방문해 "장군님(김정일 국방위원장)의 념원(염원)대로 상점운영을 잘 하자"며 미래상점이라는 상호를 짓기도 했다. 또한 주민을 위한 시설인 미래상점 등 민생 현장을 찾은 것은 5월 초 제7차 당 대회를 앞두고 내부 결속을 다지려는 행보로 풀이된다. 김정은 위원장은 "매장들마다에 우리가 만든 화장품·일용품·전자 제품·식료품을 비롯한 갖가지 질 좋은 상품들이 꽉 차 있는데 보기만 해도 흐뭇하다"고 말했다. 그는 부인 리설주와 여동생 김여정과 함께 방문해 특히 여성들의 관심사인 화장품을 꼼꼼하게 돌아보았다. 김정은은 화장품을 직접적으로 언급하며 질 좋은 상품이라고 치켜세웠고 현지지도 중에도 환한 표정을 감추지 못했다.[19]

북한의 화장품 공장 현황

한국의 경우 대통령 선거 투표 결과에 따라 정권이 바뀌지만, 북한은 헌법에 따라 영원히 노동당이 국가와 사회를 지배한다. 조선노동당은 정책결정 기능을 총괄 관리한다. 당 대회는 노동당의 공식적인 최고 의사결정기구다. 원칙적으로 당 대회는 5년에 1회 소집하는 것이지만 1980년 6차 당 대회 이후 36년간 당 대회가 개최되지 못했다. 김정은은 집권 이후 2016년 5월에 7차 당 대회를 개최했다.

조선노동당 제1비서의 지도하에 있는 당 중앙위원회는 당 대회가 열리지 않는 기간에 최고지도기관의 역할을 하며 모든 당 사업을 주관한다. 당중앙위원회 산하에 당중앙군사위원회가 있고 정치국, 정무국, 검열위원회가 있다. 도당위원회 아래에는 평양시, 나선시, 남포시, 강원도, 양강도, 자강도, 평안남도, 평안북도, 함경남도, 함경북도, 황해남도, 황해북도의 시도위원회가 있다. 또한 각 부문별로 정책결정을 하는 조직지도부, 간부부, 경공업부, 계획재정부, 과학교육부, 국제부, 군사부, 근로단체부, 군수공업부, 농업부(추정), 당역사연구소, 문서정리실, 민방위부, 선전선동부, 신소실, 재정경리부, 총무부, 통일전선부, 39호실이 있다. 북한의 실질적인 정책 결정기관인 노동당은 총 19개의 전문 부서로 구성되었다. 이 중 화장품 생산과 관

그림 3-5 **북한의 노동당 기구**

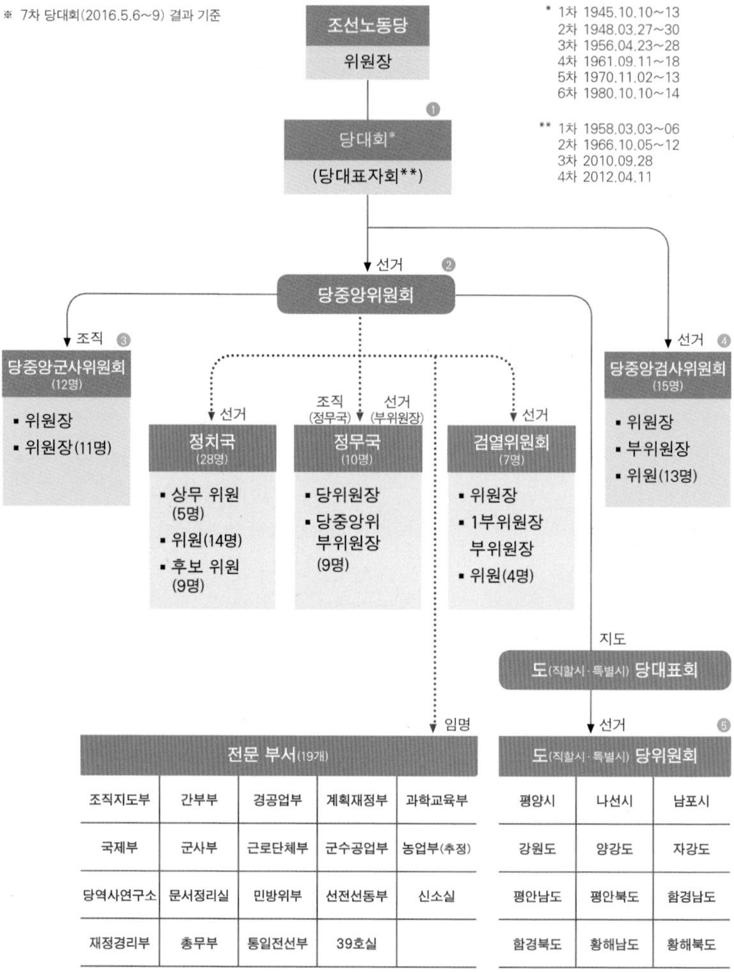

전문 부서(19개)				
조직지도부	간부부	경공업부	계획재정부	과학교육부
국제부	군사부	근로단체부	군수공업부	농업부(추정)
당역사연구소	문서정리실	민방위부	선전선동부	신소실
재정경리부	총무부	통일전선부	39호실	

도(직할시·특별시) 당위원회		
평양시	나선시	남포시
강원도	양강도	자강도
평안남도	평안북도	함경남도
함경북도	황해남도	황해북도

* 부서 변동(군사부·계획재정부)은 추가 확인 필요 * 부서 배열 순서: 조직지도부 외에는 가나다순

① 당대회·당대표자회: 당노선·정책 수립, 강령·규약 채택, 당위원장 추대, 각종 당사업 토의

② 당중앙위원회: 당의 모든 사업을 조직·지도, 당의 재정 관리 (전원회의는 1년에 1회 이상 소집)
- 정치국: 당의 모든 사업을 조직·지도
- 정무국: 당 내부사업 등을 토의·결정, 집행을 조직·지도
- 검열위원회: 당 규율·기강 감찰

③ 당중앙군사위원회: 군사 분야의 모든 사업을 당적으로 조직·지도, 당의 군사노선·정책 수립 및 국방사업 지도

④ 당중앙검사위원회: 당의 재정관리사업을 감사

⑤ 인민군·내각·인민내무군·철도성·문화성 등의 당 조직도 도(道)당급 (당대표회와 당위원회가 있으며 당중앙위원회의 지도를 받음)

자료: 통일부, 『권력기구도』(2016).

그림 3-6 북한 정권의 내각과 기관

※ 최고인민회의 제13기 4차 회의(2016.6.29) 결과 반영

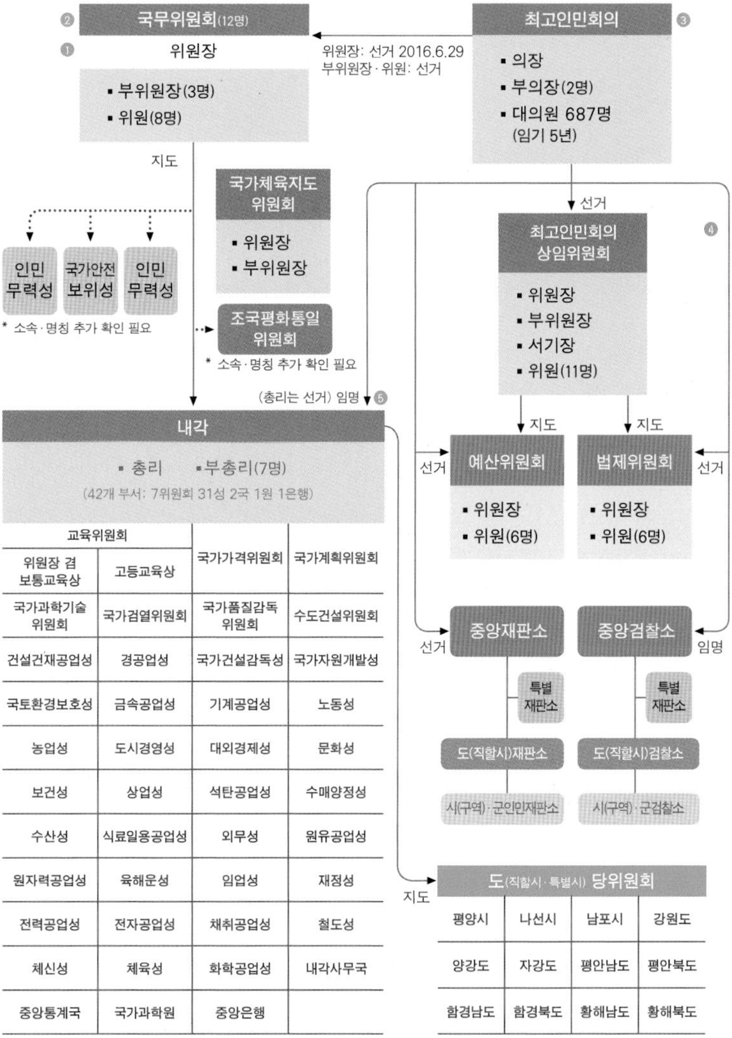

① 국무위원장: 국가전반사업 지도, 국가의 주요 간부 임명·조약 비준·폐기, 비상·전시·동원령 선포, 전시에 국가방위위원회 조직 지도
② 국무위원회: 국방건설사업을 비롯한 국가의 중요 정책 토의 결정
③ 최고인민회의: 헌법 및 부문법을 제정·수정·보충, 대내외 정책의 기본 원칙 수립
④ 최고인민회의 상임위원회: [illegible]
(최고인민회의가 휴회 중일 때는 상임위가 내각을 조직하거나 임명)
⑤ 내각: 국가정책 시행, 예산 편성 등 전 행정 업무 수행

자료: 통일부, 『권력기구도』(2016).

련한 정책기구는 경공업부이다. 북한 헌법에 명시된 내용을 시행하는 중앙 기관은 국무위원회, 최고인민회의, 내각, 사법 기관 등이다. 내각은 최고 주권의 행정적 집행기관이다.

대한민국 정부가 기획재정부, 교육부, 미래창조과학부, 외교부, 통일부, 법무부, 국방부, 행정자치부, 문화체육관광부, 농림축산식품부, 산업통상자원부, 보건복지부, 환경부, 고용노동부, 여성가족부, 국토교통부, 해양수산부 등 17부, 인사혁신처 등 5처, 조달청 등 16청으로 이루어진 것과 비교해 북한의 내각은 2016년 기준 7위원회 31성 2국 1원 1은행 총 42개 부서로 구성되어 실무적인 정책을 추진하며 최고인민회의가 우리 국회 역할을 하며 보조적인 정책 책임을 진다. 7위원회로는 교육위원회, 국가가격위원회, 국가계획위원회, 국가과학기술위원회, 국가검열위원회, 국가품질감독위원회, 수도건설위원회가 있다. 31개 성은 건설건재공업성, 경공업성, 국가건설감독성, 국가자원개발성, 국토환경보호성, 금속공업성, 기계공업성, 노동성, 농업성, 도시경영성, 대외경제성, 문화성, 보건성, 상업성, 석탄공업성, 수매양정성, 수산성, 식료일용공업성, 외무성, 원유공업성, 원자력공업성, 육해운성, 임업성, 재정성, 전력공업성, 전자공업성, 채취공업성, 철도성, 체신성, 체육성, 화학공업성이 있다. 이 중 화장품을 생산하는 경공업성은 두 번째로 위치해, 내각에서의 위상을 짐작할 수 있다. 기타 내각사무국, 중앙통계국의 2국과 국가과학원, 중앙은행으로 구성되어 있다.

내각하에 1개의 원이 있는데 바로 국가과학원이다. 북한의 과학기술은 과학원에서 담당한다. 한국에서 과학기술을 체계적으로 발전시키기 위해 정부 출연으로 1966년 한국과학기술연구원KIST을 설립한 것과 유사한 정책으로 볼 수 있다. 경공업성에서 행정을 담당하

그림 3-7 **북한의 과학원 체계도**

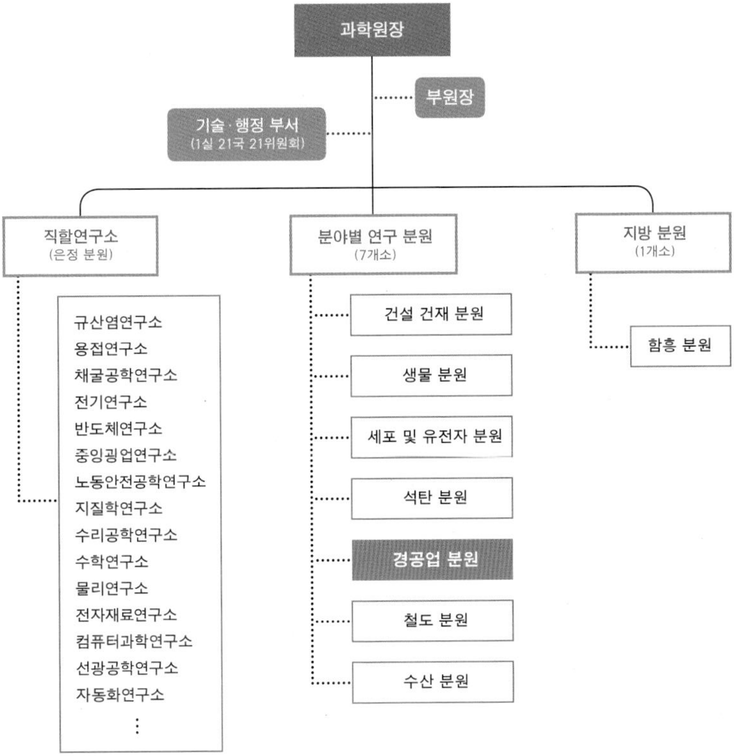

고 연구개발R&D 관련 연구는 과학원에서 담당한다. 과학원 조직도를 보면, 과학원장 지휘하에 기술 및 행정부서는 1실 21국 21위원회를 두고 있다. 직할연구소로는 전기, 반도체, 지질, 물리, 화학섬유, 정보 체계 등 28개 분야의 연구소가 있다. 건설 건재, 생물, 세포 및 유전자, 석탄, 경공업, 철도, 수산의 7개 분야별로 연구 분원을 두고 있는데 화장품 생산은 그중 경공업 분원에 속해 있다.

표 3-2 **북한 주요 화학일용품 분야 기업들의 2000년 이후 투자 동향**

구분	위치	생산품	투자 동향
단천화학 일용품	함남 단천	- 빨래비누, 비누, 색감, 실내화, 방석, 초물(강냉이 껍질)모자, 외장재	- 2006년 비누 생산공정 건설
리원화학 일용품 공장	함남 리원	- 빨래비누, 외장재	- 2006년 빨래비누 생산공정 개조, 외장재 생산 공정 건설
묘향천호 합작회사	평양 모란봉 구역	- 살결물, 보습액 - 비누(물비누, 세수비누) - 크림(세수크림, 물크림, 분크림) - 로션, 샴푸, 린스 • 북·중합작회사로 '미래' 상표 사용	- 2014년 ≪Foreign Trade of DPRK≫ 4호에 광고 등장
신의주 화장품 공장	평북 신의주	- 비누, 종이비누 - 치약(불소치약) - 크림, 물크림 화장품 - 미백영양액, 여드름방지살결물, 주름방지크림, 해빛방지크림, 알로에 살결물 및 개성고려인삼으로 제조한 미백영양물, 살결물, 물크림, 크림, 분크림, 발크림 등 생산 - 고체향, 입술연지, 샴푸, 린스 • 세수비누, 화장품은 '봄향기' 상표, 치약은 '백학' 상표 사용	- 2001년 2월 남신의주에 생산 공정을 자동화, 컴퓨터화해 새롭게 건설, 조업 - 2004년 1월 화장품 용기 직장 개건, 조업 - 2004년 생산공정 무균화 실현 - 2008년 비누 생산공정 개건 - 2009년 고려약재인 울금, 단삼, 속썩은풀, 익모초 등의 추출물을 이용해 여드름방지 살결물 출시 - 2010년 가루비누 생산공정 건설
염주화학 일용품 공장	평북 염주	- 빨래비누	- 2013년 빨래비누 자동절단 및 상표 찍기 설비 새로 제작, 기름중합 가마 제작, 설치

구분	위치	생산품	투자 동향
청진 화장품 공장	함북 청진 포항구역	- 치약, 비누, 향료	- 2001년 빨래비누 생산공정 건설
평양향료 공장	평양 락랑 구역	- 공업용 향료 - 향수(방안향수, 몸향수, 차향수) • '옥류' 상표 사용	- 2012년 9월 28일 조업식 진행, 최신식 향료생산설비 및 자동생산체계 구축
평양 화장품 공장	평양 평천구역	- 세수비누 - 치담치약, 황백치약, 어린이치약 - 살결물(개성고려인삼, 쑥, 알로에) - 머릿기름 - 몸/머리 물비누, 손소독비누 - 분크림(파운데이션) - 입술연지(립스틱) - 각종 크림(흰장미분크림, 머리칼염색크림, 분무식개성고려인삼물크림, 분무식유액분크림, 자외선방지크림, 쑥크림, 알로에크림, 주름방지크림) • 세수비누는 '은하수' 상표 사용 치담: 잇몸이 붓고 피가 나는 증상 황백: 항균, 소염 작용을 하는 한약재	- 2000~2002년 초까지 공정 현대화 및 생산능력 화장 공사 진행(치약직장에 집중된 공사로 추정) - 2002년 9월 13일 치약직장 조업식 거행 - 2003년 11월 세수비누 이송 컨베이어 벨트 제작 도입 - 2004년 손소독비누와 머리물비누 생산 개시 - 2010년 화장품직장의 크림 생산 공정의 CNC화를 위한 공사 진행 착수
함흥 향료공장	함남 함흥	- 화장품방부제 '브로노폴'	- 2003년 화장품방부제 '브로노폴' 자체 개발, 제품 생산에 도입

주: 심완섭·이석기·이승엽, 『북한의 화학산업 역량 재평가와 남북경협에 대한 시사점: 2000년 이후 시설 투자 및 성과를 중심으로』(서울: 산업연구원, 2015), 107~108쪽을 중심으로 추가 보완 작성.

북한의 화장품, 비누, 치약, 기타 화학일용품 분야 기업은 2000년 이후 46개 업체로 파악되었다. 이 중 투자 및 생산 동향이 확인된 기업체 수는 29개사이며 투자 동향만으로 분류할 경우 20여 개로 신의주화장품공장, 평양화장품공장 등 화장품 업체에 대한 투자가 두드러진다. 제약공장과 유사하게 2000년 이후 합작회사 1개(묘향천호합작회사)와 자체 신규 공장 1개소(평양향료공장)가 확인된 것은 주목할 만하다. 이는 주민들의 화장품의 수요 증대를 방증하는 것으로 공장을 신규로 확충한 것으로 추정된다. 화장품류와 비누류의 수입도 큰 폭으로 증가했다. 화장품류의 2014년 수입 규모는 2009년 대비 10배가 넘는 약 980만 달러를 기록했으며, 비누류 등은 2002년부터 꾸준히 증가해 동년 대비 20배가 넘는 2050만 달러를 기록했다. 기존 북한 기업들이 주민들의 화장품에 대한 전반적인 수요를 충당하지 못하고 있다. 일부는 중국에서 화장품 성분을 원료 형태로 수입해 가공하여 생산을 증대하고 있는 것을 시사한다.[20]

북한에서 화장품을 연구하는 대표적인 기관은 1954년 7월 13일 창립한 '경공업화학 분원'에 속해 있는 '향료 및 화장품공학연구소'이다. 2010년 12월에 위촉된 이성만이 현재 소장을 맡고 있으며, 조직은 향료연구실, 분석실험실, 미상실로 구성되어 있다. 한편 2009년 7월 정부 직제 개편으로 신설된 평양시 동대원구역에 위치한 '식료일용공업성' 산하에 여러 공장이 속해 있다. 그중에는 화장품을 생산하는 평양화장품공장과 신의주화장품공장이 소속되어 있다.

신의주 화장품공장 신의주화장품공장은 1949년 9월 23일 창설된 북한 최대의 화장품 생산 공장으로 평안북도 신의주시에 위치하고 있다. 1956년부터 튜브 치약, 1959년부터는 화장비누를 생산하고 있으며 1995년까지 화장크림을 생산했다. 현재 주로 생산하는 품목은 화장비누, 치약, 화장크림, 머릿기름, 향수 등이다. 1999년 6월 8일 김정일 현지지도 시에 남신의주로 이전을 지시해 11월 7일 이전 공사에 착공했다. 연건평 2만 4000여m²의 부지에 비누직장, 치약직장, 화장품직장, 보조직장, 공업시험실, 기술준비실을 비롯해 수십 동의 건물로 구성되어 있다. 1999년 9월 23일에는 창립 50돐 기념보고회, 2009년 9월 23일에는 창립 60돐 기념보고회를 진행했다. 평양화장품공장이 선대 김일성과 김정일의 작품이라면

● 그림 3-8 신의주화장품공장 내부 (자료: 연합뉴스)

신의주화장품공장은 김정은의 관심 공장으로, 최첨단 설비를 갖췄다. 이 공장에선 '봄향기'라는 브랜드가 생산되고 있으며 향수와 립스틱, 동안 피부용 종합 화장품, 온갖 종류의 크림 등이 생산된다. 공장 측은 생산되는 크림과 미용비누에 인근 약수가 사용되기 때문에 품질이 특히 좋다고 강조했다. 신의주를 방문하는 중국 관광객들도 한 세트 가격이 1000위안(약 19만 원)이나 하는 북한 화장품을 기꺼이 구매하고 있는 것으로 알려졌다.

평양 화장품공장

북한의 2대 화장품 공장 중 하나인 평양화장품공장은 '은하수' 상표가 붙은 각종 화장품을 생산하는 등 신의주화장품공장과 함께 북한의 대표적인 화장품공장이다. 비누와 샴푸 그리고 살결물과 물크림을 비롯한 60여 가지의 기능성 화장품을 생산하고 있다. 2003년 8월 김정일이 현지지도를 했고 2015년 2월 5일에는 김정은이 대를 이어 현지지도 했다고 ≪로동신문≫이 보도했다. ≪로동신문≫이 지도자의 특정 공장 현지지도를 보도하는 것은 상당한 의미를 갖는다. 보도는 신의주와 평양화장품공장은 북한의 최고지도자가 직접 관리하는 공장이라는 사실을 상징한다. ≪로동신문≫이 아버지 김정일의 단순 현지지도 보도와 달리 화장품 생산에 대한 김정은의 구체적인 지시 사항을 전달하는 행태는 화장품 생산에 대한 김정은의 관심이 매우 특별하다는 점을 반영한다. 특히 김정은이 사람마다 화장품에 대한 기호와 욕구가 다르다는 것을 지적한 것은 화장품 산업의 특성을 정확히 이해하고 있다는 것을 의미한다. 사실 여성의 피부는 거주하는 지역의 기후와 생활환경 그리고 식성 등에 따라 천차만별이다. 여성들은 자신의 피부에 맞는 화장품과 사용법을 발견하기 위해 다양한 노력을 한다.

현지지도의 특징적인 교시 중 하나는 저자극적이며 기능적인 화장품을 생산하라는 내용이다. 단순히 피부를 보호하기 위해 화장품을 생산하는 수준을 넘어서 자극적이지 않으면서 특정 기능을 효과적으로 수행하는 기능성 화장품을 생산하는 목표는 세계적인 화장품 생산의 추세다. 북한 화장품도 수준 높은 기능을 수행하는 단계로 업그레이드해야 한다는 방침을 제시했다. 특히 '은하수' 화장품의 인기가 괜찮다고 만족하지 말고 세계적으로 이름날 제품들과 당당히 경쟁할 수 있는 화장품을 생산할 것을 주문했다. 세계적인 상품들과 경쟁할 수 있는 상품을 요구하는 것은 북한산 화장품의 수준이 여전히 미흡하다는 점을 암시한다.

북한 당국은 인기 품목인 '은하수' 화장품을 자체 개발했으며 인삼이나 알로에, 쑥 등의 천연 재료를 이용해 북한 주민의 피부에 좋은 제품을 제공한다고 홍보한다. 자연 성분을 이용해 기능성 화장품을 만들기 때문에 중독이나 부작용이 없다는 것이 특장점이라고 선전하지만 세계적인 수준과는 여전히 차이가 있다. 북한도 이제 중국산, 한국산, 일본산 등 외제 화장품과 경쟁하는 시대를 맞고 있다. 고위층은 장마당 등을 통해 북한산보다는 한국산 설화수 등을 구매한다. 김정은도 이를 의식한 듯 인민들이 다른 나라의 것이 아니라 은하수 상표의 북한산을 찾도록 유도하고 세계시장에서도 소문이 나야 한다고 강조한 사실은 상품의 품질이 상당히 개선되었다는 측면과 동시에 북한산 화장품이 아직도 갈 길이 멀다는 점을 암시한다.

경애하는 김정은 동지께서는 화장품에 대한 수요는 날로 높아가고 있다고 하시면서 공장에서 우리 녀성들을 비롯한 근로자들의 생활을 보다 아름답고 고상하면서도 문명하게 할뿐 아니라 그들의 건강을 증진시키는데 이바지하는 화장품들을 더 많이 생산하기 위한 투쟁을 힘 있게 벌려야 한다고 말씀하시였다.

사람마다 화장품에 대한 기호와 요구가 서로 다른 것만큼 크림, 향수, 살결물, 연지, 머릿기름, 화장비누 등을 여러 가지 기능과 효과를 나타낼 수 있게 잘 만들며 천연적이고 저자극적이며 기능적인 화장품들을 개발 생산하기 위한 사업을 힘 있게 내밀어야 한다고 지시하시였다. 공장에서 생산하고 있는 ≪은하수≫ 화장품에 대한 인기가 괜찮은데 여기에 만족하지 말고 세계적으로 이름난 제품들과 당당히 경쟁할 수 있는 화장품을 생산하는데 모를 박고 투쟁하여야 한다고 하시였다. 화장품의 질을 부단히 높여 우리 인민들이 다른 나라의 것이 아니라 ≪은하수≫ 상표를 단 우리의 화장품을 먼저 찾게 하고 나아가서는 ≪은하수≫ 화장품이 세계시장에서도 소문이 나게 하여야 한다고 말씀하시였다. [21]

김정은은 평양화장품공장 현지지도에서는 앞으로 생산과 제품의 품질 제고에서 일대 혁신을 일으키기 위해 "△생산공정 현대화를 보다 높은 수준에서 실현하기 위한 사업, △화장품의 품질을 담보하고 그 관리를 원만히 할 수 있게 하는데서 필수적으로 요구되는 분석 및 검측설비들을 충분히 갖추기 위한 사업, △새로 꾸린 과학기술지식 보급실 운영을 잘하여 공장종업원들의 기술기능수준을 부단히 높이는 사업, △새 세기의 요구에 맞게 포장용기와 상표도안을 개선하기 위한 사업을 힘 있게 벌려갈 것"을 지적했다. 또한 화장품 생산에서

앞선 나라들과의 기술 교류를 활발히 진행하여 새 제품 개발에도 주력할 계획이라고 한다. 북한은 평양화장품공장에서 생산하는 수십 가지의 기능성 화장품은 피부 보호와 노화 방지에 효과적이어서 여성들에게 인기를 끌고 있는데, 특히 알로에, 쑥, 인삼을 비롯한 천연 추출물을 배합해 만든 살결물, 크림은 외국산 화장품에 비해 효과가 우수하고 중독 및 부작용 현상이 없다고 선전한다.

김정은은 평양화장품공장을 시찰하고 북한 화장품이 더 경쟁력을 갖춰야 한다고 당부했다. 직접적으로 외제 화장품의 장점을 지적하면서 북한산 화장품의 문제점을 구체적으로 언급하기까지 했다. 김정은은 "외국 마스카라는 물에 들어가도 유지되는데 북한산은 하품만 해도 너구리눈이 된다"라고 하며, 북한산의 우수성을 맹목적으로 칭찬하기보다는 워터프루프(방수) 기능과 번지지 않고 유지력을 갖춘 외제 마스카라를 참고하라고 일침을 가했다. 이어서 랑콤, 샤넬, 시세이도 등의 외국산 화장품 브랜드를 언급하면서 북한 화장품 또한 세

● 그림 3-9
알로에 살결물 화장품
(자료: ≪조선신보≫)

● 그림 3-10 평양화장품공장을 현지지도하는 김정은 (자료: 연합뉴스)

계시장에서 겨룰 수 있도록 개발해야 한다고 지적했다.[22] 과거 사회주의 체제의 무결점만을 내세웠던 선대 지도자들과는 달리 북한 제품의 문제점을 공개적이고 구체적으로 언급한 것이다. 김정은의 발언은 이례적인 행보이며 동시에 김정은이 어린 나이로 인해 겪을 수 있는 지도력의 공백을 보완하기 위한 전략적인 행동의 의미도 포함하고 있다. 북한은 경제관리 방식을 바꾸어 기업이 이윤을 남길 경우 임금 인상에 활용할 수 있도록 인센티브제를 도입했다. 북한산 마스카라의 문제점을 개선하면 임금을 인상하겠다고 선언했다. 제품의 생산과 판매에 인센티브 제도를 도입해 우수한 품질의 제품 생산을 촉진시키고 브랜드 경쟁을 촉발할 수 있도록 자본주의 방식으로 바꾸었다는 것은 북한 경제관리 방식의 큰 변화를 의미한다.

김정은은 아버지 김정일이 2003년 8월에 방문한 평양화장품공장을 2015년 2월에 방문했다. 아버지의 업적을 구체적으로 회고하고 3대 세습의 당위성을 인민들에게 각인시키기 위해 유관 시설을 방문했다. 그는 김정일의 동선을 지속적으로 답습해 관련 기관과 시설을 방문하고 있는데 평양화장품공장 현지지도도 그 일환으로 보인다. 김정은은 2014년 말부터 경공업 공장도 빈번하게 방문하고 있는데, 이는 광물의 수출 단가가 하락함에 따라 경공업 부문 활성화로 대안을 모색하기 위한 정책으로 판단된다. 김정은은 공장 현대화 및 화장품공업 발전을 강조하는 등 경공업 발전에 관심을 갖는 행보를 지속하고 있다. 특히 "사람마다 화장품에 대한 요구와 기호가 다르며, 이에 대한 수요는 날로 늘어간다"고 언급해 '은하수' 상표 화장품의 세계화와 제품의 다양화 등으로 북한 주민의 '삶의 질' 향상을 위한 '생산 제품의 질' 개선을 요구했다.

김정은은 여성 화장품의 수요가 증가하고 있는 현실을 전 세계 언론이나 광고, 내부 보고를 통해 파악했던 것으로 추정된다. 김정은은 선대와 달리 젊은 지도자이며 유럽 생활 경험이 있기에 화장품을 다양하게 접해봤으며, 배우자인 리설주와도 화장품에 관한 많은 이야기를 나누었을 것이다. 그는 여성이 화장품에 관심을 가지는 것을 자연스러운 현상으로 보고 선대보다 화장품에 대한 세부적인 지식도 풍부한 것 같다. 김정은은 사용자의 기호에 따라 화장품에 대한 선호가 다르다는 사실을 파악하고 국가 정책을 통해 맞춤형 생산을 지시했다. 북한의 이런 모습은 '인민 경제'를 강조하는 김 제1위원장의 지시가 성과를 내고 있음을 부각시키고 2016년 5월 노동당 제7차 대회를 앞두고 체제 결속을 다지기 위해서였던 것으로 풀이된다.[23]

김정은은 북한 주민이 외부와의 접촉이 많아지면서 북한산보다 외국산 화장품을 많이 쓴다는 것을 파악했다. 평소 정책적으로 국산화를 꾸준히 강조했던 김정은은 자국산 제품의 품질을 높여 북한 주민이 국산품을 애용하는 동시에 세계화를 통해 여러 다른 국가의 국민들도 북한산 화장품을 사용하기를 바랐는지도 모른다. 그는 북한 주민들의 선망의 대상인 일본의 시세이도나 한국의 설화수 같은 제품을 만들어, '북한판 시세이도', '북한판 설화수'로 외화벌이도 하고 북한 브랜드 가치를 높일 수 있기를 기대했다.

기타 화장품공장

북한의 2대 핵심 공장인 평양화장품공장과 신의주화장품공장 외에 북한에서 화장품을 생산하는 공장은 '강서화장품공장', '청진화장품공장', 함경북도 회령시 유선동에 위치한 '유선화장품공장', 평양시 소재 인삼 화장품 생산 전문 '장미무역회사'가 있다. 또한 함경남도 함흥시 성천강구역 광화동에 위치한 '함흥일용품종합공장'에서는 450여 명이 근무하고 있다. 북한 전역에 공급하고 외국에 수출하기 위한 목적으로 일용품, 화장품, 잡화를 생산한다. 평양시에 위치한 '12월7일공장'에서는 1회용 면도기와 화장품 등을 생산하며 김정일이 2009년 10월과 2010년 12월, 두 차례 현지지도를 했다. 평안북도 삭주군 강안노동자구에 있는 '강안제29호공장'에서는 200여 명이 군수용 각종 배터리 및 전구류를 생산하고 있으며, 이 중 화학제품 생산 라인인 '15호직장'에서는 화학약품을 이용해 화장품, 비누, 간장을 생산하고 있다.

당중앙위원회 3처에 소속된 '9월21일제련소'는 1981년에 착공해 1983년에 완공되었다. 강원도 문천시 문평동에 위치하고 있으며 약 8000여 명이 근무하는 대형 공장이다. 북한 내부에서는 '당외

화벌이 사업소'로 불리는 이 공장은 광석을 이용해 연과 아연을 제련하여 생산·수출하며 노동당 자금을 충당한다. 제련소 정문에는 "9월 21일 제련소 나의 공장입니다"라는 김정일의 언동이 표기되어 있다. 화장품, 비누와 생활 일용품 약 60종을 생산하고 있고, 원료 및 자금 조달 등 경제적 여건이 양호해 고난의 행군 시기에도 정상적인 식량 공급이 이루어진 곳이다. 그 외 개성시 승전동의 '인민군제1102호공장', 함경남도 함흥시 흥남구역 소재 '흥남비료연합기업소'에서도 화장품을 생산한다.

함경북도 연사군 소재 '연사화학공장'과 함경북도 온성군 소재 '온성일용품공장', 함경북도 청진시 소재 '청진연필공장'에서도 비누와 화장품을 생산한다. 함경북도 청진시 송평구역 수성동 소재 '수성식료공장'에서는 콩을 원료로 기름을 짜고 남은 찌꺼기로 된장, 간장, 비누, 화장품을 생산한다. 또한 함경남도 함흥시 흥남구역 서호동 소재 '서호수산사업소'에서는 주로 생선을 냉동 및 가공하고 '생활필수품직장'에서는 가공하고 남은 생선 머리와 내장을 활용해 화장품, 비누, 간유를 생산한다. 비누공장으로는 '평양비누공장', '봉화비누공장', '강서비누공장'이 있다.

함경남도 이원군의 이원광산에서는 화장품 원료를 채굴한다. 일제강점기부터 노천광에서 적철을 채취해 수출했으나, 1960년대부터는 화장품의 원료가 되는 활석을 채굴해 해외에 수출하고 잔여량은 북한 내부에 공급한다. 1997년부터 전기 공급 부족으로 더 이상의 지하 굴설은 하지 못하고 기존 갱도에서 작업해 현재는 연간 3600톤 정도를 채굴한다. 양강도 백암군 남계구의 남계광산은 화장품 원료이자 건축 미장 재료와 수공예품으로 활용 가능한 곱돌(활석)을 채광한다. 주로 일본에 수출하며, 일본과의 오랜 무역을 통해 국가 자금 확보에 기여하는 공로를 인정받아 국가에서 관심을 가지고 관리하는 광산이다. 화장품 용기를 제작하는 공장도 다섯 곳이 있다. 함경북도 경성군의 경성도자기연합기업소 내 '경성도자기공장'에서는 장식품과 화장품 용기를 제작하며 2008년 5월 김정일이 현지지도를 했다. 자강도 희천시의 '희천경질유리그릇공장'과 함경북도 청진시 포항구역의 '청진유리공장'에서도 식기류와 화장품 용기를 생산한다. 평양시 보통강구역의 '평양유리병공장'에서는 중국 수출용 화장품에 사용되는 용기를 생산한다.

북한의 화장품 소개

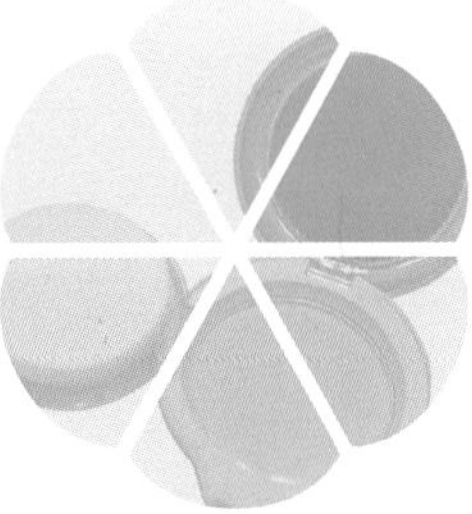

북한의 일반적인 화장품 종류는 80가지 내외다. 국내 언론으로는 ≪한겨레신문≫이 최초로 1989년 2월 15일 북한 백화점에서 구입한 화장품을 소개했다. 스킨, 크림, 콤팩트, 파운데이션, 립스틱, 볼터치, 머릿기름 등으로 북한에서는 흔하지 않은 남성용 화장품도 포함되어 있다. 30여 년이 지난 현재 북한 화장품은 당시와 비교해 품질은 물론이고 포장 용기도 훨씬 세련되어졌으나 세트 구성 품목은 그때와 크게 다르지 않다. 다만 개별 품목은 대폭 증가해서 기초 화장품은 물론 색조 화장품에 이어 마스크 팩까지 생산한다. 북한에서는 순우리말을 사용하기 때문에 화장품을 일컫는 용어도 한국과 조금씩 다르다.

북한 화장품의 4대 브랜드는 평양화장품공장에서 생산하는 '은하수', 봄향기합작회사에서 생산하는 '봄향기', '금강산', 묘향천호합작회사에서 생산하는 '미래' 등이다. 이 중 북한 주민 사이에서 '은하수' 화장품과 '봄향기' 화장품이 인기 있다. '은하수' 화장품은 낮용 크림, 밤용 크림, 천연살결물, 물크림이 있고, 한국의 클렌징 폼격인 세척크림도 나온다. 2017년 들어 '은하수' 화장품의 다양화 방침으로 북한 평양화장품공장에서 '자외선 피부보호 화장품'을 출시했다고 재일본조선인총연합회 기관지 ≪조선신보≫가 보도했다.[24] "살

표 3-3 남북한의 화장품 용어 차이

한국	북한
스킨	살결물
로션	물크림
나이트크림	밤크림, 나이트크림
영양크림	기름크림
파운데이션	분크림, 피아스, 삐아스
비비크림	삐야
루스파우더	가루분
파우더 팩트	돌분
트윈케이크	고체분
아이브로우	눈썹먹
아이라이너	아이라, 눈썹연필
뷰러	눈썹집게
아이섀도	눈등분, 눈화장
볼터치	볼분, 볼연지
립스틱	입술연지, 구홍
립글로스	입술화장품, 구찌베니
색조 화장	색화장
샴푸	머리물비누
헤어오일	머릿기름

결물과 물크림, 크림, 기름크림, 분크림, 겔(젤) 등으로 다양하며 계절과 기후 특성, 피부의 성질에 맞게 이용할 수 있다"면서 "사무, 외출, 등산, 해수욕 등 여러 가지 환경을 고려해 만들어진 화장품은 이용자들이 쓰기에 편리하게 구분되어 있다"고 소개했다. ≪조선신보≫는 "5살부터 12살까지의 어린이들을 대상으로 만든 자외선방지 겔도 있다. 공장 관계자는 '자외선 피부보호 화장품을 비롯한 기능성화장품을 많이 연구개발하고 제품화할 데 대한 방침은 김정은 원수님께서 내놓으신 것'이라고 한다"고 덧붙였다.

북한 매체들은 평양화장품공장에서 생산되는 은하수 화장품을 대대적으로 선전한다. 북한의 대외용 매체인 ≪조선의 오늘≫은 2016년 1월 28일 "은하수 화장품을 세계적인 화장품으로"라는 제목의 글에서 "평양

● 그림 3-11 평양화장품공장 연구원들 (자료: ≪영광의 50년≫)

화장품공장 일꾼들과 노동자들이 은하수 화장품을 세계적인 화장품으로 만들기 위한 투쟁을 힘있게 벌리고 있다"고 소개했다. 특히 "지난해에 자체의 기술역량으로 80여 가지의 화장품을 사람들의 기호와 특성, 취미, 사용용도 및 방법에 따라 분류하고 제품규격을 과학적으로 설정해 질을 높일 수 있는 전망을 열었다"고 소개했다.

내수용 화장품 '봄향기'는 북한 여성들과 북한을 방문한 외국인들에게 가장 인기 있는 화장품이다. '봄향기'라는 상표명은 김정일 위원장이 직접 작명했다. 신의주화장품공장을 시찰할 당시 생산 완료된 화장품을 신혼부부들에게 우선 공급하고 상표 이름을 '봄향기'로 붙이도록 지시했다. '봄향기 화장품'은 개성고려인삼크림이 대표적이다. 최근에는 '봄향기' 상표의 화장품 가짓수가 늘어나서 그 선택의 폭

● 그림 3-12 평양백화점에서 화장품 구매에 열중인 여성들 (자료: 연합뉴스)

이 넓어졌다. 세계적으로 유명한 고려인삼의 추출물을 주원료로 하고 수십 가지의 한방 약재를 배합해 만든 '봄향기'는 종전에 개성인삼살결물, 개성인삼물크림 등 10여 개 품종에 그쳤으나 2012년부터 여러 가지 기능성 화장품을 출시했다. 미백 기능성 화장품으로는 '미백 살결물'과 '미백 물크림' '미백 영양액'이, 자외선 차단제로는 '햇볕 방지 크림'이 새로 나온 상품이다. '봄향기'는 국제발명전시회에 두 번이나 입상하고 세계 20여 개국에 수출하고 있는 명실상부한 북한의 효자 수출품이다. 일반적으로 북한의 화장품 산업은 기초 화장품이나 메이크업 제품 중심이며 색조 화장품의 생산과 유통은 제한되어 있다.

'봄향기'가 내수용 화장품이라면 '너와나'는 수출용 브랜드 화장품이다. '너와나'는 북한에서 생산되는 갖가지 약재 성분을 추출해

● 그림 3-13 개성고려인삼 화장품 세트

만든 고기능성 화장품으로 우수한 노화 방지 효과 덕분에 빠른 속도로 성장했으나 김정은 시대 들어 대부분 '봄향기' 브랜드로 대체되었다. 북한의 화장품은 화학 재료보다는 천연 재료를 많이 이용한다. 세계 4대 치료용 유황 갯벌인 평안남도 온천군 광량만의 자연퇴적 유황 갯벌을 원료로 한 '광량'이라는 화장품도 대표적인 제품이다. 광량만의 유황 갯벌은 피부 미용에 탁월한 효과가 있고 각종 트러블을 잡아주어 탈모 방지 샴푸, 비누, 팩 등의 다양한 제품으로 생산되고 있어 남녀노소가 널리 애용한다.

'금강산' 화장품은 종류가 다양해 살결물, 물크림, 크림, 미백영양물, 밤크림, 자외선방지크림, 수세미 오이 살결물이 있고 세면크림도 판매된다. 또한 금강산의 개성고려인삼 라인으로 일반 살결물,

생인삼살결물, 크림이 있다. '미래' 화장품은 개성고려인삼 치약이 있으며, '옥류' 브랜드의 인삼비누도 생산된다. 낱개 화장품뿐 아니라 세트 상품도 있다. 세트 상품의 기본 구성은 살결물, 물크림, 밤크림, 분크림이다. 고급 세트에는 살결물이 보습성과 수렴성 두 가지로 들어 있고 미백영양물, 물크림, 크림, 밤크림, 분크림 등 일곱 가지로 구성된 개성고려인삼 화장품 세트도 있다. 개성고려인삼 라인의 화장품 세트는 북한 여성들이 결혼 혼수로 가장 선호하는 제품이다. 평양에서는 인민반장에게 결혼한다고 하면 국가에 보고해 화장품 쿠폰 격의 구매표를 발급받아 준다. 상점에서 구매표를 제시할 경우 봄향기 화장품 세트를 받을 수 있다. 황금색 포장 용기와 외관이 한국산 화장품을 벤치마킹해 세련되고 고급스러운 이미지를 자랑한다.[25]

최근 평양 시내에 위치한 화장품 판매점에 피부 측정기가 등장해서 화제를 모으고 있다. 남한의 화장품 전문 매장이나 피부과에서 종종 볼 수 있는 이 피부 측정기는 소비자들이 피부 검사를 통해 본인에게 알맞은 화장품을 살 수 있도록 해주는 기계다. 조총련 기관지인 ≪조선신보≫는 "북한의 대표적인 화장품 제조회사인 '봄향기합작회사'에서 소비자들이 피부 측정기를 통해 알맞은 화장품을 선택하도록 하고 있다"면서, "이 봉사를 시작한 뒤 판매점을 찾는 주민들의 수가 늘어나고 있다"고 보도했다. '고객 관리' 차원에서 피부 측정기가 등장할 정도로 화장품 산업에 주력하고 있는 북한의 화장품에 대한 관심은 정권 수립 당시로 거슬러 올라간다. 북한 여성들은 "옥수수 죽을 먹더라도 화장품은 고급을 써야한다"는 말을 할 정도로 화장품에 대한 관심이 남한 여성들만큼 높다. 기능성 화장품을 선호하는 것 역시 남한과 비슷하다. 최근에는 평양화장품공장에서 다양한 기능성 화장품을 새로 개발해 출시했다.

조선중앙통신은 "평양화장품공장에서 머리칼에 광택과 매끈한 감을 주는 염색크림, 피부오염을 방지하고 자외선으로부터 피부를 보호해주는 세척크림, 노화를 막고 면역 활성에 좋은 쑥머리물비누 등 여러 가지 기능성 화장품을 새로 개발했다"고 소개했다. 미백뿐만 아니라 주름 개선 화장품도 있다. 평양화장품공장에서 만들어진 '은하수'는 기존 화장품에 포함되는 성분 외에 비타민E, 인삼, 당귀 성분을 함유해 피부 노화를 막고 세포의 영양 상태를 유지하는 데에 효과가 있다. '은하수'에는 개성고려인삼크림, 개성고려인삼물크림, 개성고려인삼살결물, 자외선방지크림, 유액분크림이 있으며 여느 기초 화장품과 달리 피부의 보습 기능을 높이고 자외선으로부터 피부를 보호하는 효과가 있다. 북한의 화장품 산업은 인공 및 합성원료 대신 천연원료를 많이 이용해 고급 기능성 화장품 개발에 주력하고 있다. 사실 이들 화장품은 공급이 수요를 따라가지 못할 정도로 생산량이 턱없이 부족하고 값도 비싸서 광범위하게 보급되지 못하는 실정이다.

북한의 화장품 유통은 백화점을 비롯한 국영상점과 장마당을 통한 시장 거래라는 두 가지 차원에서 이뤄진다. 북한의 공식 상점은 국영상점으로 주로 중산층 이상의 주민들이 상품을 구매한다. 1990년대 경제난이 심각해진 이후 일반 주민들은 대부분 장마당에서 생필품을 구매한다. 장마당에는 구역마다 화장품, 신발, 옷 등 종류별로 코너가 있고 호객 행위도 한다. 과거에는 북한 화폐를 주로 사용했지만 2009년 11월 30일 화폐개혁 이후 북한 화폐의 가치가 떨어져 중국 위안화나 미국 달러로 거래하는 것을 선호한다. 큰 장마당 입구에는 환전을 하는 돈주들이 여러 명 있어 수신호로 환율을 제시하고, 고객은 좋은 환율을 제시하는 사람을 따라가서 화폐를 교환한다. 환전하는 것을 북한에서는 돈을 '까서 쓴다'고 표현한다.[26] 화장품 코너에

가면 매대 위에 북한 화장품이 진열되어 있다. 평양화장품공장이나 신의주화장품공장에서 만든 제품을 선호하지만 가격도 비싸고 공급 부족으로, 일반 서민들은 지방에서 만든 화장품이나 브랜드가 없는 화장품을 주로 구매한다. 매대 아래에는 수입산 화장품과 한국 화장품도 있다. 단속에 걸릴 수 있어 감시가 느슨한 틈을 타서 재빠르게 상품을 살펴보고 구매해야 한다.

주

1 김일성, 「모든 것을 전후인민경제복구발전을 위하여」, 조선로동당 중앙위원회 제6차 전원회의에서 한 보고(1953).

2 정경모·최달곤 책임편집, 「제10편 산업·건설·상업」, 『북한법령집』, 제3권(서울: 대륙연구소, 1990), 191~200쪽.

생활필수품 증산대책에 관하여

(1957.9.23. 내각결정 제90호)

……

경공업부문 기업소들에서는 날로 발전 변동되는 인민생활형편과 증대되는 생활상 요구를 철저히 인식하지 못한 데로부터 생활필수품의 생산 확대를 굼뜨게 조직 진행하며 온갖 가능성을 옳게 리용하지 못한 결과 일부 제품들을 아직 량적으로 그 수요를 충족시키지 못하고 있을 뿐만 아니라 품종이 다양하지 못하며 그 품질도 낮은 형편에 처하고 있다.

조선민주주의인민공화국 내각은 생활필수품증산대책연구위원회의 보고를 청취토의하고 생활필수품의 생산을 더욱 확대하며 그의 품질을 제고함으로써 상품류통을 원활히 보장하며, 인민의 물질문화생활 수준을 일층 제고할 목적으로 다음과 같이 결정한다.

1. …… 제1차 5개년계획기간에 생활필수품을 다종다양하게 생산 확대할 데 대한 계획을 수립하되 별표(생략)에 근거하여 인민들이 요구하는 생활필수품을 우선적으로 생산하도록 할 것이며, 1961년에는 그 품종을 2종만(규격, 색깔, 모양별 포함) 이상에 달하게 할 것이다.

2. 생활필수품의 생산확대에 소요되는 일체 원자재들을 기본적으로 국내생산 원료·자재로써 충당하며, 온갖 내부예비를 동원하여 생산을 보장하도록 하기 위하야

   (1) 섬유제품 생산에 있어서

   (2) 신발제품 생산에 있어서

   (3) 피복 및 모자류 생산에 있어서

   (4) 가정용품 생산에 있어서

(5) 문화상품 생산에 있어서

(6) 화장품 및 잡화류 생산에 있어서

ㄱ. 경공업상은 화장품의 수요를 충족시킬 수 있도록 그 품종과 수량을 증가하며, 품질을 제고시킬 것이며 경공업상, 화학공업상, 조선생산협동조합중앙련맹위원회 위원장은 향료 원천을 계속 탐구하며 백산차 박하 등의 천연 향료를 생산할 것이며, 합성향료도 생산할 데 대한 대책을 강구할 것

ㄴ. 화장비누에 대한 수요를 보장하기 위하여 국가계획위원회 위원장과 대내외 상업상은 당분간 경화유를 수입할 데 대한 대책을 강구할 것이며 앞으로 경화유 생산을 국내에서 그 수요를 충족시키도록 할 것

……

내각 수상 김일성

3 1992년 4월 15일 김일성의 80회 생일을 기념해 발간되기 시작했다. 북한 당국은 이 회고록에 대해 '혁명위업의 앞길을 환히 밝혀주는 투쟁과 삶의 교과서'라고 강조하면서 다양한 방법으로 주민들에게 보급·교육하고 있다. 김일성에 대한 해외선전 차원에서 이 책을 영어·중국어·프랑스어·스페인어·일본어 등 5개 국어로 번역·출판해 보급하고 있다. 현재 '항일혁명 편'이라는 부제가 붙은 제1~6권과 '계승본' 제7~8권까지 출간되었다. 항일혁명 편 제6권과 계승본은 김일성 사후에 발행되었다. 항일혁명 편은 1912년부터 1937년 5월까지 김일성의 출생·성장·항일운동 활동 등을 기술하고 있다. 계승본은 1937년 11월부터 해방 후인 1945년 10월까지의 활동을 담고 있다.

4 김일성, 「제8장 반일의 기치높이(1934.2~1934.10)」, 5절 마촌작전, 『김일성 저작집』, 47권(1933.2~1935.2)」(평양: 조선로동당출판사, 1977).

5 같은 글.

6 같은 글.

7 Janos Kornai, *The Socialist system* (New Jersey: Princeton University Press, 1992).

8 김정일, 「인민생활을 더욱 높일 데 대하여」(조선로동당 중앙위원회 책임일군협의회, 1984).

9 김정일, 「경공업혁명을 철저히 수행할 데 대하여」(전국경공업대회 참가자들에게 보낸 서한, 1990).

> 우리 당이 경공업혁명방침을 내놓은 것은 우리나라의 경제적 잠재력과 이미 마련된 경공업토대에 의거하여 혁명적인 방법으로 인민소비품생산을 획기적으로 늘여 인민들의 물질문화적 수요를 원만히 충족시키자는 데 목적이 있습니다.
> 우리 당이 내놓은 경공업혁명은 현대적기술에 기초하여 경공업생산토대를 확대강화하고 짧은 기간에 인민소비품생산을 비약적으로 장성시키며 그 가지수를 획기적으로 늘이고 질을 결정적으로 높여 소비품에 대한 인민들의 늘어나는 량적 및 질적 수요를 원만히 충족시키기 위한 투쟁입니다.
>
> ……
>
> 인민소비품을 많이 생산하는 것은 현시기 경공업혁명을 성과적으로 수행하기 위하여 나서는 기본과업의 하나입니다. 경공업부문에서는 우선 인민소비품의 생산량을 빨리 늘이는 데 큰 힘을 넣어야 합니다.
>
> ……
>
> 인민소비품의 가지수를 늘이고 질을 높이는 것은 경공업혁명을 수행하는 데서 나서는 기본과업의 하나입니다.
>
> ……
>
> 인민소비품생산을 획기적으로 늘이기 위하여서는 지금 있는 경공업공장들에서 생산을 높은 수준에서 정상화하여야 합니다. 지금 우리나라에는 인민들에게 여러가지 인민소비품을 원만히 생산보장할 수 있는 경공업의 모든 부문이 다 갖추어져 있지만 생산을 정상화하지 못하기 때문에 그것이 은을 내지 못하고 있습니다. 경공업 부문에서는 어떻게 하나 생산을 정상화하여 우리가 허리띠를 졸라매고 푼전을 아껴가며 건설해놓은 공장들이 은을 내게 하여야 합니다.

10 ≪데일리NK≫, "평양화장품공장 '소비자 취향' 따라 기술혁신", 2008년 2월 20일 자, http://www.dailynk.com/korean/read.php?cataId=nk09000&num=53175 (검색일: 2017.1.20).

11 ≪로동신문≫, 2008년 11월 25일 자.

12 ≪로동신문≫, 2016년 6월 4일 자, 조선중앙통신 보도 내용.

경애하는 김정은 동지께서 새로 일떠서고 있는 용악산비누공장 건설장을 현지지도 하시었습니다.

……

우리 인민들에게 세상에서 제일 좋은 화장품을 안겨주시기 위해 헌신과 노고를 바쳐가고 계시는 경애하는 김정은 동지께서는 여러 가지 물비누 등을 생산하는 현대적인 비누공장을 용악산 기슭에 일떠세울 데 대한 귀중한 가르치심을 주시었습니다.

……

경애하는 김정은 동지께서는 위대한 장군님께서 생전에 물비누를 전문적으로 생산하는 공장을 건설할 데 대한 교시를 주시었다고 하시면서 인민들 속에서 수요가 높은 머리물비누, 목욕용물비누, 가루비누 등을 생산하는 이 공장은 인민생활 향상과 직결되어 있는 공장, 당에서 중시하는 공장이라고 말씀하시었습니다.

경애하는 김정은 동지께서는 해당 부문의 일꾼들과 군인건설자들이 생산능력에 있어서 전국의 수요를 충족시킬 수 있고 품질에 있어서 세계적 수준의 비누를 생산하는 현대적인 공장을 건설하겠다는 높은 목표와 야심을 가지고 투쟁해야 한다고 강조하시었습니다.

……

경애하는 김정은 동지께서는 용악산비누공장은 우리 인민들에게 절실히 필요한 공장, 우리 당이 완공을 기다리는 공장이라고 하시면서 해당 부문의 일꾼들과 군인건설자들이 조선노동당 제7차대회 결정 관철을 위한 200일전투의 영예로운 참전가, 돌격투사답게 새로운 기적과 위훈을 떨침으로써 당 창건 기념일인 10월 10일까지 용악산비누공장을 세상에 내놓고 자랑할 수 있게 훌륭히 일떠세우리라는 기대와 확신을 표명하시었습니다.

13 한국학중앙연구원, 한국민족문화대백과, "신년사", http://terms.naver.com/entry.nhn?docId=2457745&cid=46629&categoryId=46629 (검색일: 2017.2.9).

14 통일부, 「2017년 北 신년사」 분석(2017).

15 미국 자유아시아방송(RFA), "북, 당대회 참가자에 선물 보따리", 2016년 5월 13일 자, http://www.rfa.org/korean/in_focus/nk_nuclear_talks/conventiongift-05132016152049.html (검색일: 2017.2.9).

16 연합뉴스, "북, 23년만에 청년동맹 대회 개막", 2016년 8월 26일 자, http://www.yo

nhapnews.co.kr/bulletin/2016/08/26/0200000000AKR20160826043400014.HTML (검색일: 2017.2.9).

17 미국 자유아시아방송(RFA), "북, 농업대회 참가자들에 선물가득", 2016년 12월 23일 자, http://www.rfa.org/korean/in_focus/ne-ms-12232016082013.html (검색일: 2017.2.9).

18 탈북자 김ㅇㅇ 면담 결과(2017년 1월 9일).

19 ≪중앙일보≫, "부인 이설주와 북한식 백화점에서 민생행보 나선 北 김정은" 2016년 3월 28일 자, http://v.media.daum.net/v/20160328112305759 (검색일: 2017.2.24).

20 심완섭·이석기·이승엽, 『북한의 화학산업 역량 재평가와 남북경협에 대한 시사점: 2000년 이후 시설투자 및 성과를 중심으로』(서울: 산업연구원, 2015), 106~108쪽.

21 조선중앙통신, 2015년 2월 5일 자.

경애하는 김정은 동지께서 평양화장품공장을 현지지도 하시였다

〔조선중앙통신 2015년 2월 5일 6시 37분〕

경애하는 김정은 동지께서는 일군들의 손을 일일이 잡아주시며 위대한 장군님께서 경공업부문에 주신 교시를 연구하다가 장군님께서 품 들여 꾸려주신 평양화장품공장의 생산실태를 알아보고 우리 인민들에게 세상에서 제일 좋은 화장품을 안겨주기 위한 대책을 세우기 위해 찾아왔다고 말씀하시였다.

……

경애하는 김정은 동지께서는 2003년 8월 새로 개건된 평양화장품공장을 찾으신 위대한 장군님께서 줄줄이 쏟아져 나오는 화장품들을 하나하나 보아주시고 그리도 만족해하시며 생산정상화와 제품의 질 제고에서 나서는 귀중한 가르치심을 주시였다고 말씀하시였다.

경애하는 김정은 동지께서는 자그마한 화장품 하나도 그것이 우리 인민들이 사용하는 것이기에 위대한 장군님께서 삼복의 무더위도 아랑곳하지 않으시고 공장에 령도의 자욱을 새기시었다고 말씀하시였다.

경애하는 김정은 동지께서는 평양화장품공장의 일군들과 종업원들이 위대한 장군님의 숭고한 뜻을 높이 받들고 화장품생산에서 혁신을 일으킴으로써 공장을 인민의 사랑을 받고 인민을 위해 복무하는 공장으로 되게 하여야 한다고 하시였다.

경애하는 김정은 동지께서는 화장품직장, 세수비누직장, 견본실 등 여러 곳을 돌아보시면서 생산 및 경영활동정형을 구체적으로 료해하시고 공장이 나아갈 길을 환히 밝혀 주시였다.

경애하는 김정은 동지께서는 화장품에 대한 수요는 날로 높아가고 있다고 하시면서 공장에서 우리 녀성들을 비롯한 근로자들의 생활을 보다 아름답고 고상하면서도 문명하게 할뿐 아니라 그들의 건강을 증진시키는데 이바지하는 화장품들을 더 많이 생산하기 위한 투쟁을 힘 있게 벌려야 한다고 말씀하시였다.

사람마다 화장품에 대한 기호와 요구가 서로 다른 것만큼 크림, 향수, 살결물, 연지, 머릿기름, 화장비누 등을 여러 가지 기능과 효과를 나타낼 수 있게 잘 만들며 천연적이고 저자극적이며 기능적인 화장품들을 개발생산하기 위한 사업을 힘 있게 내밀어야 한다고 지시하시였다.

공장에서 생산하고 있는 ≪은하수≫ 화장품에 대한 인기가 괜찮은데 여기에 만족하지 말고 세계적으로 이름난 제품들과 당당히 경쟁할 수 있는 화장품을 생산하는데 모를 박고 투쟁하여야 한다고 하시였다.

화장품의 질을 부단히 높여 우리 인민들이 다른 나라의 것이 아니라 ≪은하수≫ 상표를 단 우리의 화장품을 먼저 찾게 하고 나아가서는 ≪은하수≫ 화장품이 세계시장에서도 소문이 나게 하여야 한다고 말씀하시였다.

경애하는 김정은 동지께서는 평양화장품공장의 생산공정 현대화를 보다 높은 수준에서 실현하기 위한 사업, 화장품의 품질을 담보하고 그 관리를 원만히 할 수 있게 하는데서 필수적으로 요구되는 분석 및 검측설비들을 갖추기 위한 사업, 새 세기의 요구에 맞게 포장용기와 상표도안을 개선하기 위한 사업을 힘 있게 벌려야 한다고 지시하시였다.

22 ≪중앙일보≫, 2016년 2월 23일 자, http://news.joins.com/article/19612827?cloc=rss|news|politics (검색일: 2017.2.9). 북한이 랑콤과 샤넬 등 세계적인 화장품 브랜드에 도전하기 위해 제품 개발에 나선 것으로 알려져 관심을 끈다. 러시아 관영 '로시스카야가제타(RBTH)'는 지난 2016년 2월 20일 "주체 사상의 나라 북한이 조만간 랑콤과 샤넬, 크리스찬 디올에 뒤지지 않는 향수를 만들기 위해 많은 노력을 기울이고 있다. 평양의 거대 화장품 공장 '은하수'가 그런 노력의 중심에 설 예정"이라고 보도했다.

23 이상현, "23종 38점 새로 개발 … 세계적 제품과 겨룰 명제품으로", 연합뉴스, 2016년 1월 18일 자, http://www.yonhapnews.co.kr/bulletin/2016/01/18/0200000000AKR20160118080000014.HTML?input=1195m (검색일: 2017.1.11).

24 ≪중앙일보≫, "북, 새로 출시한 기능성 화장품 성분은?", 2014년 4월 7일 자, http://news.joins.com/article/14619679 (검색일: 2017.1.31).

25 탈북자 김ㅇㅇ면담 결과(2017년 1월 9일).

26 탈북자 주ㅇㅇ면담 결과(2017년 1월 19일).

참고 문헌

국내 문헌

심완섭·이석기·이승엽. 2015.『북한의 화학산업 역량 재평가와 남북경협에 대한 시사점: 2000년 이후 시설투자 및 성과를 중심으로』. 서울: 산업연구원.

정경모·최달곤 책임편집. 1990.「제10편 산업·건설·상업」.『북한법령집』, 제3권. 서울: 대륙연구소.

통일부. 2017.「2017년 北 신년사」분석.

______. 2016.8.『북한권력기구도』.

북한 문헌

김일성. 1953.「모든 것을 전후인민경제복구발전을 위하여」. 조선로동당 중앙위원회 제6차 전원회의에서 한 보고.

______. 1977.「제8장 반일의 기치높이(1934.2~1934.10)」. 5절 마촌작전.『김일성 저작집』, 47권(1933.2~1935.2)」. 평양: 조선로동당출판사.

김정일. 1984.「인민생활을 더욱 높일 데 대하여」. 조선로동당 중앙위원회 책임일군협의회.

______. 1990.「경공업혁명을 철저히 수행할 데 대하여」. 전국경공업대회 참가자들에게 보낸 서한.

국외 문헌

Kornai, Janos. 1992. *The Socialist system.* New Jersey: Princeton University Press.

웹사이트

≪데일리NK≫. 2008.2.20. "평양화장품공장 '소비자 취향' 따라 기술혁신". http://www.dailynk.com/korean/read.php?cataId=nk09000&num=53175 (검색일: 2017.1.20).

≪로동신문≫. 2008.11.25. "김정일 최고지도자 평안북도공장기업소들을 시찰".

≪로동신문≫·조선중앙통신. 2015.2.5. "경애하는 김정은 동지께서 평양화장품공장을 현지지도 하시였다".

______. 2015.6.25. "김정은 동지께서 리설주 동지와 함께 훌륭히 완공된 평양 국제비행장 항공역사를 현지지도하셨다".

______. 2016.6.4. "경애하는 김정은 동지께서 새로 일떠서고 있는 용악산비누공장건설장을 현지지도 하시였다".

미국 자유아시아방송(RFA). 2016.5.13. "북, 당대회 참가자에 선물 보따리". http://www.rfa. org/korean/in_focus/nk_nuclear_talks/conventiongift-05132016152049.html (검색일: 2017.2.1).

______. 2016.12.23. "북, 농업대회 참가자들에 선물가득". http://www. rfa.org/korean/in_focus/ne-ms-12232016082013.html(검색일: 2017.2.9).

연합뉴스. 2016.1.18. "23종 38점 새로 개발… 세계적 제품과 겨룰 명제품으로". http://www.yonhapnews.co.kr/bulletin/2016/01/18/0200000000AKR20160118080000014.HTML?input=1195m (검색일: 2017.1.11).

______. 2016.8.26. "북한, 23년만에 청년동맹 대회 개막". http://www.yonhapnews.co.kr/bulletin/2016/08/26/0200000000KR20160826043400014.HTML(검색일:2017.2.9).

한국학중앙연구원. 한국민족문화대백과. "신년사(북한)". http://terms.naver.com/entry.nhn? docId=2457745&cid=46629&categoryId=46629 (검색일: 2017.2.1).

김정은은 "외국 마스카라는 물에 들어가도 유지되는데
북한산은 하품만 해도 너구리눈이 된다"며,
워터프루프(방수) 기능과 번지지 않고 유지력을 갖춘
외제 마스카라를 참고하라고 일침을 가했다.

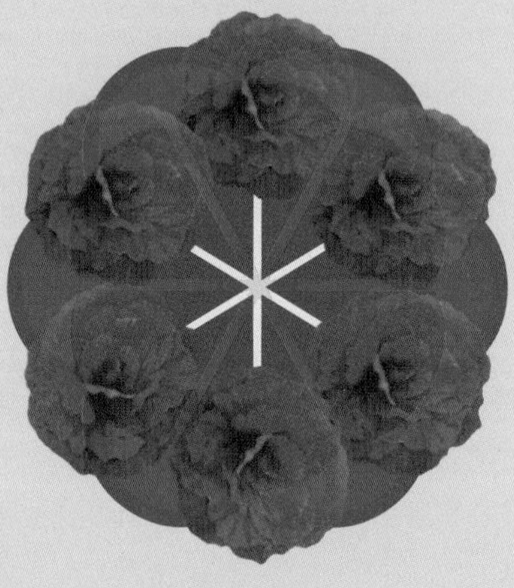

북한 화장품의 성분 분석

| 북한 화장품의 현주소

| 제품별 성분 분석 결과

4

북한의 화장품 제조 기술은
상당히 낙후된 수준에 머물러 있다.
제품의 성분 표기의 경우,
아예 성분이 표기되어 있지 않은 경우도 있었고
표기되어 있다 하더라도 성분 함유량과 상관없이
두서없이 나열되어 있었다.

북한 화장품의 현주소

북한 화장품의 현주소를 파악하기 위해 (주)아모레퍼시픽 기술연구소에서 북한산 화장품 64개 품목에 대한 기술적인 성분 분석을 시행했다. 제품의 입수 기간은 2016년 6월부터 2017년 1월까지 8개월이 소요되었다. 중국인과 평양을 방문한 미국 국적의 관계자와 익명을 요구한 필자의 지인들이 평양 및 신의주에서 직접 구매했다. 제품의 성분 분석은 입수가 되는 대로 동시에 시행했다. 한국에 거주하는 탈북 여성 167명을 대상으로 국내 제품과 비교 사용하면서 평가를 시행하는 데 3개월이 소요되었다.

성분 분석 결과 북한 화장품의 전체적인 제조 기술은 한국의 1970~1980년대 수준인 것으로 파악되었다. 중공업 위주의 발전을 추구하는 사회주의 체제의 특성상 경공업인 화장품 생산은 많은 투자가 이루어지지 않았다. 그 결과 북한의 화장품 제조 기술은 상당히 낙후된 수준에 머물러 있다. 생산·보존 및 포장 기술의 한계로 인해 생산 제품의 유통기한이 최대 2년으로, 국내 제품의 통상적인 유통기한이 3년인 것과 비교해 상당히 짧은 편이다. 한국산 및 외국산 화장품의 형태를 복제해 외형상으로는 세련된 모양을 보였으나 낙후된 금형 기술로 인해 일부 제품의 용기가 조악해 펌프 등이 제대로 작동하지

표 4-1 **성분 분석 화장품 품목과 회사**

구분	수량	회사	비고
기초화장품	47	평양화장품공장 묘향천호합작회사 봄향기합작회사	
페이스 팩	2	봄향기합작회사	
클렌징 폼	3	평양화장품공장 묘향천호합작회사 봄향기합작회사	
샴푸·린스	2	봄향기합작회사	
비누	3	신의주화장품공장 평양향료공장 삼건무역회사	
치약	1	묘향천호합작회사	
립글로스	1	봄향기합작회사	색조화장품
립스틱	1	평양화장품공장	색조화장품
콤팩트	1	봄향기합작회사	
향수	3	평양화장품공장 평양향료공장	

않았다. 뚜껑이 용기에 잘 맞물리지 않는 경우도 있었고 액체 제품의 경우 노즐과 스프레이가 원만하게 작동하지 않았다. 또한 보관이나 이동 시 느슨하게 잠긴 뚜껑이나 용기가 자동으로 열려 내용물이 새어나오는 경우도 있었다. 제품의 성분 표기 역시 매우 미흡했는데 아예 성분이 표기되어 있지 않은 경우도 있었고 표기되어 있다 하더라도 성분 함유량과 상관없이 두서없이 나열되어 있었다. 일부는 표기

표 4-2 **공장 및 회사별 생산 제품**

구분	수량	생산 제품
평양화장품공장	8	은하수크림, 은하수크림(밤용), 은하수 개성고려인삼 물크림, 은하수 수세미 오이 살결물, 은하수 천연살결물, 은하수 세척크림, 은하수 입술연지, 은하수 향수
묘향천호합작회사	17	미래 물크림 4종, 미래 살결물 4종, 미래 분크림 3종, 미래 세수크림, 미래 영양크림 2종, 미래 크림, 미래 개성고려인삼 치약, 미래 살결물(보습성),
봄향기합작회사	34	금강산 물크림, 금강산 살결물, 금강산 미백영양물, 금강산 밤크림, 금강산 크림, 금강산 개성고려인삼 미백살결물, 금강산 개성고려인삼 미백물크림, 금강산 개성고려인삼 미백영양물, 금강산 개성고려인삼 자외선방지크림, 금강산 개성고려인삼 미백크림, 금강산 자외선방지크림, 금강산 개성고려인삼 생인삼살결물, 금강산 개성고려인삼 크림, 금강산 개성고려인삼 살결물, 봄향기 개성고려인삼 크림, 개성고려인삼 크림, 금강산 개성고려인삼 물크림, 금강산 개성고려인삼 살결물(보습성), 금강산 개성고려인삼 살결물(수렴성), 금강산 개성고려인삼 크림, 금강산 개성고려인삼 밤크림, 금강산 개성고려인삼 분크림, 금강산 개성고려인삼 살결물, 금강산 개성고려인삼 물크림, 금강산 개성고려인삼 밤크림, 금강산 개성고려인삼 분크림, 봄향기 미안막, 금강산 미안막, 금강산 세면크림, 금강산 샴푸, 금강산 린스, 봄향기 광택입술연지, 금강산 컴팩트
신의주화장품공장	1	봄향기 개성고려인삼 투명비누
평양향료공장	3	옥류 인삼비누, 옥류 향수 2종
삼건무역회사	1	미안비누

된 성분과 실제 검출된 성분이 상이한 경우도 확인되었다. 1990년대 이후 한국의 위생 기준 강화로 잘 사용하지 않는 파라벤 계열의 성분을 방부제로 사용한 제품도 있어 북한 화장품 생산의 유해성 기준이

확실하게 정립되지 않았다는 사실을 파악할 수 있었다.

한국 화장품 회사들은 매출 및 판매 극대화 차원에서 피부 타입별, 함유 성분별, 사용 시기별·날씨별·계절별로 매우 세분화되고 다양화된 제품군을 생산하고 있어 소비자의 선택의 폭이 매우 넓다. 반면 북한 화장품은 대부분의 제품군이 기초 화장품에 집중되어 소비자들의 구매 선택 범위가 매우 제한되어 있고 아직 화장품을 필수적으로 사용해야 하는 효용성과 중요성을 절감하지 못하고 있다. 최근 들어 점차 상류층이 아닌 일반 대중을 소비대상으로 하는 색조 화장품 생산을 비롯해 마스크 팩 등 보조 화장품까지 생산하고 있는 것은 시대의 변화를 반영한 추세라고 평가된다.

분석 대상인 64개 화장품은 구체적으로 기초 화장품 47개, 페이스 팩 2개, 클렌징 폼 3개, 샴푸·린스 2개, 비누 3개, 치약 1개, 립글로스 1개, 립스틱 1개, 콤팩트 1개, 향수 3개다. 생산 회사별로는 평양화장품공장 10개, 묘향천호합작회사 17개, 봄향기합작회사 34개, 신의주화장품공장 1개, 평양향료공장 1개, 삼건무역회사 1개 제품을 생산했다. 이를 회사와 품목별로 정리하면 〈표 4-2〉와 같다.

64개 제품을 분석한 결과 ①13개 제품 성분 미표기, ②9개 제품에서 불분명한 성분 검출, ③19개 제품에서 전 성분에 표기된 성분 미검출, ④17개 제품에서 전 성분에 전 성분 표기에 기록되지 않은 성분이 검출되었다.

9개 제품에서 불분명한 성분이 확인되었다. ①보존제 성분 4회, ②보습제, ③고급지방알코올 성분 2회, ④연방부제, ⑤천연보습제, ⑥천연자외선흡수제, ⑦하이드로퀴논유도체, ⑧점증제 성분이 각각 1회였다.

19개 제품에서 표기된 성분이 검출되지 않았다. ①비타민E,

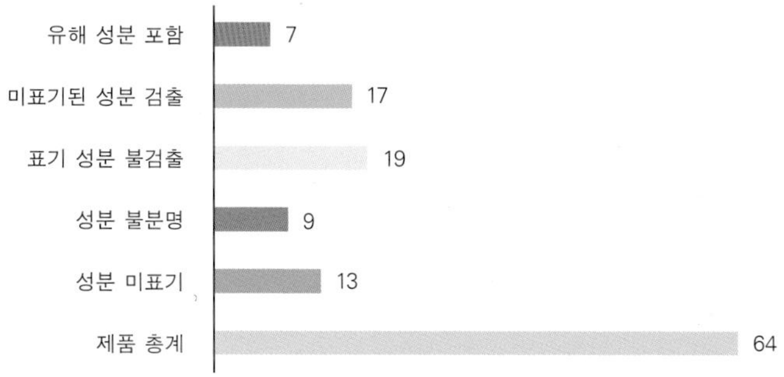

그림 4-1 64개 성분 분석 결과

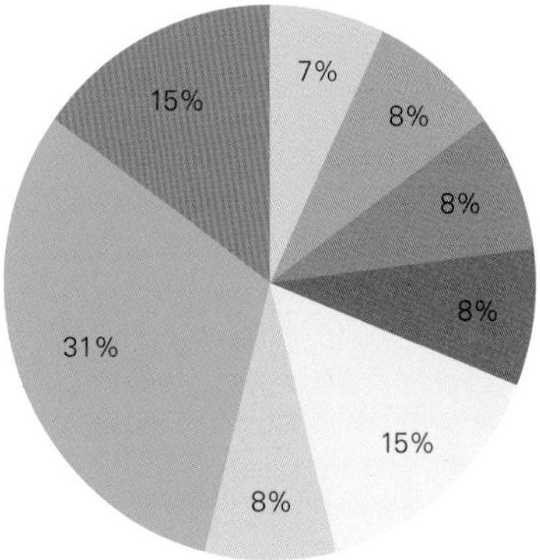

그림 4-2
불분명한 성분의 정체

프로필렌글리콜 각각 6회, ②1,3-부틸렌글리콜 5회, ③페녹시에탄올, 에틸파라벤 각각 2회, ④프로필파라벤, 비타민C, 글리세린 성분이 각각 1회 검출되지 않았다.

13개 제품에서 미표기 성분이 검출되었다. ①프로필파라벤, ②에틸파라벤, ③메틸파라벤, ④프로필렌글리콜, ⑤티타늄디옥사

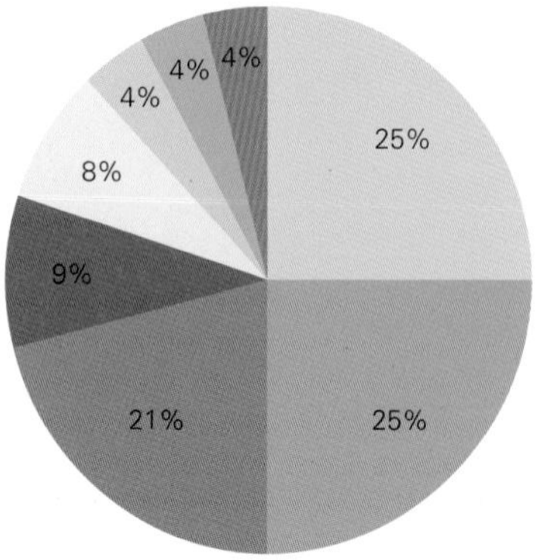

그림 4-3
전 성분 표기 성분 불검출

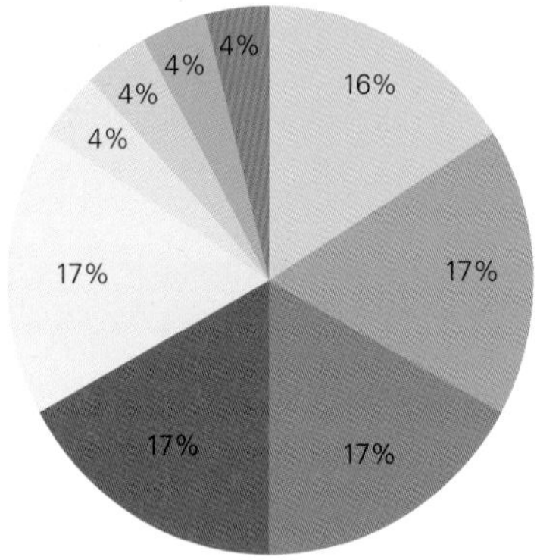

그림 4-4
성분 분석에서 확인된 미표기 성분

이드 각각 4회, ⑥부틸파라벤, ⑦글리세린, ⑧비타민E아세테이트, ⑨엘라스토머는 각각 1회 미표기된 성분이었다. ⑩에틸파라벤 5회, ⑪메틸파라벤 2회다. ⑫프로필파라벤 1회는 극미량(0.0003%)이 검출되었다. 공정 과정에서 의도치 않게 섞여 들어간 것으로 추정된다.

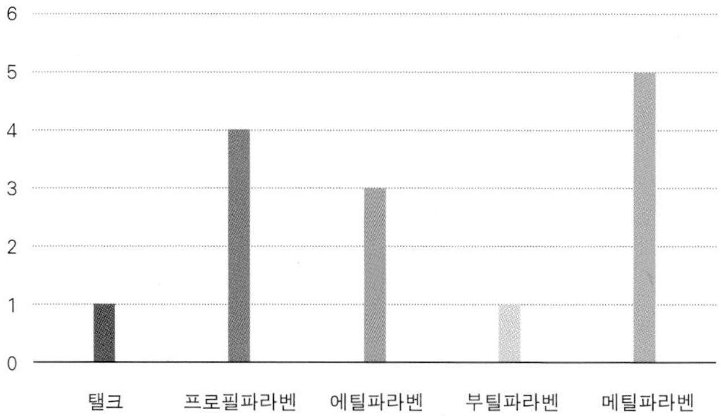

그림 4-5 국내 유해성 이슈 성분

한국에서는 유해성 기준 강화로 사용하지 않는 성분이 7개 제품에서 검출되었다. 93%가 파라벤 계열의 보존제 성분이다. 검출된 파라벤의 92%는 성분 표기에서 누락되었다.

개성고려인삼 라인의 화장품 세트는

북한 여성들이 결혼 혼수로 가장 선호하는 제품이다.

평양에서는 인민반장에게 결혼한다고 하면

국가에 보고해 화장품 쿠폰 격의 구매표를 발급받아 준다.

상점에서 구매표를 제시할 경우

봄향기 화장품 세트를 받을 수 있다.

제품별 성분 분석 결과

평양화장품공장
묘향천호합작회사
봄향기 합작회사
신의주화장품공장
평양향료공장
삼건무역회사

1
은하수 크림(낮용)

사용 기한	용량	미백 기능	주름 개선	보습 효과	유해성 논란 성분
1년	55g	X	X	O	미확인
성 분	정제수, 인삼추출물, 프로필렌글리콜 5.93%, 미리스틴산이소프로필, 스쿠알렌, 글리세린 3.65%, 옥토도데카놀, 세틸알코올, 류동파라핀, 스테아린산, 라놀린, 폴리비닐피롤리돈, 향료, 자외선 방지제, 천연방부제				

낮에 바르는 백색의 크림 타입 제품이다. 제품을 사용했을 때 피부에 유분기가 조금 남아 있지만 끈적거리지 않고 촉촉하다. 수분 공급에 중점을 둔 보습 크림이다.

미백 기능과 주름 개선의 효과는 없고 보습 효과는 뛰어난 편이다. 주요 성분으로는 정제수, 인삼추출물, 프로필렌글리콜, 미리스틴산이소프로필, 스쿠알렌, 글리세린, 옥토도데카놀, 세틸알코올, 류동파라핀, 스테아린산, 라놀린, 폴리비닐피롤리돈, 향료, 자외선 방지제, 천연방부제 등이다. 제품의 사용 기한은 1년으로 표기되어 있지만 이 제품에 표기된 천연방부제의 경우는 성분이 불분명하고, 통상적인 천연방부제의 사용 기한이 6개월이라는 점을 감안할 때 제품에 표기된 사용 기한과 천연방부제의 성분을 완전히 신뢰하기 어렵다. 인삼추출물을 사용해 인삼의 효능을 활용했다.

2

은하수 크림(밤용)

사용 기한	용량	미백 기능	주름 개선	보습 효과	유해성 논란 성분 (파라벤 계열 성분)
1년	35g	X	O	O	0.0325%
성 분	인삼추출물, 귤껍질추출물, 오이추출물, 녹두추출물, 카르복시메틸키틴, 견단백추출물, 비타민C초산에스테르, 세틸알코올, 부틸렌글리콜 0.29%, 광물유, 스쿠알렌, 올리브오일, 비타민E 0.073%, 비타민E아세테이트 5.375%, 프로필렌글리콜 5.69%, 1,3-부틸렌글리콜 0.29%, 아란토인, 페녹시에탄올, 스테아린산, 향료				

은하수 크림 낮용과 세트인 제품으로 밤에 바르는 제품이다. 주름 개선과 노화 방지의 효과에 중점을 둔 기능성 나이트크림이다. 베이지 색으로 은하수 크림 낮용에 비해 향이 진하다. 얼굴에 발랐을 때 흡수가 잘되며 흡수 후에는 비교적 끈적이지 않는다.

제품 성분의 제형이 불안정해 수분과 오일이 분리되는 현상이 확인되었다. 주요 성분은 인삼추출물, 귤껍질추출물, 오이추출물, 녹두추출물, 카르복시메틸키틴, 견단백추출물, 비타민C초산에스테르, 세틸알코올, 부틸렌글리콜, 광물유, 스쿠알렌, 올리브오일, 비타민E, 비타민E아세테이트, 프로필렌글리콜, 1,3-부틸렌글리콜, 아란토인, 페녹시에탄올, 스테아린산, 향료 등이다. 페녹시에탄올은 제품의 전 성분에는 표기되었지만 실제로는 성분이 검출되지 않았다. 부틸파라벤(0.0311%), 에틸파라벤(0.0007%), 메틸파라벤(0.0007%)의 경우 성분 표기에는 포함되어 있지 않지만 성분 분석 결과 검출되었다.

파라벤 계열의 성분은 방부제의 일종으로 주로 보존제로 사용되어 피부 자극이나 트러블의 원인이 될 수 있다. 한국에서도 과거에는 사용했으나 부작용을 우려해 현재는 사용하지 않는다. 한국 기준을 적용할 때 파라벤 계열의 유해 성분이 미세하나마 검출되었다. 다만 북한 위생 규격의 기준이 낮거나 부재해 기준을 적용하지 않을 가능성도 있다. 과거 한국도 2000년대 이전에는 파라벤 사용의 규제 기준이 분명하지 않아 일부 사용하기도 했다. 각국의 위생 기준은 국가의 경제력과 보건 의료 수준에 좌우되는 만큼 북한 화장품의 파라벤 사용에 대해 한국 기준을 엄격히 적용해 유해하다는 평가를 하기에는 다소 한계가 있다. 인삼추출물, 귤껍질, 오이, 녹두, 스쿠알렌 등 인삼을 비롯해 다양한 자연산 식물 재료에서 추출한 물질 등이 포함된 고급 제품이다.

3

은하수 개성고려인삼 물크림

사용 기한	용량	미백 기능	주름 개선	보습 효과	유해성 논란 성분
1년	30ml	X	O	O	X
성 분	개성고려인삼추출물, 스쿠알렌, 올리브오일, 아보카도오일, 비타민E, 천연보습제, 피부영양액, 정제수, 향료				

백색의 로션 타입 제품이다. 올리브오일과 아보카도오일 및 비타민E 성분이 함유되어 피부 재생과 탄력 향상의 효과가 있다. 보습과 주름 개선에 초점을 맞춘 기능성 로션이다. 미백 기능은 없지만 주름 개선과 피부 보습 기능이 뛰어난 편이다. 통상적인 천연방부제 성분이 쓰인 제품의 유통기한이 6개월 내외라는 점을 감안했을 때 제품에 표기된 사용 기한 1년을 신뢰하기 어렵다. 북한 화장품의 유통기한 문제는 모든 제품에서 발생한다. 한국 기준을 적용할 경우 북한 화장품의 유통기한은 전부 기준에 적합하지 않지만 화장품을 비롯한 소비재가 절대 부족한 북한에서 유통기한을 엄격히 적용하기는 용이하지 않다. 특히 소비자들의 눈높이가 높지 않은 상태에서는 유통기한보다는 제품의 사용 가능성이 더 중요하다. 결국 한국의 1980년대 초 수준인 북한 경제의 현실을 감안할 때 유통기한의 표기 및 엄격한 시행 여부 등은 다소 유보적일 수밖에 없다. 주요 성분은 개성고려인삼추출물, 스쿠알렌, 올리브오일, 아보카도오일, 비타민E, 천연보습제, 피부영양액, 정제수, 향료 등이다.

4

은하수 수세미 오이 살결물

사용 기한	용량	미백 기능	주름 개선	보습 효과	유해성 논란 성분
1년	110ml	X	X	O	0.0710%
성 분	정제수, 수세미오이즙, 1,3-부틸렌글리콜, 프로필렌글리콜, 에틸알코올, 메틸파라벤 0.0708%, 트윈-80, 향료				

옅은 노란빛의 스킨 제품이다. 전통적인 미용 약재인 수세미 오이즙을 사용한 것이 눈에 띈다. 제품의 향이 연하고 얼굴에 발랐을 때 끈적임이 없다. 보습 성분을 함유하고 있어 수분 유지와 피부결의 정돈에 도움이 된다. 미백 기능과 주름 개선 효과는 없지만 보습 기능이 뛰어난 편이다. 주요 성분은 정제수, 수세미 오이즙, 1,3-부틸렌글리콜, 프로필렌글리콜, 에틸알코올, 메틸파라벤, 트윈-80, 향료 등이다. 1,3-부틸렌글리콜은 제품의 전 성분에는 표기되었지만 실제로는 성분이 검출되지 않았다. 에틸파라벤(0.0002%)의 경우 성분 표기에는 포함되지 않았지만 분석 결과 검출되었다.

북한 화장품의 성분 표기가 정확하지 않은 것은 화장품 제조 기술의 낙후성과 원료 공급의 불충분성, 생산계획의 불확실성 등이 원인일 것이다. 특히 화장품 생산이 주간, 월간, 연간 등의 생산계획에 따라 이루어지는 것이 아니라 김정은 위원장이 당 간부들에게 하사하는 행사 선물용 화장품을 일주일 정도의 제한된 기간에 전격적으로 주문 생산한다든가 혹은 각 계열회사에서 원료를 적기에 공급하지 못하는 현상 등을 복합적인 원인으로 추정해볼 수 있다. 한국의 화장품 회사들처럼 판매 극대화와 이윤 극대화 등 경영학적 원칙보다는 당국의 생산 목표를 달성하거나 지시 사항을 이행하는 데 주력함으로써 생산된 제품의 품질이 일관되지 못할 가능성도 배제할 수 없다.

파라벤 계열의 성분은 방부제의 일종으로 주로 보존제로 사용되어 피부 자극이나 트러블의 원인이 될 수 있다. 국내에서는 소비자의 부작용을 우려해 더 이상 사용하지 않는다. 다만 0.0003%에 해당하는 극미량은 제품의 제조 과정에서 생길 수 있는 오차 범위로 인정된다.

5

은하수 천연살결물

사용 기한	용량	미백 기능	주름 개선	보습 효과	유해성 논란 성분
1년	30ml	X	X	O	X
성 분	인삼추출물, 오이추출물, 감귤추출물, 녹두추출물, 수세미오이추출물, 키토산, 프로필렌글리콜 4.78%, 1,3-부틸렌글리콜 0.12%, 향료				

옅은 황색의 스킨 제품이다. 얼굴에 발랐을 때 조금 끈적이며 향이 강하다. 영양 성분이 고농축된 국내의 퍼스트에센스first essence 제품과 비슷한 유형이다. 미백과 주름 개선 효과는 없지만 보습 효과는 있다. 주요 성분은 인삼추출물, 해독 기능을 하는 오이추출물, 감귤추출물, 녹두추출물, 수세미오이추출물, 키토산, 프로필렌글리콜, 1,3-부틸렌글리콜, 향료 등이다. 인삼을 비롯해 자연산 식물 원료가 다수 포함되었다. 스포이트spuit(액체를 옮겨 넣을 때 사용하는 고무 주머니가 달린 유리관) 용기를 사용해 고급화 전략을 시도한 것으로 보이는데 내용물이 잘 올라오지 않아 오히려 더 불편하다. 스포이트 용기는 상당한 수준의 금형기술과 플라스틱 제조 공정이 필요한 분야다. 북한의 산업 발전 수준에서 소비자가 사용하기에 편리한 화장품 용기를 제작하는 것은 여전히 미완의 과제다. 유해 성분이 검출되지 않아 소비자가 안심하고 사용할 수 있다.

6

은하수 세척크림

사용 기한	용량	세정 기능	거품 발생	보습 효과	유해성 논란 성분
1년	110g	O	O	O	X
성 분	스테아린산, 수산화칼륨, 프로필렌글리콜 10.12%, 글리세린 8.59%, 향료				

백색의 고체 타입 세안크림이다. 제품의 용기는 튜브형으로 국내외의 여타 제품들과 유사하다. 얼굴에 있는 피지와 각종 먼지 등을 씻어내는 데 탁월한 효과가 있다고 주장하는 제품이다. 주요 성분은 스테아린산, 수산화칼륨, 프로필렌글리콜, 글리세린, 향료 등이다. 제품을 시연해본 결과 사용 시 거품이 잘 발생하고 세정력도 뛰어난 편이다. 하지만 보습 성분이 함유되어 있음에도 불구하고 사용 후에 피부가 건조해졌다. 아마 보습 역할을 하는 성분이 미량이라 효과가 미흡한 것으로 추정된다. 국내 세안 제품은 비교적 향이 은은한 수준인 데 비해 은하수 세척크림은 향이 다소 진한 편이다. 상온에서도 튜브 배출구에 내용물이 응고되어 있는 등 제품의 성분이나 형태가 외부 용기나 환경에 따라 변화할 수 있는 가능성이 있어 제품 안정도가 낮은 것으로 확인되었다. 거품이 적지 않아 세정 기능이 양호하고 보습 효과도 비교적 탁월했다.

7
은하수 입술연지

사용 기한	용량	경도	밀착성	발색	유해성 논란 성분
미상	-	단단함	낮음	낮음	X
성 분	폴리에틸렌, 칸데릴라 왁스, 카르나우바 왁스, 수용성콜라겐, 함수실리카, 사과산디이오스테아린, 산화티탄, 산화철, 돌비늘, 류산바리움				

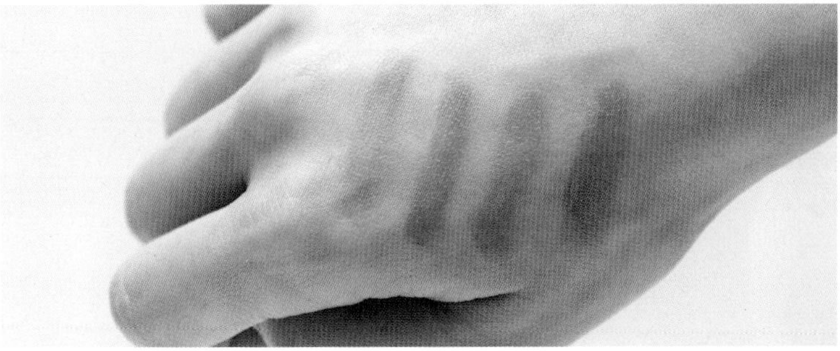

● 발색 예

색조 화장품인 은하수 입술연지는 네 가지 색상으로 구성되어 있다. 색상은 13호, 24호, 43호, 58호로 립스틱 제품이다. 단단하지만 바를 때 색깔이 제대로 나오지 않는 등 발색이 나쁘다. 입술에 발랐을 때 색소가 부드럽게 펼쳐지지 않고 뭉치며 피부에 안착하는 밀착력이 떨어진다. 사진은 손등에 바를 때 나올 수 있는 색을 시현하고 있다. 왁스, 컨셉원료, 일부 색소 등 전 성분 중에서 일부만 기재되어 있어 전체적으로 어떤 성분이 포함되어 있는지 특징 파악이 어렵다.

8

은하수 향수

사용 기한	용량	사용 대상	향취	지속성	유해성 논란 성분
2년	50ml	남녀 공용	Watery Green	높음	X
성 분	알코올, 향료				

한국의 시중 화장품 상점에서 판매되는 일반 향수와 동일한 알코올 베이스의 향수 제품이다. 그린 향은 풀이나 젖은 나뭇잎에서 느낄 수 있는 싱그럽고 상큼한 풀잎의 내음을 표현한 향이다. 하지만 이 제품에서는 향수를 뿌린 후 맨 처음 느껴지는 첫 향이 사라지고 나면 다음 단계로 느껴지는 향이 너무 인공적이고 자극적이다. 향수를 제조할 때 향을 계속 유지하는 기술은 매우 난이도가 높다. 향수에서 처음 일정 부분은 자연 재료에서 원료를 채취했을 것이나 성분에 인공 재료를 혼합해 사용함으로써 향의 농도와 밀도 등이 미흡해 계속적으로 자연 향을 유지하기가 어려웠을 것이다. 반면에 자연 향을 향수로 제조하는 기술은 매우 어렵다. 과거 한국의 화장품 회사들도 세계인이 사랑하는 향수를 제조하고자 다양한 노력을 기울였으나 큰 성과를 거두지 못했다. 한국 회사들의 향수 제품이 최근에서야 품질을 인정받기 시작한 것은 향수 제조 기술이 상당히 어렵다는 사실을 반증한다. 특히 향수는 여성들이 기초와 색조 화장으로 아름다움을 가꾼 후에 마지막 단계에서 자신들만의 개성과 이미지, 매력 등을 종합적으로 표현하는 화룡점정의 단계이므로 선택과 사용에 매우 민감한 화장품이다. 결국 기초와 색조 화장품을 제조하는 기술이 일정 수준에 올라야 좋은 품질의 향수를 제조할 수 있다는 것을 시사한다.

생산 일자가 표기되어 있으나 지워져 있고 용기와 뚜껑이 제대로 맞지 않아 쉽게 빠진다. 스프레이가 조악해 사용하면 내용물이 제대로 분사되지 않고 새는 현상이 빈번하게 확인되었다. 화장품 용기 제조 기술이 미흡해 용기와 뚜껑이 완전히 압착되지 않는 것은 금형과 플라스틱 공정 기술이 미흡하다는 의미다. 스프레이 역시 제품의 제조 단계에서 조립 기술과 소재의 품질 등이 반영되는 부분이다. 소비재 산업 발전에 소홀한 북한 산업 당국에서 아직은 화장품 용기 제작까지는 큰 관심을 두지 않는다는 것을 알 수 있다. 북한 화장품 산업에서 향수 분야는 초보적인 단계이다. 남녀 공용을 주로 생산하고, 향도 3~4가지 종류에 불과하다. 여성과 남성 각각 전용 향수를 제조하고 향도 10여 종 이상 늘리는 등 노력이 필요하다. 다만 북한에서 향수 사용에 대한 사회적 인식이 확산되지 않아 소비가 급증하지는 않을 것이므로 기초나 색조 화장품 수준으로 향수의 제조 기술을 향상시키는 데는 상당한 시간이 필요할 것이다.

1

미래 물크림

사용 기한	용량	미백 기능	주름 개선	보습 효과	유해성 논란 성분
2년	100ml	X	X	O	X
성 분	왕벌젖, 콜라겐단백, 미리스틴산이소프로필에스테르, 천연올리브기름, 실리콘유, 글리세린 10.92%, 프로필렌글리콜 6.48%, 스테아린산모노글리세리드, 1,3-부틸렌글리콜, 향료				

연노랑 색의 크림 타입 보습로션 제품이다. 피부에 바르면 밀착되게 잘 펴 발리고 흡수 후에 끈적임이 없는 도톰한 잔여감이 남는다. 비교적 끈적임이 적어 착용감이 좋다. 기초 화장품인 로션에 관해서는 북한 화장품도 제조 이력이 축적됨에 따라 일정 수준의 개발 노하우가 발전된 것으로 평가된다.

미백 기능이나 주름 개선 기능은 없지만 보습 효과가 상대적으로 우수하다. 주요 성분은 왕벌젖, 콜라겐단백, 미리스틴산이소프로필에스테르, 천연올리브기름, 실리콘유, 글리세린, 프로필렌글리콜, 스테아린산모노글리세리드, 1,3-부틸렌글리콜, 향료 등이다. 전 성분에 표기된 1,3-부틸렌글리콜 성분이 검출되지 않았고 점증제 성분은 불분명하다. 왕벌젖이란 로열 젤리royal jelly의 북한식 표기인데 수분 공급 능력이 뛰어나고 피부 재생이 촉진되며 피부염의 개선 기능까지 있는 탁월한 성분이다. 산도 pH 5.6으로 약산성을 띠고 있어 피부를 부드러운 약산성으로 유지시켜준다. 한국의 화장품 제조 관련 법규에서도 허용 범위를 pH 3.0~9.0으로 지정하고 있어 국내 기준에도 부합하는 제품이다.

2

미래 살결물

사용 기한	용량	미백 기능	주름 개선	보습 효과	유해성 논란 성분
2년	120ml	X	X	O	X
성 분	왕벌젖, 히알루론산, 글리세린 6.09%, 프로필렌글리콜 3.7%, 1,3-부틸렌글리콜, 레몬산, 향료				

투명한 색상의 스킨 제품이다. 약간 끈적임이 있지만 피부에 매끄럽게 잘 펴 발리고 도톰하면서 살짝 끈적이는 잔여감이 남는다. 수분 공급에 중점을 둔 보습크림이다. 미래 물크림과 세트를 이루는 제품으로 물크림과 같이 미백 기능과 주름 개선 기능은 없지만 보습 효과가 뛰어난 편이다. 주요 성분은 왕벌젖, 히알루론산, 글리세린, 프로필렌글리콜, 1,3-부틸렌글리콜, 레몬산, 향료 등이다. 전 성분에 표기된 1,3-부틸렌글리콜은 검출되지 않았다. 미래 물크림과 같이 로열 젤리 성분이 함유되어 있는 고급 제품이다. 북한에서는 인삼과 로열 젤리가 자연 재료로서는 최고의 평가를 받는 만큼 고급 제품에만 이 두 가지 재료를 사용한다.

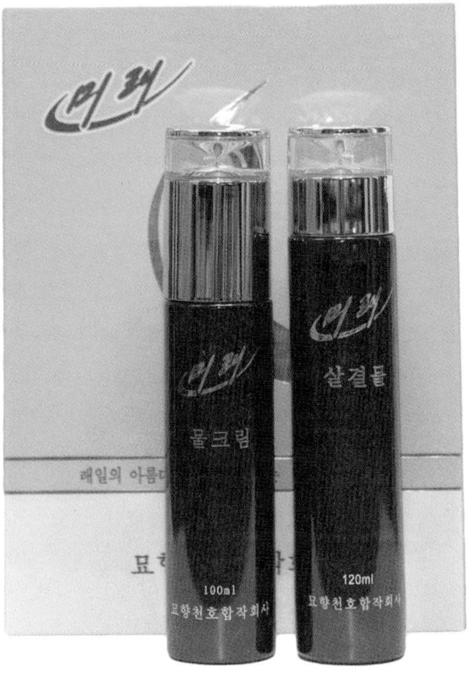

3

미래 물크림

사용 기한	용량	미백 기능	주름 개선	보습 효과	유해성 논란 성분
2년	100ml	X	X	O	X
성 분	녹차추출물, 탄성단백, 은행추출물, 미리스틴산이소프로필에스테르, 스쿠알렌, 세틸알코올, 실리콘유, 글리세린 2.7%, 프로필렌글리콜, 스테아린산모노글리세리드, 1,3-부틸렌글리콜, 향료				

백색의 크림 타입 로션 제품이다. 크림이 다소 되직해 두꺼우며 끈적이는 느낌을 주지만 피부에는 부드럽게 잘 발리고 흡수가 빠른 편이다. 흡수 후에는 부드러운 잔여감이 남는다. 미백과 주름 개선 기능은 없지만 보습 효과는 뛰어난 편이다. 주요 성분은 녹차추출물, 탄성단백, 은행추출물, 미리스틴산이소프로필에스테르, 스쿠알렌, 세틸알코올, 실리콘유, 글리세린 2.7%, 프로필렌글리콜, 스테아린산모노글리세리드, 1,3-부틸렌글리콜, 향료 등이다. 점증제로 사용된 성분이 불분명하고 성분 표기에 포함된 프로필렌글리콜, 1,3-부틸렌글리콜이 검출되지 않았다. 펌프가 조악하고 내용물도 다소 끈적거려 펌프 내에 잔여물이 많이 남는다. 또한 조사 결과 고온에서 제품이 변질되는 등 안정도가 낮은 것으로 확인되었다. 북한산 화장품은 보습 기능은 탁월하나 대체적으로 미백이나 주름 개선 기능은 미흡한 편이다. 비타민 성분의 첨가 등 기술적인 개선이 필요한 부분이다.

4

미래 분크림

사용 기한	용량	미백 기능	주름 개선	보습 효과	유해성 논란 성분
2년	40g	X	X	O	X
성 분	녹차추출물, 나노이산화티탄, 황산화철, 적산화철, 세틸알코올, 실리콘유, 스쿠알렌, 피롤리돈카르본산소다, 프로필렌글리콜, 스테아린산모노글리세린, 글리세린 5.99%, 향료				

백색에 가까울 정도로 밝은 아이보리색의 크림 타입 파운데이션 제품이다. 국내 제품과 비교하면 보정력이 높지 않지만, 북한의 여타 제품과 비교하면 매우 높은 수준이다. 밀착력이 좋아 피부에 잘 발리고 촉촉한 느낌을 주는 반면 크림이 잘 뭉치고 지속성이 낮다.

미백과 주름 개선 기능은 없지만 보습 효과가 뛰어난 편이다. 피부에 바르면 가볍고 산뜻한 편이지만 문지르면 백탁 현상이 심하게 나타난다. 백탁 현상은 화장품을 바른 후에 본인의 얼굴색과 다르게 피부색이 허옇게 뜨는 현상이다. 한국에서도 여름철에 선크림을 잘못 바르면 얼굴색과 분리되어 피부에 허옇게 남는 경우와 유사하다. 분크림을 바를 경우 얼굴에 완전히 밀착이 안 되어 나타나는 현상이다. 국내 파운데이션 제품에 비해 입자가 상당히 무거운데, 이는 부드럽게 발리는 느낌을 주기 위해 왁스가 대량으로 첨가되었기 때문이다. 한국에서는 부드러움을 위해 오일 대신 실리콘을 사용하지만 북한의 경우 생산기술이 실리콘 첨가 단계까지 발전하지 않았기 때문이다. 주요 성분은 녹차추출물, 나노이산화티탄, 황산화철, 적산화철, 세틸알코올, 실리콘유, 스쿠알렌, 피롤리돈카르본산소다, 프로필렌글리콜, 스테아린산모노글리세린, 글리세린, 향료 등이다. 프로필렌글리콜은 제품의 전 성분 표기에는 포함되었지만 실제로는 검출되지 않은 반면 성분 표기에 포함되지 않은 티타늄디옥사이드(5.41%)는 성분 분석 결과 함유된 것으로 확인되었다. 티타늄디옥사이드는 자외선 차단 기능을 하는 성분으로 인체에 유해한 성분은 아니다.

5

미래 살결물

사용 기한	용량	미백 기능	주름 개선	보습 효과	유해성 논란 성분
2년	120ml	X	X	O	X
성 분	녹차추출물, 히알루론산, 은행추출물, 글리세린 22.85%, 프로필렌글리콜, 1,3-부틸렌글리콜, 레몬산, 향료				

투명한 색상의 스킨 제품이다. 피부에 바르면 처음에는 살짝 미끌미끌하고 물처럼 가벼운 느낌이지만, 흡수된 후에는 상당히 빽빽한 느낌이다. 역시 미백과 주름 개선 기능은 없으나 보습 효과가 뛰어난 편이다. 함께 사용하는 미래 물크림과 미래 분크림 역시 보습 효과가 뛰어난 제품으로 보습에 특화된 세트 제품이다. 주요 성분은 해독 기능을 하는 녹차추출물, 히알루론산, 은행추출물, 글리세린, 프로필렌글리콜, 1,3-부틸렌글리콜, 레몬산, 향료 등이다. 성분 분석 결과 프로필렌글리콜과 1,3-부틸렌글리콜은 제품의 전 성분에는 포함되었으나 실제로는 함유되지 않은 것으로 확인되었다. 자연산 식물 원료인 녹차와 은행추출물이 포함된 것이 특징이다.

6

미래 세수크림

사용 기한	용량	세정 기능	거품 발생	보습 효과	유해성 논란 성분
2년	100ml	낮음	X	X	X
성 분	글리세린, 실리콘유, 라우릴에테르산소다, 프로필렌글리콜, 향료				

투명한 젤 타입의 세안 크림이다. 화장을 지울 때 거품 세안 이전에 사용하는 세안 제품이다. 피부에 부드럽게 마사지가 가능하지만 세정력이 약해 화장이 잘 지워지지 않고 젤이 뭉치는 편이다. 유리 용기에 담아 세안크림이 아닌 것처럼 보인다. 화장품의 외형이 독특하며 프랑스의 유명 브랜드 랑콤사의 디자인을 카피한 것이 눈에 띈다. 주요 성분은 글리세린, 실리콘유, 라우릴에테르산소다, 프로필렌글리콜, 향료 등이다. 보습 작용을 하는 성분인 프로필렌글리콜, 글리세린이 모두 검출되지 않아 보습 효과에 의문이 생긴다. 펌프가 조악해 반복해서 눌러도 내용물이 잘 나오지 않는다. 프랑스의 랑콤사 제품의 디자인을 복제했지만 금형과 플라스틱 제조 기술 등이 불완전하고 낙후되어 펌프가 내부에서 작동되지 않아 국내에서는 소비자에게 판매가 불가한 불량품 수준이다.

7

미래 살결물

사용 기한	용량	미백 기능	주름 개선	보습 효과	유해성 논란 성분
2년	100ml	?	X	O	X
성 분	천연식물추출물, 글리세린 3.91%, 프로필렌글리콜 4.15%, 히알루론산, 피롤리돈카르본산소다, 비타민C				

투명한 색상의 스킨 제품이다. 흡수는 빠른 편이지만 용액이 다소 무겁고 흡수 후에 끈적임이 남는다. 주요 성분은 천연식물추출물, 글리세린, 프로필렌글리콜, 히알루론산, 피롤리돈카르본산소다, 비타민C 등이다. 성분 표기상으로는 미백과 보습에 초점을 맞춘 기능성 제품으로 보이지만 제품의 성분 분석 결과 비타민C가 함유되어 있지 않은 것으로 확인되어 미백 기능은 신뢰할 수 없다. 화장품의 기본 효능인 미백과 주름 개선 등에서 효과가 미약하다.

8

미래 물크림

사용 기한	용량	미백 기능	주름 개선	보습 효과	유해성 논란 성분
2년	50ml	X	X	O	X
성 분	글리세린 4.58%, 스테아린산, 고급지방알코올, 실리콘유, 폴리비닐피롤리돈, 은행추출액, 물용해교원단백. 프로필렌글리콜				

백색의 크림 타입 로션 제품이다. 비교적 흡수가 빠르고, 실리콘 오일 특유의 부드러운 사용감이 느껴진다. 끈적임 없이 부드럽고 촉촉한 보습 기능성 제품이다. 주요 성분은 글리세린, 스테아린산, 고급지방알코올, 실리콘유, 폴리비닐피롤리돈, 은행추출액, 물용해교원단백 등이다. 성분 표기에 포함되지 않은 프로필렌글리콜(2.41%)이 검출되었다. 다만 프로필렌글리콜은 보습 기능이 있는 성분으로 인체에 유해한 성분은 아니다.

9

미래 분크림

사용 기한	용량	미백 기능	주름 개선	보습 효과	유해성 논란 성분
2년	30ml	X	X	O	X
성 분	글리세린 5.36%, 스쿠알렌, 히알루론산, 미리스틴산이소프로필, 폴리비닐피롤리돈				

베이지 색의 리퀴드 타입 파운데이션 제품이다. 피부에 바르면 부드럽고 촉촉한 느낌으로 윤기 있게 발리지만 끈적임이 심한 편이다. 한국산 제품과 비교하면 보정력이 높지 않지만, 북한 제품 기준으로는 매우 높은 수준이다. 미백 기능과 주름 개선 기능은 없지만 보습 기능은 뛰어난 편이다. 주요 성분은 글리세린, 스쿠알렌, 히알루론산, 미리스틴산이소프로필, 폴리비닐피롤리돈 등이다. 북한 여성들은 밝은 색의 파운데이션을 선호하기 때문에 한국산 파운데이션 제품군에 비해 색상이 매우 밝다. 입자가 펌프를 사용하기 어려울 정도로 뭉치며 지속성이 낮다. 비교적 짧은 시간 내에 효과가 사라진다.

10

미래 영양크림

사용 기한	용량	미백 기능	주름 개선	보습 효과	유해성 논란 성분
2년	25g	X	O	O	미확인
성 분	스쿠알렌, 글리세린 8.0%, 살구씨 기름, 비타민E에스테르, 고급지방알코올				

노란 색상의 크림 제품이다. 피부에 도톰하게 잘 펴 발리며 유분과 영양감이 느껴진다. 주름을 방지하고 피부에 수분을 공급하는 데 초점을 맞춘 크림이다. 미백 기능은 없지만 주름 개선과 보습에 효과가 있는 제품이다. 향이 강하지 않아 사용에 거부감이 크게 들지 않는다. 주요 성분은 상어의 간유肝油에서 얻어지는 액체 화합물인 스쿠알렌squalene, 글리세린, 살구씨 기름, 비타민E에스테르, 고급지방알코올 등이다. 비타민E에스테르는 제품의 전 성분 표기에는 포함되었지만 실제로는 검출되지 않은 반면 성분 표기에 포함되지 않은 프로필렌글리콜(2.69%)과 비타민E아세테이트(6.334%)가 검출되었다. 프로필렌글리콜은 보습 기능을 하는 성분이며 비타민E아세테이트는 오일의 산화 방지를 돕는 성분으로 인체에 유해한 성분은 아니다. 제품에 첨가된 보존제 성분과 고급지방알코올로 표기된 성분이 불분명하기 때문에 유해성 이슈가 있는 성분이 포함되었을 가능성도 배제할 수 없다.

11

미래 크림

사용 기한	용량	미백 기능	주름 개선	보습 효과	유해성 논란 성분
2년	25g	X	X	O	미확인
성 분	고급지방알코올, 글리세린 5.63%, 스쿠알렌, 프로필렌글리콜 1.96%, 미리스틴산이소프로필, 물용해교원단백, 은행추출물				

백색의 크림 제품이다. 같은 라인의 영양크림과 비교했을 때 수분감이 많아 촉촉하고 가벼운 느낌을 준다. 보습에 초점을 맞춘 수분크림이다. 미백과 주름 개선 기능은 없으나 보습 효과는 뛰어난 편이다. 주요 성분은 고급지방알코올, 글리세린, 스쿠알렌, 프로필렌글리콜, 미리스틴산이소프로필, 물용해교원단백, 은행추출물 등이다. 제품에 첨가된 보존제 성분과 고급지방알코올로 표기된 성분이 불분명하기 때문에 유해성 이슈가 있는 성분이 포함되었을 가능성이 있다.

12

미래 개성고려인삼 치약

사용 기한	용량	미백 기능	충치 예방	냄새 방지	유해성 논란 성분
2년	140g	O	X	O	O
성 분	이산화규소, 글리세린 19.31%, 소르비톨, 박하추출물, 금은화추출물, 개성고려인삼추출물, 향료				

일반적인 유형의 치약 제품이다. 인삼향이 강하고 사용 후 입안에 텁텁한 느낌이 남는다. 글리세린이 다량으로 함유되어 있다. 글리세린 성분은 치아를 형성하는 에나멜의 재생성을 차단하기 때문에 양치 후 입안을 잘 헹구어야 한다. 충치 예방 기능은 다소 떨어지지만 치아 미백과 냄새 방지 기능이 있는 제품으로 주요 성분은 이산화규소, 글리세린, 소르비톨, 박하추출물, 금은화추출물, 개성고려인삼추출물, 향료 등이다. 이 제품의 특이점은 불소를 함유하고 있지 않다는 것이다.

불소는 충치 예방에 좋은 성분이지만 과다 섭취할 경우 치아불소증을 일으켜 최근 국내에서는 불소가 함유되지 않은 제품이 주종을 이룬다. 하지만 북한 제품에 불소가 함유되지 않은 이유는 최근 트렌드를 의식했다기보다는 부족한 재료나 생산기술의 한계로 인해 불소 성분을 첨가하지 못했거나 공정 과정에서 유실된 것으로 추정된다. 고려인삼추출물과 박하추출물이 포함된 것이 특징이다. 미백 기능과 냄새 방지 기능은 양호하나 불소가 포함되어 있지 않아 충치 예방은 미흡하다.

13

미래 살결물

사용 기한	용량	미백 기능	주름 개선	보습 효과	유해성 논란 성분
1년	80ml	O	X	O	X
성 분	누룩산, 비타민C에스테르, 히알루론산, 글리세린 12.83%, 1,3-부틸렌 글리콜 0.06%, 향료				

묘향천호 합작회사의 최신 스킨 제품이다. 피부에 바르면 가볍고 흡수가 빠른 편이지만 흡수 후에도 끈적임이 남는다. 피부를 밝게 하고 수분을 공급하는 데 초점을 맞춘 제품이다. 주름 개선 기능은 없으나 미백과 보습 효과가 있다. 주요 성분은 누룩산, 비타민C에스테르, 히알루론산, 글리세린, 1,3-부틸렌글리콜, 향료 등이다. 제품 성분 표기에 포함되지 않은 프로필렌글리콜(0.23%)이 검출되었다. 보습 기능이 있는 프로필렌글리콜은 인체에 유해한 성분은 아니다. 최신 제품임에도 불구하고 여전히 펌프 기술이 좋지 않아 펌프를 누르면 용액이 많이 튀는 등 소비자가 사용하는 데 다소 불편을 감수해야 한다. 펌프 기술은 북한 화장품이 외국산 화장품을 벤치마킹하는 과정에서 완전히 해결하지 못한 부분이다.

14

미래 물크림

사용 기한	용량	미백 기능	주름 개선	보습 효과	유해성 논란 성분
2년	80ml	X	X	O	X
성 분	히알루론산, 은행추출물, 세틸알코올, 스테아린산모노글리세리드, 글리세린 1.01%, 스쿠알렌, 향료				

묘향천호합작회사의 최신 로션 제품이다. 피부에 바르면 두께감이 느껴지면서도 촉촉하게 잘 발리며 흡수 후에 끈적임이 없다. 보습에 초점을 맞춘 젤-크림이다. 미백과 주름 개선 기능은 없으나 보습 기능은 뛰어난 편이다. 주요 성분은 히알루론산, 은행추출물, 세틸알코올, 스테아린산모노글리세리드, 글리세린, 스쿠알렌, 향료 등이다. 은행에 함유된 터페노이드 성분은 피부의 건조함을 막아주며, 베타카로틴은 노화를 일으키는 활성산소를 제거해 피부는 물론 인체의 노화를 방지하는 기능을 한다. 제품 성분 표기에 포함되지 않은 프로필렌글리콜(5.09%), 1,3-부틸렌글리콜(0.01%)이 검출되었다. 프로필렌글리콜과 1,3-부틸렌글리콜은 보습 기능이 있는 성분으로 인체에 유해한 성분은 아니다. 최신 제품임에도 불구하고 여전히 펌프 기술이 좋지 않아 용액이 튀는 문제를 해결하지 못했다.

15

미래 분크림

사용 기한	용량	미백 기능	주름 개선	보습 효과	유해성 논란 성분
2년	50ml	X	X	O	X
성 분	히알루론산, 누룩산, 피롤리돈카르본산소다, 콩추출물, 글리세린 2.75%, 1,3-부틸렌글리콜, 향료				

묘향천호합작회사의 최신 파운데이션 제품이다. 피부에 부드럽고 촉촉하게 발리며 색상이 매우 밝아 메이크업 베이스와 파운데이션의 중간 느낌을 준다. 묘향천호합작회사에서 최근에 개발한 제품으로 기존 라인과 비교해 점도가 낮아지고 더 얇고 가벼운 느낌이다. 제조 기법이 향상된 것으로 추정된다. 미백과 주름 개선 기능은 없으나 보습 효과가 뛰어난 편이다. 다만 색상이 너무 밝아서 분체가 뭉치는 것이 눈에 보인다. 주요 성분은 나노이산화티탄, 세틸알코올, 미리스틴산이소프로필, 스쿠알렌, 유동유油桐油, 황산화철, 적산화철, 히알루론산, 글리세린, 프로필렌글리콜, 향료 등이다. 제품 성분 표기에 포함되지 않은 티타늄디옥사이드 성분이 검출되었다. 티타늄디옥사이드는 자외선 차단 기능이 있는 성분으로 인체에 유해한 성분은 아니다. 최신 제품임에도 불구하고 여전히 펌프 기술이 좋지 않아 펌프를 누르면 용액이 많이 튀는 등 사용에 다소 불편이 따른다.

16

미래 살결물(보습성)

사용 기한	용량	미백 기능	주름 개선	보습 효과	유해성 논란 성분
1년	50ml	X	X	O	X
성 분	나노이산화티탄, 세틸알코올, 미리스틴산이소프로필, 스쿠알렌, 유동유, 황산화철, 적산화철, 히알루론산, 글리세린 5.31%, 프로필렌글리콜 0.11%, 향료				

묘향천호합작회사의 최신 에센스 제품이다. 피부에 바르면 초기에는 도톰하게 발리지만 곧 알갱이가 무너지며 펴 발리는 느낌이다. 미백과 주름 개선 기능은 없지만 보습 효과가 뛰어난 제품이다. 주요 성분은 히알루론산, 누룩산, 피롤리돈카르본산소다, 콩추출물, 글리세린, 1,3-부틸렌글리콜, 향료 등이다. 1,3-부틸렌글리콜은 제품 성분 표기에는 포함되었으나 실제로는 검출되지 않은 반면 성분 표기에 포함되지 않은 프로필렌글리콜(3.87%)이 검출되었다. 프로필렌글리콜은 보습 기능이 있는 성분으로 인체에 유해한 성분은 아니다. 특이하게 콩추출물이 포함되어 있다. 최신 제품임에도 불구하고 여전히 펌프 기술이 좋지 않아 펌프를 누르면 용액이 많이 튀는 등 사용에 다소 불편이 따른다. 이 제품은 워터 실리콘Water Silicon이 포함된 제형으로 북한의 화장품 생산 기술의 발전을 상징하는 제품이다.

17

미래 영양크림

사용 기한	용량	미백 기능	주름 개선	보습 효과	유해성 논란 성분
1년	30g	O	X	X	미확인
성 분	비타민C에스테르, 누에실가루, 탄성단백, 세틸알코올, 스테아린산모노글리세리드, 스쿠알렌, 미리스틴산이소프로필, 향료				

묘향천호합작회사의 최신 영양크림 제품이다. 초반부터 피부에 부드럽게 잘 펴 발리며 흡수가 빠르다. 하지만 영양감이 별로 느껴지지 않고 보습감이 없어 흡수 후에 피부가 다소 건조해지는 느낌이다. 주름 개선이나 보습 기능은 없지만 피부 미백에 특화된 제품이다. 미백에 특화된 크림은 북한 화장품으로는 최신 제품이다. 주요 성분은 비타민C에스테르, 누에실가루, 탄성단백, 세틸알코올, 스테아린산모노글리세리드, 스쿠알렌, 미리스틴산이소프로필, 향료 등이다. 제품 성분 표기에 포함되지 않은 비타민E아세테이트(0.263%)가 검출되었다. 다른 제품에서는 포함되지 않은 새로운 성분인 누에실가루가 포함되었다. 비타민E아세테이트는 오일의 산화 방지를 돕는 성분으로 인체에 유해한 성분은 아니다. 다만 제품에 첨가된 보존제 성분이 불분명하기 때문에 유해성 이슈가 있는 성분이 포함되었을 가능성이 있다.

● 미래 화장품 세트

● 미래 세트 제품의 설명서

미래 세트 제품은 설명서에 사용 순서를 명기했다. 아침에는 살결물 → 보습살결물 → 물크림 → 분크림 순이었다. 저녁에는 살결물 → 영양크림 순이었다. 북한 미래화장품 설명서의 내용은 다음과 같다.

구분	분크림	영양크림	물크림
주원료	나노이산화티탄, 세틸알코올, 미리스틴산이소프로필, 스쿠알렌, 유동유, 황산화철, 적산화철, 히알루론산, 글리세린, 프로필렌글리콜, 향료	비타민C에스테르, 누에실가루, 탄성단백, 세틸알코올, 스테아린산모노글리세리드, 스쿠알렌, 미리스틴산이소프로필, 향료	히알루론산, 은행추출물, 세틸알코올, 스테아린산모노글리세리드, 글리세린, 스쿠알렌, 향료
효능	자외선방지기능을 높여 햇빛에 의한 피부타기를 막고 피부색을 자연스럽게 하여 분장효과를 높이며 화장을 오래도록 유지시키며 피부를 보호합니다.	미백활성성분이 밤시간에 피부 깊은층에 침투되어 검은 색소를 제거하고 죽은 피부를 신속히 제거하며 또한 세포재생능력을 높여 낮시간에 소모된 영양을 보충함으로써 피부를 매끄럽고 주름을 없애며 피부색을 희게 합니다.	피부에 수분과 기름분을 동시에 보장하며 세포안의 멜라닌색소형성을 억제하여 색소침착을 없애고 자외선을 방지하여 피부색을 희게 합니다.
사용방법	기초화장후 분첩 혹은 손으로 골고루 펴바릅니다.	밤에 살결물을 바른 후 적당한 양을 펴 바르고 마찰하면서 흡수시킵니다.	보습성살결물 피부에 펴 바르고 마찰하면서 흡수시킵니다.

1

금강산 물크림

사용 기한	용량	미백 기능	주름 개선	보습 효과	유해성 논란 성분
2년	120ml	X	X	O	0.1975%
성 분	개성고려인삼추출물, 미리스틴산이소프로필IPM, 스테아린산, 스쿠알렌, 스테아린산모노글리세리드, 글리세린, 에틸파라벤, 향료				

전형적인 크림 타입 로션 제품이다. 피부에 잘 펴 발리고 잔여감과 끈적임이 적어 흡수도 빠른 편이다. 미백과 주름 개선 기능은 없으나 보습 기능은 뛰어난 편이다. 주요 성분은 개성고려인삼추출물, 미리스틴산이소프로필IPM, 스테아린산, 스쿠알렌, 스테아린산모노글리세리드, 글리세린, 에틸파라벤, 향료 등이다. 에틸파라벤과 페녹시에탄올은 제품 성분 표기에는 포함되었지만 분석 결과 검출되지 않았다. 성분 표기에 포함되지 않은 메틸파라벤(0.1492%)과 프로필파라벤(0.0483%)이 검출되었다. 파라벤 계열의 성분은 방부제의 일종으로 주로 보존제로 사용되어 피부 자극이나 트러블의 원인이 될 수 있다. 국내에서는 소비자들의 부작용을 우려해 더 이상 사용하지 않는다.

2

금강산 살결물(보습성)

사용 기한	용량	미백 기능	주름 개선	보습 효과	유해성 논란 성분
2년	120ml	X	X	O	X
성 분	개성고려인삼추출물, 에틸알코올, 1,3-부틸렌글리콜 5.53%, 글리세린 0.5%, 프로필렌글리콜, 트윈-80, 피롤리돈카르본산소다, 향료				

전형적인 스킨 제품이다. 물처럼 다소 흐르는 편인데 피부에 바르면 밀착감 있게 발리면서도 끈적이는 편이다. 끈적이는 느낌은 착용감을 방해한다. 미백과 주름 개선 기능은 없지만 보습 효과는 뛰어난 편이다. 주요 성분은 개성고려인삼추출물, 에틸알코올, 1,3-부틸렌글리콜, 글리세린, 프로필렌글리콜, 트윈-80, 피롤리돈카르본산소다, 향료 등이다. 제형 기술의 한계로 펌프가 조악해 펌프를 누르면 용액이 세게 튄다. 모든 용기에서 문제가 있는 펌프의 작동은 금강산 살결물 제품에서도 역시 해결되지 못했다. 외국 제품을 외형적으로 복제할 수는 있으나 소재 및 부품의 불량으로 인한 작동상의 하자는 감출 수 없다. 상온에서 보관해도 용액이 배어 나오는 등 안정도가 좋지 못한 편이다. 개성고려인삼추출물을 사용해 품질을 개선했다.

3
금강산 미백영양물

사용 기한	용량	미백 기능	주름 개선	보습 효과	유해성 논란 성분
2년	40ml	?	X	O	미확인
성 분	개성고려인삼추출물, 알코올, 보습제, 점결제, 향료				

전형적인 에센스 제품이다. 피부에 바르면 시원하고 가벼운 느낌이며 흡수가 빠르고, 흡수 후에 끈적임이 없어 산뜻하다. 보습 기능에 초점을 맞춘 제품이다. 주요 성분은 개성고려인삼추출물, 알코올, 보습제, 점결제, 향료 등이다. 제품명이 미백영양물이므로 적어도 미백 기능이 있어야 하지만 제품 성분 표기에 미백 기능 성분이 포함되어 있지 않았다. 성분 분석에서도 검출되지 않아 보습 기능만 있는 제품인 것으로 확인되었다. 미백이라는 용어를 제품명에 사용했음에도 미백 기능이 없다면 국내 화장품 법규 및 광고 기준으로는 과장 및 허위 광고에 해당된다. 제품에 첨가된 보습제도 성분이 불분명해 인체에 유해한 성분이 사용되었을 가능성이 있다. 또한 금형 및 제형기술의 한계로 용기의 뚜껑이 맞지 않아 잘 열리거나 혹은 닫히지 않는다.

4

금강산 밤크림

사용 기한	용량	미백 기능	주름 개선	보습 효과	유해성 논란 성분
6개월	30g	X	?	O	0.0811%
성 분	개성고려인삼추출물, 미리스틴산이소프로필, 스테아린산모노글리세리드, 스테아린산, 스쿠알렌, 비타민E, 1,3-부틸렌글리콜 4.22%, 에틸파라벤, 글리세린 0.48%, 페녹시에탄올 0.2045%, 향료, 글리세릴스테아레이트				

열은 노란색의 나이트크림 제품이다. 크림이 잘 엉기고 피부에 바르면 다소 끈적거림이 있는 편이다. 주요 성분은 개성고려인삼추출물, 미리스틴산이소프로필, 스테아린산모노글리세리드, 스테아린산, 스쿠알렌, 비타민E, 1,3-부틸렌글리콜, 에틸파라벤, 글리세린, 페녹시에탄올, 향료, 글리세릴스테아레이트 등이다. 비타민E의 경우 제품의 전 성분에는 표기되었지만 실제로는 성분이 검출되지 않았다. 비타민E 성분은 피부 미백에 관여하는 성분으로 이 제품의 미백 효과 역시 문제가 있다. 한편 프로필파라벤(0.0801%)과 메틸파라벤(0.0002%) 성분의 경우 제품의 전 성분 표기에는 포함되지 않았으나 성분 분석 결과 검출되었다. 파라벤 계열의 성분은 방부제의 일종으로 주로 보존제로 사용되는데 피부 자극이나 트러블의 원인이 될 수 있다. 한국에서는 부작용을 우려해 더 이상 사용하지 않는다. 고려인삼과 스쿠알렌 등이 포함되어 고급 제품으로 평가된다.

5

금강산 크림

사용 기한	용량	미백 기능	주름 개선	보습 효과	유해성 논란 성분
6개월	30g	X	X	O	0.2703%
성 분	개성고려인삼추출물, 미리스틴산이소프로필, 스테아린산, 스쿠알렌, 글리세릴스테아레이트, 1,3-부틸렌글리콜 3.2%, 글리세린 0.23%, 페녹시에탄올 0.2013% 에틸파라벤, 향료				

열은 베이지 색의 크림 제품이다. 같은 라인의 밤크림과 비교해 좀 더 가벼운 느낌으로 피부에 바를 때 더욱 부드럽고 초반 발림성이 뛰어난 편이다. 보습 기능을 강조한 제품이다. 미백과 주름 개선 기능은 없지만 보습 효과가 뛰어난 편이다. 주요 성분은 개성고려인삼추출물, 미리스틴산이소프로필, 스테아린산, 스쿠알렌, 글리세릴스테아레이트Glyceryl stearate, 1,3-부틸렌글리콜, 글리세린, 페녹시에탄올, 에틸파라벤, 향료 등이다. 에틸파라벤의 경우 제품의 전 성분에는 표기되었지만 실제로는 성분이 검출되지 않았다. 메틸파라벤(0.1755%)과 프로필파라벤(0.0948%)의 경우 성분 표기에는 포함되어 있지 않지만 화장품 분석 결과 검출되었다. 파라벤 계열의 성분은 방부제의 일종으로 주로 보존제로 사용되어 피부 자극이나 트러블의 원인이 될 수 있다. 파라벤 계열 성분은 국내에서는 부작용을 우려해 더 이상 사용하지 않는다. 유해 성분의 비율이 0.27%로 높게 나온 원인이다.

6

금강산 개성고려인삼 미백살결물

사용 기한	용량	미백 기능	주름 개선	보습 효과	유해성 논란 성분
미표기	미표기	?	X	O	미확인
성 분	알코올, 인삼 및 고려약추출물, 보습제, 향료				

전형적인 스킨 제품이다. 피부에 바르면 가볍고 흡수가 빠르며 끈적임이 거의 없는 편으로 잔여감이 남지 않는다. 주요 성분은 알코올, 인삼 및 고려약추출물, 보습제, 향료 등이다. 제품명이 미백살결물인데 비타민C의 경우 제품의 전 성분에는 표기되었지만 실제로는 성분이 검출되지 않았다. 미백 기능에 관여하는 비타민C 성분이 검출되지 않아 이 제품의 미백 기능 역시 의심된다. 제품에 첨가된 보습제도 성분이 불분명해 인체에 유해한 성분이 사용되었을 가능성이 있다. 인삼과 고려약추출물 등이 포함되어 고급 제품으로 개발되었으나 상품명에 사용된 미백 기능 성분이 없어 국내 법 규정으로는 허위 및 과장 광고에 해당될 수 있다.

7

금강산 개성고려인삼 미백물크림

사용 기한	용량	미백 기능	주름 개선	보습 효과	유해성 논란 성분
미표기	미표기	X	X	O	X
성 분	스테아린산, 글리세린 2.15%, 인삼 및 고려약추출물, 향료				

질은 베이지 색의 크림 제품이다. 피부에 흡수가 빠르고 끈적이지 않아 산뜻하고 탄력이 느껴진다. 미백과 주름 개선 기능은 없지만 보습 기능은 뛰어난 편이다. 주요 성분은 스테아린산, 글리세린, 인삼 및 고려약추출물, 향료 등이다. 성분 표기에는 포함되지 않은 엘라스토머가 검출되었다. 엘라스토머 성분은 피부결을 부드럽게 유지시키는 성분으로 인체에 유해한 성분은 아니다. 그러나 제품에 첨가된 고려약추출물과 보습제의 성분이 불분명해 인체에 유해한 성분이 사용되었을 가능성도 배제할 수 없다. 고려약추출물에 대해 정확한 설명이 있어야 할 것 같다. 국내에서는 식품의약품안전처 및 보건복지부 등 관련 기관에서 화장품 성분 표기에 대해 엄격한 규정을 적용해 소비자의 위생과 안전을 보호한다.

8

금강산 개성고려인삼 미백영양물

사용 기한	용량	미백 기능	주름 개선	보습 효과	유해성 논란 성분
미표기	미표기	X	X	?	미확인
성 분	알코올, 인삼 및 고려약추출물, 보습제, 향료, 점결제				

투명한 색상의 에센스 제품이다. 피부에 도톰하게 잘 발리며 흡수 속도가 빠르지만 피부에 흡수된 후에는 보습제의 끈적임이 다소 올라오는 편이다. 주요 성분은 알코올, 인삼 및 고려약추출물, 보습제, 향료, 점결제 등이다. 점결제는 점성이 있어서 화장품을 끈끈하게 만들어 주는 성분으로 에센스 제품에 사용된다. 다른 제품에서는 점결제가 검출되지 않았는데 이 제품에서만 포함된 것은 특이하다. 일반적으로 미백, 주름 개선, 보습 기능이 있는 성분이 전혀 검출되지 않아서 이 제품의 기능 및 효과가 의심된다. 또한 제품에 첨가된 보습제 성분은 정확한 설명이 없어 인체에 유해한 성분이 사용되었을 가능성이 있다. 한편, 딥펌프deep pump 용기를 사용했는데, 제형기술의 한계로 인해 펌프가 조악해 펌프를 누를 경우 내용물이 크게 튀는 편으로 사용이 다소 불편하다. 미백영양물이지만 효능에 의문이 있는 제품이다.

9

금강산 개성고려인삼 자외선방지크림

사용 기한	용량	미백 기능	주름 개선	보습 효과	유해성 논란 성분
미표기	미표기	X	X	O	X
성 분	스테아린산, 글리세린 5.28%, 인삼 및 고려약추출물, 향료, 자외선 방지제				

백색의 크림 제품이다. 피부에 바르면 초기에 백탁이 심하게 일어나는 편이지만 흡수되는 속도는 빠른 편이다. 흡수된 후에는 백탁이 일어나지 않고 끈적임이 없어 보송보송한 느낌을 준다. 미백과 주름 개선 기능은 없지만 보습 기능은 뛰어난 편이다. 주요 성분은 스테아린산, 글리세린, 인삼 및 고려약추출물, 향료, 자외선 방지제 등이다. 프로필렌글리콜(6.38%)과 티타늄디옥사이드(1.95%) 성분은 성분 표기에 포함되지 않았지만 성분 분석 결과 검출되었다. 프로필렌글리콜 성분은 보습 역할을 하는 성분이며 티타늄디옥사이드 성분은 자외선 차단 역할을 하는 성분으로 인체에 유해한 성분은 아니다.

한편 국내외 자외선 차단제에는 자외선 차단 정도를 알려주는 SPF Sun Protection Factor 수치가 명시되어 있는데 이 제품의 경우 표기가 되어 있지 않다. 이 제품은 산도가 pH 7.9로 약알칼리성을 띠는데, 일반적으로 피부를 부드럽게 유지해 주는 산도가 약산성인 것을 감안하면 다소 의아한 수치이다. 기술 부족으로 산도 조절이 제대로 되지 않았거나 약산성으로는 자외선 방지 기능을 수행하기 어려운 측면을 고려해서 약알칼리성에 해당하는 물질을 첨가함으로써 실제 산도가 pH 7.9가 된 것으로 추정된다. 자외선 방지 기능과 피부 보습 등의 효과를 동시에 의도했으나 실제로 이행되지 않음에 따라 산도가 약알칼리성이 된 것으로 분석된다. 자외선 차단제 역할을 하는 티타늄디옥사이드 성분과 다른 성분의 혼합 기술의 문제나 성분의 불량 등이 원인일 수도 있다.

10

금강산 개성고려인삼 미백크림

사용 기한	용량	미백 기능	주름 개선	보습 효과	유해성 논란 성분
미표기	미표기	X	X	O	미확인
성 분	스테아린산, 글리세린, 인삼 및 고려약추출물, 향료				

열은 베이지 색의 크림 제품이다. 촉감이 부드럽고 발림성이 우수하지만 문지르면 백탁이 조금 올라오는 편이다. 미백보다는 보습에 초점을 맞춘 제품이다. 주요 성분은 스테아린산, 글리세린, 인삼 및 고려약추출물, 향료 등으로 주로 보존제이거나, 미백 효과가 있는 성분 등이다. 전체적인 성분 표기가 미흡하며 프로필렌글리콜(5%)과 글리세린(3.97%)의 경우 성분 표기에는 포함되지 않았으나 성분 분석 결과 검출되었다. 프로필렌글리콜과 글리세린은 보습 역할을 하는 물질로 인체에 유해한 성분은 아니다.

11

금강산 자외선방지크림

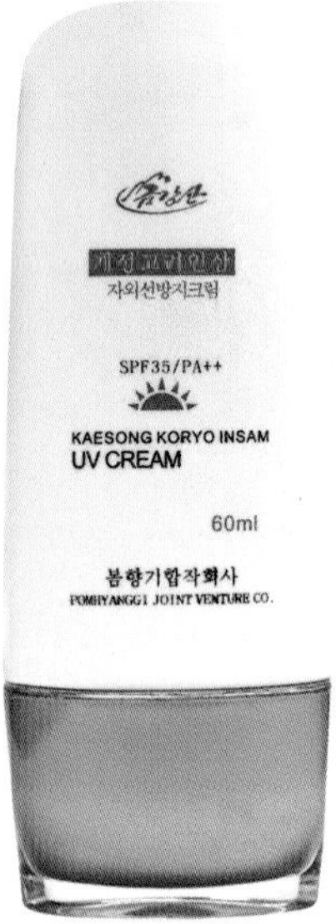

사용 기한	용량	미백 기능	주름 개선	보습 효과	유해성 논란 성분
2년	60ml	X	X	X	미확인
성 분	나노이산화티탄, 나노아연복합제, 천연자외선흡수제, 개성고려인삼추출물, 비타민E				

백색의 선크림 제품이다. 피부에 가볍게 펴 발리고 흡수가 빠르다. 피부에 천천히 바를 때에는 백탁이 심하게 올라오지만 피부에 흡수된 후에는 끈적임이 없고 백탁도 올라오지 않는다. 주요 성분은 나노이산화티탄, 나노아연복합제, 천연자외선흡수제, 개성고려인삼추출물, 비타민E 등이다. 비타민E의 경우 제품의 전 성분에는 표기되었지만 실제로는 성분이 검출되지 않았다. 또한 단순히 천연자외선흡수제로 표시된 성분이 분명하지 않아 인체에 유해한 성분이 사용되었을 가능성이 있다. 구체적인 성분을 표기하지 않고 단순히 기능을 의미하는 용어를 성분에 표기한 것은 한국 기준으로는 법 규정 위반이다. 성분을 밝히기 어려운 물질이 사용되었을 가능성을 배제할 수 없다. 한편 이 제품의 산도는 pH 8.1로 알칼리성을 띠고 있어 피부를 다소 건조하게 만든다. 가장 이상적인 피부로 꼽는 부드러운 아기 피부는 대체로 약산성을 띠는 피부이다. 미백, 주름 개선 보습 효과 등이 없는 단순한 자외선 방지 크림이다.

12

금강산 개성고려인삼 생인삼살결물

사용 기한	용량	미백 기능	주름 개선	보습 효과	유해성 논란 성분
2년	120ml	X	X	?	X
성 분	개성고려인삼과 추출물, 식물성수렴제, 견단백분해물, 프로필렌글리콜				

투명하고 묽은 에센스 제품이다. 피부에 흡수되는 속도가 빠른 편이지만 흡수 후에 끈적임이 다소 많이 느껴지는 편이다. 주요 성분은 개성고려인삼과 추출물, 식물성수렴제, 견단백분해물, 프로필렌글리콜 등이다. 프로필렌글리콜은 제품의 전 성분에는 포함되었지만 실제로는 검출되지 않았다. 프로필렌글리콜은 보습 기능이 있는 성분이나 검출되지 않아 이 제품의 보습 효과에 의문이 생긴다. 한편 용기는 생인삼 한 뿌리가 통째로 들어간 것을 육안으로 확인할 수 있도록 디자인되어 있어 시각적인 효과가 높고 실제로 뚜껑을 열면 인삼향이 퍼진다. 그래서 제품명도 생인삼살결물이라고 명명되었다. 식물성수렴제와 견단백분해물이 무엇인지 정확하게 표기되지 않았다. 견단백분해물은 누에고치에서 채취한 물질을 지칭하는 것으로 추정된다. 인삼을 원래 형태 그대로 화장품에 포함시켜 소비자에게 시각적으로 신뢰성을 각인시키는 데 주력한 제품이다. 북한은 들쭉술 등 각종 주류에도 직접 인삼 한 뿌리를 집어넣어 소비자의 시각적인 호기심을 유도하는 제품 제조와 마케팅 전략을 구사하고 있다. 세계적인 명성의 개성고려인삼을 활용한 제품으로, 화장품에 인삼이 통째로 들어갔을 경우 화장품 성분에 의한 기능 외에 인삼으로 인해 효과가 더 좋아지는지는 기술 분석상 분명치는 않다. 다만 인삼의 효능으로 볼 때 피부에 순기능을 할 것으로 예상된다.

13

금강산 개성고려인삼 크림

사용 기한	용량	미백 기능	주름 개선	보습 효과	유해성 논란 성분
2년	50g	X	?	O	미확인
성 분	개성고려인삼추출물, 스테아린산, 트윈-60, 미리스틴산이소프로필, 스쿠알렌, 살구씨 기름, 비타민E, 프로필렌글리콜 6.27%, 글리세린 6.31%, 향료, 폴리소르베이트60, 스테아르산				

백색의 크림 제품이다. 내용물이 부드러워 편안하고 밀착감 있게 발리고 사용 후 끈적임 없이 보송보송한 잔여감이 있다. 주요 성분은 개성고려인삼추출물, 스테아린산, 트윈-60, 미리스틴산이소프로필, 스쿠알렌, 살구씨 기름, 비타민E, 프로필렌글리콜, 글리세린, 향료, 폴리소르베이트60, 스테아르산 등이다. 성분 분석 결과 제품 포장에 강조되어 있는 비타민E 성분이 검출되지 않아 주름 개선 기능을 신뢰하기 어렵다. 또한 전 성분에 보존제로 표기된 성분이 불분명해 인체에 유해한 성분이 첨가되었을 가능성이 있다. 피부 미용에 좋은 것으로 알려진 살구씨 기름이 원료로 사용된 것은 특이하다.

14

금강산 개성고려인삼 살결물

사용 기한	용량	미백 기능	주름 개선	보습 효과	유해성 논란 성분
2년	50ml	O	X	O	X
성 분	개성고려인삼추출물, 에틸알코올, 트윈-80, 프로필렌글리콜 12.14%, 1,3-부틸렌글리콜 6.67%, 피롤리돈카르본산소다, 비타민C 0.085%, 향료				

점성이 없는 투명한 에센스 제품이다. 피부에 흡수가 빠르지만 흡수된 후에 다소 끈적임이 남는다. 제품 포장에 '기능성'이라는 문구를 강조한 것이 눈에 띈다. 주요 성분은 개성고려인삼추출물, 에틸알코올, 트윈-80, 프로필렌글리콜, 1,3-부틸렌글리콜, 피롤리돈카르본산소다, 비타민C, 향료 등이다. 비타민 계열 성분이 전 성분에 표기된 대다수의 제품이 실제로는 검출되지 않은데 반해 이 제품은 실제로 비타민C 성분이 검출되었다. 다만 오렌지와 비슷한 인공적인 향취가 너무 강해 장기간 향에 노출될 경우 두통을 유발할 수 있다. 비타민C를 제품명에 괄호로 강조한 만큼 실제 비타민C 0.085%가 검출되지 않을 경우 직접 비난을 받을 가능성을 우려해 포함은 했으나 향이 너무 강한 것은 원료에 문제가 있는 것으로 추정된다.

15

봄향기 개성고려인삼 크림

사용 기한	용량	미백 기능	주름 개선	보습 효과	유해성 논란 성분
1년	20g	X	?	X	미확인
성 분	세틸알코올, 스쿠알렌, 비타민E, 살구씨 기름, 히알루론산, 고려약추출물, 향료				

백색의 크림 제품이다. 에센스처럼 피부에 부드럽게 잘 펴 발리고 흡수 후에는 피부에 윤기가 난다. 다만 문지르면 백탁 현상이 다소 발생한다. 주요 성분은 세틸알코올, 스쿠알렌, 비타민E, 피부 미용에 좋은 살구씨 기름, 히알루론산, 고려약추출물, 향료 등이다. 비타민E의 경우 제품의 전 성분에는 표기되었지만 실제로는 검출되지 않았다. 주름 개선 기능이 있는 비타민E가 검출되지 않아 제품의 주름 개선 기능에 의문이 생긴다. 또한 보존제로 사용된 성분이 불분명해 인체에 유해한 성분이 첨가되었을 가능성이 있다. 고려약추출물의 성분이 불분명해 실제 어떤 원료를 사용했는지 궁금하다.

16

봄향기 개성고려인삼 크림

사용 기한	용량	미백 기능	주름 개선	보습 효과	유해성 논란 성분
1년	15g	X	X	O	미확인
성 분	스테아린산, 미리스틴산이소프로필, 유동유, 유화제, 글리세린 3.43%, 프로필렌글리콜 4.78%, 하이드로퀴논유도체, 고려약추출물, 향료				

황토색의 부드러운 크림 제품이다. 로션에 가까울 정도로 묽은데 피부에 바르면 부드럽고 매끈하게 잘 발리며 윤기가 많이 난다. 기미 주근깨 치료용 크림이다. 미백과 주름 개선 기능은 없지만 보습 기능은 좋은 편이다. 주요 성분은 스테아린산, 미리스틴산이소프로필, 유동유, 유화제, 글리세린, 프로필렌글리콜, 하이드로퀴논유도체, 고려약추출물, 향료 등이다. 제품에 첨가된 보존제와 하이드로퀴논유도체 성분이 불분명해 인체에 유해한 성분이 첨가되었을 가능성이 있다.

하이드로퀴논은 주로 기미 치료를 위해 사용되는 성분이지만 과다 복용하거나 바른 후 자외선에 노출되면 발암성 물질로 변질된다. 식품의약품안전처 화장품 안전 기준 등에 관한 규정에 따르면 국내에서는 하이드로퀴논 성분을 일반 화장품에서는 배합할 수 없는 의약품 성분으로 분류하고 있다. 북한은 화장품에 유해성 논란이 있을 수 있는 원료를 사용하는 것에 대해서 유해성 기준이 한국만큼 정확하게 마련되어 있지 않거나 혹은 기준은 있지만 무시하고 준수하지 않았을 가능성 등이 있을 수 있다. 북한의 열악한 경제 실정으로 판단할 때 유해성 기준이 정확하게 마련되어 있을 가능성은 미흡하다. 북한도 규격표준화 규정이 마련되어 있지만 여전히 미흡한 수준이다.[1] 유동유油桐油라는 기름이 포함된 것도 특이하다. 유동유는 기름오동나무에서 추출된다. 기름오동나무·동유수桐油樹 ·앵자동罌子桐이라고도 한다. 나무껍질은 잿빛을 띤 갈색이고 껍질눈이 있으며 굵은 가지가 사방으로 퍼진다. 같은 속 식물 중에서 추위에 가장 강하다. 관상용·공업용·약용으로 이용된다. 씨에서 기름을 채취하는데 여기에서 짜낸 기름을 동유桐油라 하며 잎을 유동油桐葉, 뿌리를 유동근油桐根이라 한다. 약으로 쓸 때는 탕으로 하여 사용한다. 외상에는 짓이겨 붙인다. 주로 비뇨기와 피부병증에 효험이 있다. 북한은 기름오동나무의 씨에서 짠 기름이 피부에 긍정적인 효과가 있다는 사실을 활용하여 크림 제조 원료로 사용했다. 북한은 전통적으로 민간에서 효험이 알려진 나무의 씨앗, 잎과 열매 및 약초 등 자연 재료를 화장품의 원료로 사용한다. 부족한 화학물질을 보충하기 위한 효과적인 방법으로 평가된다.

17

금강산 개성고려인삼 물크림

사용 기한	용량	미백 기능	주름 개선	보습 효과	유해성 논란 성분
1년	70ml	미상	미상	미상	미확인
성 분	전 성분 표기 없음				

백색의 크림 형식의 로션 제품이다. 피부에 흡수가 빠르고 흡수 후에는 끈적임이 남지 않아 산뜻한 느낌이다. 내용물이 잘 흐르지 않아 펌프를 눌러도 잘 올라오지 않고 펌프 내부에 많이 엉겨 붙는다. 전 성분이 표기되어 있지 않아 정확한 처방 분석에는 어려움이 따른다. 성분 표기가 없다는 것은 피부에 사용하는 화장품 제조에 사용이 금지된 물질을 사용했을 개연성도 배제할 수 없다. 물론 성분 표기가 없다는 것은 기존 제품을 그대로 복제했을 것이라는 추론도 가능하게 한다.

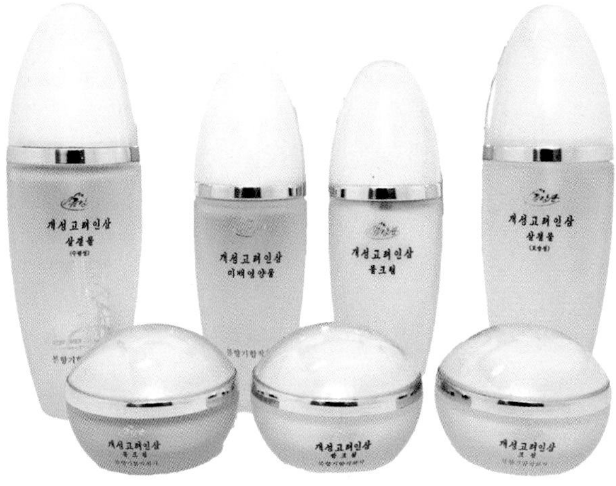

18

금강산 개성고려인삼 미백영양물

사용 기한	용량	미백 기능	주름 개선	보습 효과	유해성 논란 성분
1년	70ml	미상	미상	미상	미확인
성 분	전 성분 표기 없음				

투명한 에센스 제품이다. 조금 끈적끈적한 편으로 피부에 흡수된 후에도 말끔하게 지워지지 않고 잔여감이 남아서 다소 끈끈한 느낌을 준다. 딥펌프 형식의 용기를 사용했는데 펌프가 조악해 누르면 용액이 많이 튄다. 역시 펌프 제조 기술의 불량으로 제품을 사용하는 데 불편하다. 전 성분이 표기되어 있지 않아 정확한 처방 분석에는 어려움이 따른다. 역시 원료로 사용해서는 안 되는 물질이 포함되었을 개연성이 있다. 특히 유해 성분이 표기되지 않아 안전성에 의문을 가질 수밖에 없다.

19

금강산 개성고려인삼 살결물(보습성)

사용 기한	용량	미백 기능	주름 개선	보습 효과	유해성 논란 성분
1년	100ml	미상	미상	미상	미확인
성 분	전 성분 표기 없음				

투명한 색상의 스킨 제품이다. 끈적임이 없고 피부에 흡수가 빠르며 흡수 후에는 잔여감이 남지 않고 산뜻한 느낌이다. 딥펌프 용기를 사용했는데, 펌프가 뻑뻑하고 힘주어 누르면 용액이 많이 튄다. 전 성분이 표기되지 않아 정확한 처방 분석에는 어려움이 따르나 '보습성' 이라는 표기로 미루어 보습 성분이 있는 기능성 제품으로 보인다.

금강산 개성고려인삼 제품들은 전반적으로 전 성분 표기가 없다. 부작용이 있을 수 있는 것을 우려해서 표기가 없는지 혹은 회사의 일방적인 방침에 의한 것인지 모호하다. 봄향기합작회사 등 화장품 회사에서 신제품을 생산하는 데는 최소한의 일정 기간이 필요하다. 국내 기업들도 최소 1~2년 이상의 제품 개발 기간이 필요하다. 하지만 봄향기합작회사는 김정은 위원장 등 고위층의 관심을 고려해 신속하게 신제품을 출시해야만 한다. 이에 따라 기존 제품을 용기와 포장만 바꾸어서 신제품이라고 발표할 수밖에 없을 것이다. 특히 화장품은 화학산업과 각종 물질특허에 관한 기술이 축척되어야 신제품을 생산할 수 있는 특별한 품목이다. 고위층의 관심이 크다고 신제품을 계속적으로 생산할 수 있는 경제적 여건도 되지 않을 것이다. 결국 회사 차원에서는 기존 제품을 복제해서 내놓을 수밖에 없다. 전 성분 표기를 할 수 없는 이유는 기존 제품과 거의 유사하기 때문이다. 아마 한두 성분만을 추가해 느낌을 조금 다르게 했을 가능성이 적지 않다.

북한이 1997년 7월 최고인민회의 결정으로 채택한 '규격법' 2조는 "규격은 사회경제적 효과성을 최대로 내게 하는 합리적 기준이다. 규격에는 용어, 기호, 표기 방법, 설계 기준, 관리 기준, 안전 기준, 위생학적 기준, 환경보호 기준과 제품의 품종, 형, 치수, 기본 특성, 기술적 요구, 시험법, 상표표식 같은 것이 속한다"고 규정했다. "이 법을 어겨 규격사업에 엄중한 결과를 일으킨 기관, 기업소, 단체의 책임 있는 일꾼과 개별적 공민에게는 정상에 따라 행정적 또는 형사적 책임을 지운다"고 규정했다. 한편 북한이 2005년 11월 최고인민위원회 결정에 따라 제정한 '유기산업법'은 2조에서 "유기산업은 화학적인 방법으로 합성해 만든 비료, 농약, 사료, 수의약품, 원료, 자재, 가공첨가제 같은 것을 거의 쓰지 않고 인민들의 건강 증진에 유익한 농산물, 수산물, 목제품, 식료품, 의약품, 화장품, 공예품, 방직 및 피복 제품 같은 것을 생산하는 경제부문이다"라고 규정했다.[2] 이 제품을 유기농 제품으로 홍보하기 위해 인체에 문제가 될 수 있는 성분 표시를 삭제한 것으로 추정된다.

20

금강산 개성고려인삼 살결물(수렴성)

사용 기한	용량	미백 기능	주름 개선	보습 효과	유해성 논란 성분
1년	100ml	미상	미상	미상	미확인
성 분	전 성분 표기 없음				

점도가 거의 없이 묽고 투명한 스킨 제품이다. 피부에 흡수가 빠르고 흡수 후에는 산뜻한 느낌이다. 역시 용기의 펌프가 조악해 뻣뻣하고 잘 눌러지지 않는다. 힘주어 누르면 용액이 많이 튄다. 한편 용기는 인삼 한 뿌리가 통째로 들어간 것을 육안으로 확인할 수 있도록 용기가 투명하게 디자인되어 시각적인 효과가 높고 실제로 뚜껑을 열면 인삼향이 퍼진다. 인삼 한 뿌리를 통째로 넣은 것처럼 화장품에 원료를 가공하지 않은 원래 상태 그대로 화장품에 넣어 소비자가 볼 수 있도록 한 제품은 아마 북한산이 유일할 것이다.

21

금강산 개성고려인삼 크림

사용 기한	용량	미백 기능	주름 개선	보습 효과	유해성 논란 성분
1년	40g	미상	미상	미상	미확인
성분	전 성분 표기 없음				

백색의 부드러운 크림 제품이다. 피부에 잘 펴 발리며 초반에 다소 백탁 현상이 발생하지만 부드럽고 흡수가 빠른 편이다. 전 성분이 표기되어 있지 않아 정확한 처방 분석에는 어려움이 따르나, 외관과 사용감 등으로 미루어 보습 기능이 뛰어난 기능성 보습크림으로 보인다.

22

금강산 개성고려인삼 밤크림

사용 기한	용량	미백 기능	주름 개선	보습 효과	유해성 논란 성분
1년	40g	미상	미상	미상	미확인
성 분	전 성분 표기 없음				

부드러운 나이트크림이다. 피부에 잘 펴 발리며 초반에 다소 백탁 현상이 발생하지만 부드럽고 흡수가 빠른 편이다. 전 성분이 표기되어 있지 않아 정확한 처방 분석에는 어려움이 따르나, 외관과 사용감 등으로 미루어 보습 기능이 뛰어난 기능성 보습크림으로 보인다.

23

금강산 개성고려인삼 분크림

사용 기한	용량	미백 기능	주름 개선	보습 효과	유해성 논란 성분
1년	40g	미상	미상	미상	미확인
성 분	전 성분 표기 없음				

짙은 베이지 색의 크림형 파운데이션 제품이다. 국내 제품과 비교하면 보정력이 높지 않지만, 북한 제품 기준으로는 매우 높은 수준이다. 전 성분이 표기되어 있지 않아 정확한 처방 분석에는 어려움이 따르나 피부에 바르면 색상이 너무 밝아 입자가 뭉치는 현상이 확인된다. 색상이 밝은 이유는 북한 여성들은 밝은 색의 파운데이션을 선호하기 때문이다. 이 제품은 국내 파운데이션 제품군에 비해 매우 밝다.

24

금강산 개성고려인삼 살결물

사용 기한	용량	미백 기능	주름 개선	보습 효과	유해성 논란 성분
미표기	150ml	미상	미상	미상	미확인
성 분	전 성분 표기 없음				

끈끈한 느낌의 점도가 없는 스킨 제품이다. 피부에 흡수가 빠르지만 흡수 후에 피부가 다소 뻑뻑하고 건조해지는 느낌이다. 전 성분이 표기되어 있지 않아 정확한 처방 분석에는 어려움이 따르나, 시연 결과 인공적인 향취가 다소 강한 편으로 확인되었다. 용기는 다른 제품에 비해 튼튼하고 안정감이 있다. 용기의 색깔과 모양이 프랑스 랑콤사의 보라색 화장품을 벤치마킹한 것으로 추정된다. 역시 전 성분이 표기되지 않아 기존 제품에 소량의 인공 향료를 첨가한 것으로 평가된다.

25

금강산 개성고려인삼 물크림

사용 기한	용량	미백 기능	주름 개선	보습 효과	유해성 논란 성분
미표기	120ml	미상	미상	미상	미확인
성 분	전 성분 표기 없음				

점도가 낮은 백색의 크림 타입 로션이다. 피부에 부드럽게 잘 펴 발리고 피부에 흡수도 빠른 편이지만 흡수 후에 다소 뻑뻑한 잔여감이 남는다. 전성분이 표기되어 있지 않아 정확한 처방 분석에는 어려움이 따르나, 시연 결과 인공적인 향취가 다소 강한 것으로 확인되었다. 다른 제품에 비해 용기가 튼튼하고 안정감이 있다.

26

금강산 개성고려인삼 밤크림

사용 기한	용량	미백 기능	주름 개선	보습 효과	유해성 논란 성분
미표기	30g	미상	미상	미상	미확인
성 분	전 성분 표기 없음				

백색의 부드러운 나이트크림이다. 용기에서 잘 떠지고 피부에도 잘 펴 발리지만 초기에는 백탁 현상이 다소 나타나는 편이다. 피부 흡수 속도는 중간 수준이며 흡수 후에는 보습제 특유의 촉촉한 느낌이 나타난다. 전 성분이 표기되어 있지 않아 정확한 처방 분석에는 어려움이 따르나, 같은 세트 구성품인 살결물과 물크림에 비해 인공적인 향취가 없는 편이고 용기의 안정도 역시 높다.

27

개성고려인삼 분크림

사용 기한	용량	미백 기능	주름 개선	보습 효과	유해성 논란 성분
미표기	30g	미상	미상	미상	미확인
성 분	전 성분 표기 없음				

색상이 매우 밝은 크림 타입의 파운데이션 제품이다. 젤처럼 촉촉하고 보들보들하면서도 묵직한 질감이 느껴지는데 뭉침 정도가 다소 심하고 지속성도 낮은 편이다. 시연 결과 보정력은 평균 이하인 것으로 확인되었다. 묘향천 호합작회사의 미래 분크림에 비해서는 품질에서 우위에 있지만 국내 기준으로는 커버력, 밀착력, 지속력 등 메이크업의 기본 속성이 1980년대 중·후반 수준에 머무는 것으로 나타났다. 상온에서도 크림의 테두리에서 내용물이 분리되는 현상이 확인되었다. 역시 전 성분이 표기되어 있지 않다.

28

봄향기 미안막

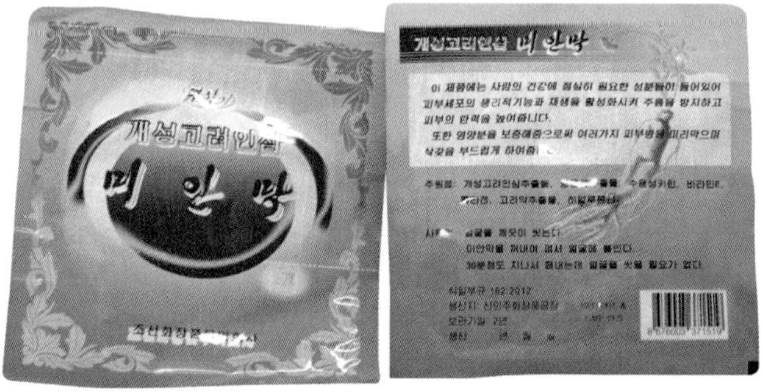

사용 기한	수량	미백 기능	주름 개선	보습 효과	유해성 논란 성분
2년	1매	X	?	X	X
성 분	개성고려인삼추출물, 둥굴레추출물, 수용성키틴, 비타민E, 콜라겐, 고려약추출물, 히알루론산				

최근 소비자들 사이에서 인기를 얻고 있는 페이스 팩 제품이다. 중국과 같이 공해가 심하고 자외선이 강한 지역에 거주하는 소비자들이 선호하는 제품이다. 산뜻하고 밀착감이 좋지만 점도가 너무 낮아 액이 약간 흘러내리는 문제가 있고 사용 후 끈적임이 남으면서도 영양감과 오일감은 거의 없고, 인공적인 향취가 지나친 느낌이다. 시트 소재나 디자인은 국내외에서 보통 사용하는 수준으로 중량이 낮은 면과 셀룰로오스cellulose 재질이 사용되었다. 다만 북한의 화장품 공장에서 마스크 팩 제품까지 제조하는 것은 기초 및 색조 화장품에 이어 모든 화장품 제품을 생산하려는 노력으로 평가된다. 제품명을 '미안막'으로 명명한 것은 가능한 외래어를 사용하지 않으려는 북한 당국의 지침 때문이다. 다만 미안막美顏幕은 순수 우리말이라기보다는 한자어 표현이라고 할 수 있다.

포장과 디자인이 다소 촌스럽고 파우치 필름 기술의 한계로 사용 시 편의성이 떨어진다. 주요 성분은 개성고려인삼추출물, 둥굴레추출물, 수용성키틴, 비타민E, 콜라겐, 고려약추출물, 히알루론산 등이다. 전체적으로 전 성분 표기가 미흡하며 비타민E의 경우 제품의 전 성분에는 표기되었지만 실제로는 성분이 검출되지 않았다. 비타민E는 피부 주름 개선 기능이 있는 성분이다. 비타민E가 검출되지 않음에 따라 이 제품의 주름 개선 효과에 의문이 발생한다. 둥굴레의 추출물이 사용된 것은 특이하다. 둥굴레에는 노화의 주범이 되는 활성산소를 제거하는 효능이 있어 피부 피용에 효과가 있다. 국내 마스크 팩에 들어가는 콜라겐도 원료 성분에 포함되었다. 콜라겐은 몸 안에 있는 노폐물을 제거하고 피부에 영양소와 산소를 공급하는 기능을 한다. 결국 북한도 자연산 식물 재료에서 피부 미용에 효과가 있는 원료를 채취하는 지식과 기술을 확보하고 있다고 평가할 수 있다.

29

금강산 미안막

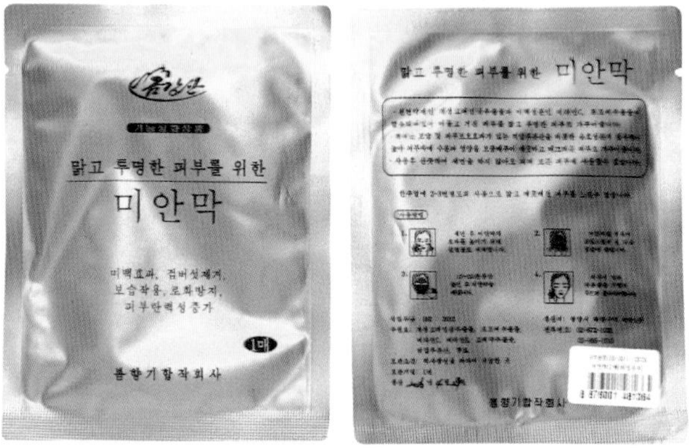

사용 기한	수량	미백 기능	주름 개선	보습 효과	유해성 논란 성분
1년	1매	O	?	X	X
성 분	개성고려인삼추출물, 포도씨추출물, 비타민C 0.035%, 비타민E, 고려약추출물, 히알루론산, 향료				

페이스 팩 제품이다. 귀에 거는 형태의 디자인으로 소재가 도톰하고 무늬가 있다. 피부에 밀착하는 면이 끈적이지 않고 산뜻한 느낌을 주지만 롤링감이 부족하고 영양감도 거의 없다.

포장 기술의 부족으로 시트가 필링면에 붙어 꺼낼 때 찢어지기 쉽고 향료에 의한 인위적인 향취가 매우 강하다. 주요 성분은 개성고려인삼추출물, 항산화 작용에 탁월한 효과가 있는 포도씨추출물, 비타민C, 비타민E, 고려약추출물, 히알루론산, 향료 등이다. 전체적인 전 성분 표기가 미흡하며 비타민E의 경우 제품의 전 성분에는 표기되었지만 실제로는 성분이 검출되지 않았다. 비타민E는 피부 주름 개선 기능이 있는 성분으로 이 제품의 주름 개선 효과에 의문이 발생한다. 비타민C 성분은 0.035% 포함되었다. 미백 기능은 효능이 있는 것으로 추정된다.

30

금강산 세면크림

사용 기한	용량	세정 기능	거품 발생	보습 효과	유해성 논란 성분
1년	120g	O	O	O	미확인
성 분	스테아린산, 라놀린, 트리에탄올아민, 글리세린 8.59%, 향료				

탁한 백색의 세안 클렌징 폼 제품이다. 형태가 부드러워 크림처럼 펴지며 세정력이 뛰어나지만 인공적인 향취가 다소 강하다. 제품의 용기는 튜브형으로 국내외 여타 제품들과 유사하다. 주요 성분은 스테아린산, 라놀린, 트리에탄올아민, 글리세린, 향료 등이다. 전체적으로 전 성분 표기가 미흡해 정확한 처방 분석에는 어려움이 따르나, 장기간 사용하여 인체에 축적되면 독성물질로 변질되며 피부와 두발의 건조증을 일으키는 것으로 알려진 트리에탄올아민이 함유되어 있는 것이 확인되었다. 유해 성분이 포함되어 안전성 여부가 불확실하다.

31

금강산 샴푸

사용 기한	용량	비듬 방지	탈모 방지	보습 효과	유해성 논란 성분
2년	400ml	O	X	X	0.0683%
성 분	음이온계면활성제, 염화나트륨, 라우릴류산, 나트륨, 양이온섬유소중합물, 에틸렌디아민테트라초산나트륨, 피리티온아연, 진주광택제, 케라틴단백분해물, 호프추출물, 올리브기름, 개성고려인삼추출물, 메틸파라벤 0.068%, 알키롤아미드, 향료				

일반적인 샴푸 제품이다. 비듬 방지 기능에 초점을 맞춘 제품으로 일반적인 국내외 샴푸 제품과 사용감이 비슷하다. 분석 결과 보습과 탈모 방지 기능은 없지만 비듬 방지 기능은 뛰어난 편이다. 국내의 경우 남성 인구의 15~20%가 탈모 증상이 있지만 북한에서는 탈모 환자가 비교적 적어 탈모 방지 기능은 첨가되지 않은 것으로 보인다. 북한에서 탈모 환자가 비교적 적은 이유는 지방 및 고단백질 섭취가 부족하고, 머리를 감을 때 온수가 아니라 찬물로 감고, 체제 순응적 사회에서 단순하게 삶을 유지함으로써 역설적으로 스트레스를 적게 받는 사회 분위기 등이 어우러져 한국과 비교해서 탈모가 적게 발생한다.

디자인이 다소 촌스러운 북한의 다른 제품군과 비교했을 때 이 제품은 상당히 세련된 형태의 디자인을 보여준다. 주요 성분은 음이온계면활성제, 염화나트륨, 라우릴류산, 나트륨, 양이온섬유소중합물, 에틸렌디아민테트라초산나트륨, 피리티온아연, 진주광택제, 케라틴단백분해물, 호프추출물, 올리브기름, 개성고려인삼추출물, 메틸파라벤, 알키롤아미드, 향료이다. 제품의 성분 표기에는 포함되지 않은 극미량의 프로필파라벤 0.0003%이 검출되었다. 파라벤 계열의 성분은 방부제의 일종으로 주로 보존제로 사용되어 피부 자극이나 트러블의 원인이 될 수 있다. 국내에서는 부작용을 우려해 더 이상 사용하지 않는다. 다만 0.0003%에 해당하는 극미량은 제품의 제조 과정에서 생길 수 있는 오차 범위로 인정된다.

32

금강산 린스

사용 기한	용량	비듬 방지	탈모 방지	보습 효과	유해성 논란 성분
2년	400ml	O	X	X	X
성 분	염화스테아릴트리메틸암모니움, 양이온섬유소중합물, 에틸렌디아민테트라초산나트륨, 히드록시에틸섬유소, 미리스틴산이소프로필에스테르, 피리티온아연, 올리브기름, 호프추출물, 케라틴단백분해물, 개성고려인삼추출물, 프로필파라벤, 향료				

일반적인 액상 타입의 린스 제품이다. 샴푸 제품과 마찬가지로 비듬 방지 기능에 초점을 맞춘 제품이다. 샴푸 제품과 세트로 구성되며 국내외 제품과 디자인이 유사해 다른 북한 제품에 비해 촌스러운 느낌은 덜하다. 염화스테아릴트리메틸암모니움, 양이온섬유소중합물, 에틸렌디아민테트라초산나트륨, 히드록시에틸섬유소, 미리스틴산이소프로필에스테르, 피리티온아연, 노화 방지와 항산화 기능이 있는 올리브기름, 화장품에 자연의 향을 부여하는 기능이 있는 호프추출물, 모발의 성분이 되는 케라틴단백분해물, 개성고려인삼추출물, 프로필파라벤, 향료 등이다. 북한의 실정상 일반 주민의 경우 온수 보급도 잘 되지 않고 머리 감을 때 주로 비누를 사용하는 등 샴푸와 린스를 구분해서 사용하기 어렵기 때문에 부유층을 주요 구매자로 삼은 것으로 보인다.

33

봄향기 광택입술연지

사용 기한	용량	경도	밀착성	발색	유해성 논란 성분
미상	-	부드러움	낮음	낮음	X
성 분	전 성분 표기 없음				

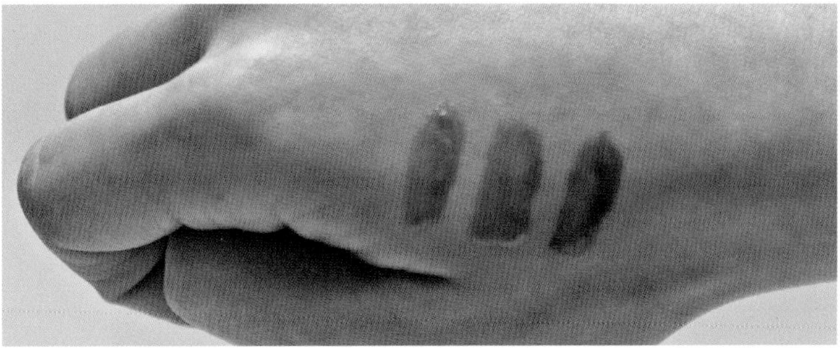

● 발색 예

색조 화장품인 립스틱 제품이다. 끈적임 없이 가벼운 립글로스 제품으로 발색이 나쁘고 광택제의 분말이 거칠어 바른 후에 사용감이 떨어진다.

전 성분이 표기되어 있지 않아 정확한 처방 분석에는 어려움이 따른다. 디자인은 시중에 판매되고 있는 국내외 제품들과 비교해도 크게 차이가 느껴지지 않는다. 디자인은 기존 제품을 거의 동일하게 복제한 것으로 추정된다. 용량이 표기되어 있지 않다.

34

금강산 콤팩트

사용 기한	용량	경도	퍼짐성	블루밍	유해성 논란 성분
미상	-	부드러움	낮음	높음	O
성 분	활석분, 무기염류 색감, 결합제, 향료				

21호보다 약간 어두운 색상의 콤팩트 제품이다. 입자는 부드럽지만 오일 함량이 다소 많아 표면이 케이크와 같이 딱딱해지는 현상이 발생한다. 북한 여성들이 선호하는 화사한 피부의 느낌을 주지만 퍼짐성은 다소 떨어진다.

주요 성분은 활석분, 무기염류 색감(광물질), 결합제, 향료 등이다. 전체적으로 전 성분 표기가 미흡하다. 인체에 다소 유해한 석면과 연관된 탤크talc(활석)가 성분 표기에 포함되어 있으나 정확한 함량은 알 수 없다. 화장품 성분 분석 결과 제품의 성분 표기에 포함되지 않은 티타늄디옥사이드(6.67%)가 검출되었다. 티타늄디옥사이드는 자외선 차단 기능을 하는 성분으로 인체에 유해한 성분은 아니다.

1

봄향기 개성고려인삼 투명비누

사용 기한	용량	세정력	거품 발생	보습 효과	유해성 논란 성분
3년	90g	높음	X	X	X
성 분	야자 기름, 종려 기름, 가성소다, 향료, 인삼추출물, 알코올				

투명한 베이지 색의 비누 제품이다. 전체적으로 무난한 느낌의 비누로 세정력에 초점이 맞추어져 있다. 거품은 잘 생성되지 않지만 세정력이 뛰어나고 사용 후 손이 뽀득뽀득하지 않고 촉촉한 느낌이 남는다. 주요 성분은 야자 기름, 종려 기름, 가성소다, 향료, 인삼추출물, 알코올 등이다. 세정력이 매우 높은 편인데, 너무 높은 세정력은 피부를 손상시켜 최근 국내에서는 세정력이 너무 높은 비누는 사용하지 않는다. 북한에서는 물자가 부족한 만큼 무자극성 보다는 강력한 세정력으로 불순물을 제거하는 데 주력하는 것으로 평가된다.

1

옥류 인삼비누

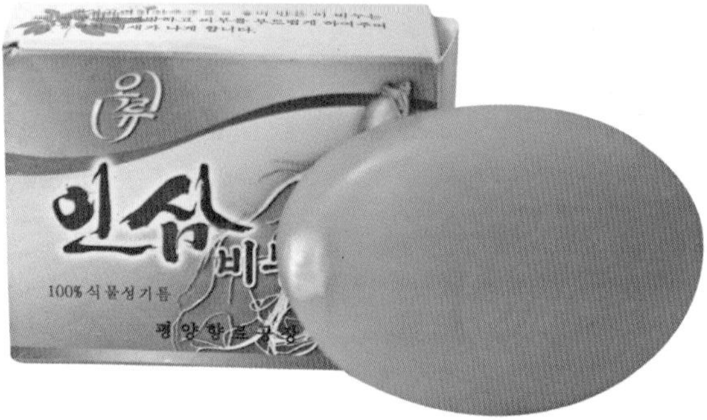

사용 기한	용량	세정력	거품 발생	보습 효과	유해성 논란 성분
3년	100g	높음	O	X	X
성 분	종려 기름, 야자 기름, 가성소다, 인삼추출물, 인삼향				

불투명한 베이지 색의 비누 제품이다. 외관상으로 제품이 딱딱하지만 충격에 약해 잘 깨지는 편이다. 거품이 많이 생성되지는 않지만 세정력이 뛰어나고 사용 후에 손에 촉촉한 느낌이 남는다.

주요 성분은 종려 기름, 야자 기름, 가성소다, 인삼추출물, 인삼향 등이다. 포장에 인삼 그림을 삽입해 인삼 성분이 함유되어 있음을 강조했는데 실제로 비누 상자를 열면 인삼 냄새가 강하게 퍼진다. 비누의 3원료인 종려 기름, 야자 기름, 가성소다에 인삼향을 삽입한 것으로 추정된다. 봄향기회사의 개성고려인삼 투명비누보다는 거품 생성이 양호하다. 세정력 역시 강하다. 비누 제품을 전문으로 생산하기 때문에 강력한 세정제를 사용하는 것으로 추정된다.

2

옥류 향수

사용 기한	용량	사용 대상	향취	지속성	유해성 논란 성분
1년	50ml	남녀 공용	Oriental	높음	X
성 분	알코올, 향료				

은하수 향수와 마찬가지로 한국의 시중에 판매되는 일반 향수와 동일한 알코올 베이스의 향수 제품이다. 본디 오리엔탈 향은 동양의 신비로움을 표현한 향으로 깊이 있으면서도 세련된 느낌을 준다. 하지만 이 제품에서는 신비로움보다는 오히려 달콤한 향취가 다소 강하게 느껴진다.

유럽의 모 유명 브랜드의 향수를 본떠 만든 이미테이션 제품으로 보인다. 용기와 뚜껑이 제대로 맞물리지 않아 잘 떨어지며 스프레이가 조악해 분사가 잘 되지 않는다. 금형과 플라스틱 제조 기술이 낙후된 사실을 반영한다. 향수는 뿌린 부위에 고르고 신속하게 향이 퍼지게 하기 위해서는 특히 분사 기술이 중요하다.

3

옥류 향수

사용 기한	용량	사용 대상	향취	지속성	유해성 논란 성분
1년	50ml	남녀 공용	Aromatic	높음	X
성 분	전 성분 표기 없음				

은하수나 옥류 향수와 같이 한국의 시중에 판매되는 일반 향수와 동일한 알코올 베이스의 향수 제품이다. 젊은 층보다는 연령이 있는 중장년층에 적합한 중후한 향취를 풍긴다. 원래 아로마틱 향은 남자다움과 강한 에너지를 발산하는 전통적인 향이다. 제품 표기는 남녀 공용으로 되어 있으나 실제로는 남성용에 더 부합하는 제품이다. 앞의 옥류 향수와 제품 이름이 같아 상자의 색으로 제품을 구분해야 한다. 용기와 뚜껑이 제대로 맞물리지 않아 뚜껑이 잘 떨어지며 스프레이가 조악해 분사가 잘 되지 않는다. 유리에 글씨를 색인하는 기술이 미흡해 글씨가 희미해졌다. 북한의 향수 제품은 이제 전통적인 몇 가지의 향을 처음으로 구현해보는 제조 기술 단계에 도달했다. 전 성분 표기가 제대로 되지 않아 어떤 원료를 사용했는지 불분명하다. 다만 유해 성분이 포함되어 있지는 않아 인체에 부정적인 영향을 주지는 않는다.

1

미안비누

사용 기한	용량	세정력	거품 발생	보습 효과	유해성 논란 성분
특이	미표기	높음	X	X	X
성 분	금, 셀렌, 류황, 필수미량원소, 필수아미노산, 비타민, 생물원자극소, 항생소, 계면활성제				

불투명한 보라색 비누 제품이다. 생산기술의 한계로 사용 시 모래같이 거친 느낌이 강하게 느껴지며 거품 또한 충분히 생성되지 않는다. 주요 성분은 금, 셀레늄이라고도 하며 항산화제로서 비타민E보다 무려 2000배의 효과가 있다고 하는 셀렌, 해독 효과가 있는 유황, 필수미량원소, 필수아미노산, 비타민, 생물원자극소, 항생물질抗生物質인 항생소抗生素, 계면활성제 등이다. 사용 기한의 표기가 특이한데, '오래 보관할수록 효과는 더욱 좋습니다'라고 표기되어 있는 것으로 보아 북한에는 유통기한에 관련된 규정이 명확하지 않은 것으로 보인다.

미안美顔이라는 상표명은 아름다운 얼굴이라는 우리말 대신에 한자 표기를 사용한 것으로 북한에서는 상당히 예외적이다. 상품명에 외래어와 한자어를 잘 사용하지 않는 것이 원칙인데 피부 보호를 강조하기 위해 예외적으로 '미안'이란 단어를 사용했다. 다만 한자어를 병기하지는 않았다. 물론 크림이나 삼푸, 린스 등은 외래어를 대체할 만한 우리말이 적당하지 않아 외래어를 그대로 사용했다.

북한에서 1998년 1월 최고인민회의 결정으로 채택된 '상표법' 1조는 "상품등록의 신청과 심의, 상표권의 보호에서 제도와 질서를 엄격히 세워 기관, 기업소, 단체와 공민의 리익을 보호하는데 이바지 한다"고 규정했다. 6조는 "국가는 인민경제가 발전하고 상품생산이 늘어나는데 맞게 상표사업을 현대화, 과학화하도록 한다"고 규정했다.[3] 상표가 경제발전 과정에서 중요한 의의를 갖는다는 사실을 이해하고 상표법을 제정한 것으로 평가된다.

주

1 남성욱, 「북한의 표준. 규격화 체계와 향후 남북한 통합방안 연구」, ≪입법과 정책≫, 제7권 제2호(서울: 국회입법조사처, 2015), 33~58쪽.

2 국가정보원, 『북한법령집 下』(서울: 국가정보원, 2008), 451~456쪽.

3 같은 책, 457~466쪽.

참고 문헌

국내 문헌

국가정보원. 2008. 『북한법령집 下』. 서울: 국가정보원.

남성욱. 2015. 「북한의 표준. 규격화 체계와 향후 남북한 통합방안 연구」. ≪입법과 정책≫, 제7권 제2호. 서울: 국회입법조사처.

성분 분석 결과 북한 화장품의 전체적인 제조 기술은
한국의 1970~1980년대 수준인 것으로 파악되었다.
파라벤 계열의 성분을 방부제로 사용한 제품도 있어
북한 화장품 생산의 유해성 기준이 확실하게 정립되지
않았다는 사실을 파악할 수 있었다.

미의식과 화장make-up 문화, 남북은 어떻게 다를까?

| 조사 개요
| 인구통계학적 특성
| 조사 결과의 함의
| 조사 결과의 교차 분석

5

눈 화장은 북한 사회에서
용인하기 어려운 측면이 있다.
눈 화장은 타인에게 강렬하고 분명한 인상을 줌으로써
자신을 돋보이게 하는 치장으로
남에게 거부감을 줄 수 있다는 것이
북한 주민들의 인식이다.

조사 개요

한민족인 남북한 여성들은 미의식과 화장 문화에서 어떤 차이를 보일까? 비교를 위해 북한이탈주민 중 여성 167명을 대상으로 직접 대면 및 서면 조사를 실시했다. 설문 조사는 2016년 6월 1일부터 6월 30일까지 한 달간 실시되었으며 조사 방법은 설문지를 부분적으로 설명하고 이에 대한 서면 응답 후 직접 회수했다. 조사의 기획, 조사표 개발, 조사 지침서 작성, 자료 수집, 실사 관리, 데이터 검증, 보고서 작성 등은 (사)남북경제연구원이 전담했다. 서면 응답 설문지 총 167부를 분석했다. 설문지 분석 과정에서 설문 결과에 대한 심층적인 해석을 위해 탈북 여성 10명을 대상으로 2회에 걸쳐 심층 인터뷰를 진행했다. 심층 인터뷰 대상은 북한 사회에서 상위 계층의 전문직 직업을 가진 사람을 선정해, 북한 사회와 한국 사회의 미에 대한 인식과 현상을 비교 분석하는 등 포괄적으로 해석했다.

인구통계학적 특성

조사 대상의 연령대는 10대가 0명(0.0%), 20대가 18명(10.8%), 30대가 17명(10.2%), 40대가 37명(22.3%), 50대가 39명(23.5%), 60대가 가장 많은 55명(33.1%)으로 나타났다.

표 5-1 **조사 대상의 연령대** 단위: 명(%)

구분	10대	20대	30대	40대	50대	60대	70대
응답 수 (비율)	0 (0.0)	18 (10.8)	17 (10.2)	37 (22.3)	39 (23.5)	55 (33.1)	166 (100)

북한에서 남한으로 이주한 시기는 2015년 이후가 3명(1.8%), 2014~2012년이 22명(13.2%), 2011~2009년이 52명(31.1%), 2008~2006년이 33명(19.8%), 2005~2002년이 43명(25.8%), 2001년 이전이 14명(8.4%)이다.

표 5-2 **북한에서 남한으로 이주한 시기** 단위: 명(%)

구분	2015년 이후	2014~2012년	2011~2009년	2008~2006년	2005~2002년	2001년 이전	전체
응답 수 (비율)	3 (1.8)	22 (13.2)	52 (31.1)	33 (19.8)	43 (25.8)	14 (8.4)	167 (100)

조사 대상자들이 북한에서 거주했던 지역은 평안남도 10명(6.0%), 평안북도 2명(1.2%), 자강도 0명(0.0%), 함경남도 22명(13.2%), 함경북도 112명(67.1%), 양강도 11명(7.0%), 황해남도 2명(1.2%), 황해북도 1명(0.6%), 강원도 1명(0.6%), 평양 6명(3.6%)으로 나타났다. 상대적으로 중국 연변 지역과 국경을 접하고 있는 함경북도에서 가장 많은 인원이 거주했던 것으로 조사되었다. 탈북이 용이한 지역적 특성이 반영되었다. 북한에서 종사했던 직업 분야를 살펴보면 자영업 9명(5.4%), 농·수·축산업 10명(6.0%), 생산 및 서비스직 38명(22.8%), 사무직 35명(21.0%), 전업주부 45명(27.0%), 학생 15명(9.0%), 무직 14명(8.4%), 기타 3명(1.8%)으로 집계되었다.

표 5-3 **북한에서 종사했던 직업 분야** 단위: 명(%)

구분	자영업	농·수·축산업	생산 및 서비스	사무직	전업주부	학생	무직	기타	전체
응답 수 (비율)	9 (5.4)	10 (6.0)	38 (22.8)	35 (21.0)	45 (27.0)	15 (9.0)	1 14 (8.4)	1 3 (1.8)	167 (100)

조사 대상의 결혼 여부는 미혼 41명(24.6%), 기혼 73명(43.7%), 이혼 15명(9.0%), 사별 35명(21.0%), 기타 3명(1.8%)으로 나타났다. 자녀의 유무는 '자녀가 있다' 128명(78.5%), '자녀가 없다' 35명(21.5%)이다. 가족 내 형제자매 중 몇 번째인지를 조사했더니 첫째가 66명(40.7%), 둘째가 51명(31.5%), 셋째가 28명(17.3%), 넷째 이상인 기타가 17명(10.5%)으로 집계되었다. 조사 대상의 탈북 전 북한에서의 경제적 지위는 최상급이 0명(0.0%), 상급이 5명(3.0%), 중급이 58명(35.0%), 하급이 82명(49.4%), 최하급이 21명(12.7%)으로 나타났다. 탈북 후 한국에서의 경제적 지위는 최상급 1명(0.6%), 상급 1명(0.6%), 중급 39명(23.4%), 하급 96명(57.5%), 최하급 30명(18.0%)이다.

조사 결과의 함의

북한 여성의 미의식

탈북 여성을 대상으로 북한에서 여성의 외적인 아름다움에 대해 교육을 받거나 들어본 적이 있는지를 물었다. '있다'가 57명(34.8%), '없다'가 107명(65.2%)으로 집계되었다. 북한에서는 사회주의의 여성상과 여성의 역할에 대해서는 교육을 하지만 아름다움에 대해 공식적인 교육을 하지는 않는다. 자신을 꾸미는 것과 관련해서는 가족들이 하는 것을 따라 하거나 친구나 직장 동료에게 정보를 얻는 것이 대부분이다. 북한 여성들이 아름다움에 대한 관심이 어느 정도인지 물었다. '매우 많다'가 38명(23.5%), '많다'가 77명(47.5%), '없다'가 13명(8.0%), '매우 없다'가 0명(0.0%), '잘 모르겠다'가 34명(21.0%)으로 나타났다. 아름다움에 대한 관심은 '매우 많다'와 '많다'가 71%로 높은 비중을 차지했다.

여기서 '잘 모르겠다'의 비중이 의외로 높은 것에 착안해, 북한 여성들이 만일 외적인 아름다움에 관심이 없다면 그 이유는 무엇인지 물었다. '아름다움에 관심을 가질 만한 여건이 되지 않았다'가 98명(58.3%), '여성의 외적인 아름다움에 대해 교육을 받거나 들어본 적이 없다'가 32명(19.51%), '사회주의 사회에서 여성이 미에 대한 관

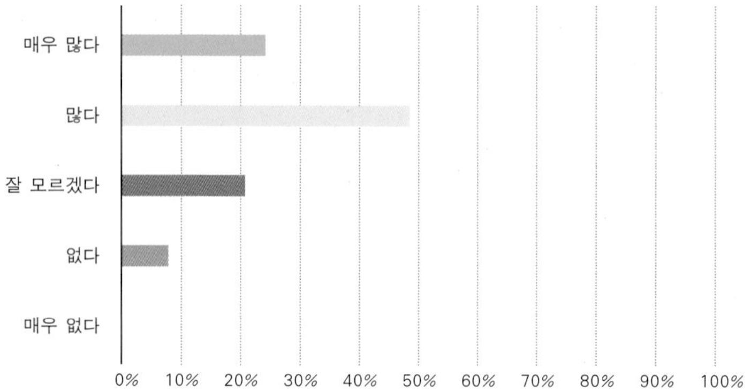

그림 5-1 북한 여성들의 아름다움에 대한 관심 정도

심을 보이는 것은 바람직하지 않다고 교육을 받았다'가 17명(10.4%), '잘 모르겠다'가 21명(12.8%)로 집계되었다. 경제난으로 먹고사는 것이 중요해 자신의 외모를 꾸미는 데 여유를 쏟을 수가 없고, 돈도 부족해 꾸밀 물건을 살 수 없다는 응답이 과반수를 차지했다. 사회주의 체제는 당에 충성하는 행위가 아름다움이며 외적인 미에 대한 지나친 관심은 지양하는 사회라는 것을 알 수 있었다.

그렇다면 북한 사회에서 여성의 아름다움을 판단하는 기준은 무엇인지 질문했다. 여러 가지 판단 기준이 있을 수 있어 답변은 중복 선택이 가능하도록 했다. 그 결과 '외모' 78명(47.6%), '직장에서 일을 잘함' 76명(46.3%), '성격' 64명(39.0%), '가정에서의 내조' 50명(30.5%), '사회주의 이념의 실천' 42명(25.6%), '잘 모르겠다' 2명(1.2%)으로 응답했다. 남한처럼 여성의 아름다움을 평가하는 기준이 외모라는 응답이 가장 많았고, 그와 비슷한 빈도로 '직장에서 일을 잘함'이 나왔다. 사회주의 체제는 국가에 헌신하는 행위를 아름다움으로 판단하기 때문에 북한에서는 직장에서 일을 잘하는 사람을 진정한

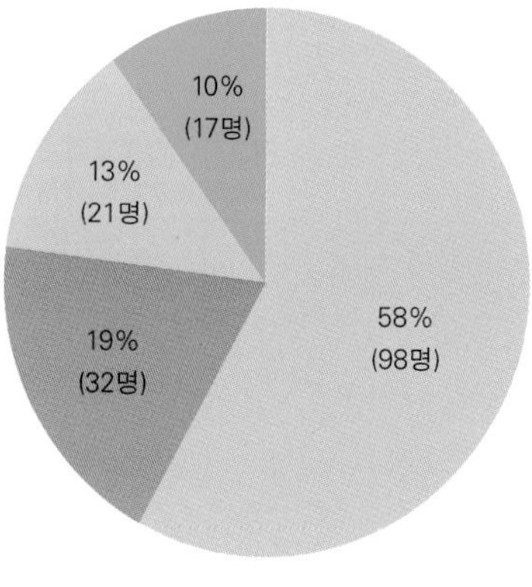

그림 5-2
북한 여성들이 외적인 아름다움을 추구하지 못하는 이유

- 아름다움에 관심을 가질 만한 여건이 되지 않았다
- 여성의 외적인 아름다움에 대해 교육받거나 들어본 적이 없다
- 잘 모르겠다
- 사회주의 사회에서 여성이 미에 대해 관심을 보이는 것은 바람직하지 않다고 교육받았다

미인으로 보고 있다. 그래서 일을 열심히 하는 여성을 묘사하는 '준마처녀'라는 노래도 유행한다. 준마처녀는 말띠 여성이 아니라, 사회주의 현장에서 모범이 되고 다른 인민들이 따라 배울 만큼 일 잘하는 여성을 일컫는다. 준마처녀라는 말은 2000년 이후에 등장하기 시작했다. 경제난이 심했던 고난의 행군 시기를 벗어나면서 경제부흥에 주력해온 북한은 일을 잘하는 근로자에게 '선군시대 기수', '숨은 영웅', '선군시대 선구자' 등의 각종 칭호를 부여해 근로자를 높이 칭하고 근로 의욕을 고취시켰다. 준마처녀라는 단어 역시 이러한 취지에서 등장했다.[1] 준마처녀의 1절 가사 일부는 다음과 같다.

우리 공장 동무들 웃으며 말을 해요/ 아니 글쎄 날보고 준마 탄 처녀래요/
하루 일 넘쳐 해도 성차 안하는/ 내 일솜씨 참말로 번개 같다나/
라라라 라라 라라 라라 라라라 라라 라라라/ 날보고 준마처녀래요 다음으로 북한 사회에서 여성들이 외적인 아름다움을 갖추기 위한 노력이 어느 정도라고 생각하는지 질문했다. '매우 노력을 많이 한다'가 45명(27.6%), '보통이다' 98명(60.1%), '노력하지 않는다' 10명(6.1%), '잘 모르겠다' 10명(6.1%)으로 집계되었다. 외모가 중요한 판단 기준이 된다고 응답했으면서 외적인 아름다움을 위한 노력은 보통이라는 답변이 우세했다. 만일 외적인 아름다움에 노력하지 않는다면 그 이유는 무엇인지 질문했다. 답변은 중복 선택이 가능하도록 했다. 설문 조사 결과 '경제적 여유가 없어서'가 133명(81.6%), '시간적 여유가 없어서'가 55명(33.7%), '조직생활을 하기 때문에 이런 문제에 관심을 가지기 어렵다' 48명(29.5%), '노력을 많이 하면 주변 동료들의 질시를 받는다'가 26명(16.0%)으로 나왔다.

예상대로 북한 사회에서는 먹고살기 힘들고 경제적인 여유가 없기 때문에 아름다움을 위해 화장품, 액세서리, 의류 등의 물건을 구매하는 행위가 사치라고 여겨지는 것으로 보인다. 또한 조직 생활을 하고 개인 생활조차도 감시받는 사회에서 살고 있기 때문에, 화장을 진하게 한다거나 꾸미는 행위를 '날라리풍'으로 규정하고 질시하고 있다. 화장을 진하게 한다든지 입술을 빨갛게 티가 나게 칠한다든지 하면 '꼬리 치는 여자'나 '뒷생활이 어지러운 여자'로 생각한다.[2] 한국에서도 1980년대 이전에는 입술을 빨갛게 칠하고 화장을 진하게 하면 쥐 잡아 먹었냐고 하며 좋지 않은 시선으로 바라보았던 것과 비슷한 사회 분위기라고 추정할 수 있다.

북한 사회에서 여성을 평가하는 데 외모가 어느 정도 중요하다고 생각하는지 물었다. '매우 중요하다' 46명(28.2%), '중요하다' 77명(47.2%), '중요하지 않다' 21명(12.9%), '전혀 중요하지 않다' 0명(0.0%), '잘 모르겠다' 19명(11.7%)의 결과가 나왔다. 75% 이상이

표 5-4 **북한에서 외적인 아름다움을 위해 노력하지 않는다면 그 이유** 단위: 명(%)

구분	응답 수(비율)
경제적 여유가 없어서	133(81.6)
시간적 여유가 없어서	55(33.7)
조직생활을 하기 때문에 이런 문제에 관심을 가지기 어렵다	48(29.5)
노력을 많이 하면 주변 동료들의 질시를 받는다	26(16.0)
전체	163(100)

북한 사회 역시 외모가 여성의 평가에 중요한 기준이 된다고 응답했다. 외모가 중요하지 않다고 답한 비율은 13%에 불과했다. 북한 사회에서 생활할 때 외모로 인해 차별당하거나 우대받았던 적이 있냐는 질문에는 '많이 있다' 13명(7.9%), '조금 있다' 71명(43.3%), '없다' 49명(30.0%), '전혀 없다' 14명(8.5%), '잘 모르겠다' 17명(10.4%)으로 집계되었다. 과반수가 외모로 인한 차별 또는 우대를 북한 사회에서 경험했다.

북한 여성의 화장 문화

북한에서 화장을 어느 정도 했는지에 대한 질문에는 스킨, 로션, 에센스, 크림을 포함해 기초화장 정도를 했다는 응답이 99명(61.1%)으로 가장 많았다. 파운데이션, 파우더, 비비크림 정도로 피부색을 보정하고 잡티를 가리는 정도의 피부 위주의 화장은 32명(19.8%), 화장을 하지 않았다는 응답도 27명(16.7%) 있었다. 아이메이크업, 립스틱 같은 색조 화장까지 한 경우는 11명(6.8%)에 불과했다. 북한에서는 화장을 진하게 하

표 5-5 **북한에서의 화장 정도** 단위: 명(%)

구분	응답 수(비율)
화장을 하지 않았다	27(16.7)
기초화장 정도를 하였다(스킨, 로션, 에센스, 크림 포함)	99(61.1)
파운데이션, 파우더, 비비크림 정도를 하였다	32(19.8)
색조 화장까지 하였다(아이메이크업, 립스틱)	11(6.8)
전체	162(100)

는 것을 지양하기 때문에 화장을 하지 않거나 하더라도 티가 나지 않게 기초나 피부 화장 위주로 하는 것을 알 수 있다.

북한에서 사용했던 화장품에는 어떤 것들이 있는지 모두 체크하도록 했다. 여러 가지 화장품을 사용할 수 있어 중복 선택이 가능하도록 했다. 사용 빈도가 가장 높은 것은 한국과 같이 로션과 스킨의 기초화장이었다. 물크림(로션) 131명(81.9%), 살결물(스킨) 125명(78.1%)으로 두 종류의 화장품을 가장 많이 사용했다고 응답했다. 다음으로는 구홍(립스틱) 121명(75.6%), 가루분(루스파우더) 80명(50.0%), 피아스(파운데이션) 76명(47.5%), 눈썹먹(아이브로우) 62명(38.8%), 돌분(파우더 팩트) 40명(25.0%), 아이라(아이라이너) 14명(8.8%) 순이었다. 북한 여성들의 화장에 대한 관심을 묻는 질문에는 '관심이 매우 많다' 47명(28.7%), '관심이 있다' 71명(43.3%), '관심은 있으나 여유가 없다' 34명(20.7%), '관심이 없다' 9명(5.5%), '관심이 전혀 없다' 3명(1.8%)로 응답했다.

북한에서 화장을 몇 살부터 시작했냐는 질문에는 '초등중학교 시절부터' 0명(0.0%), '고급중학교 시절부터' 11명(6.8%), '대학 이

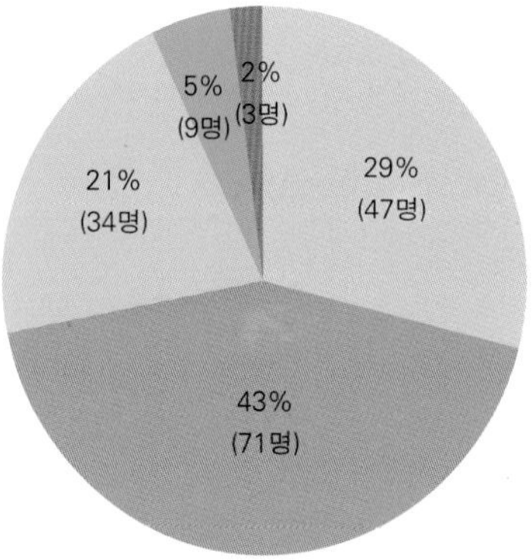

그림 5-3
북한 여성들의 화장에 대한 관심 정도

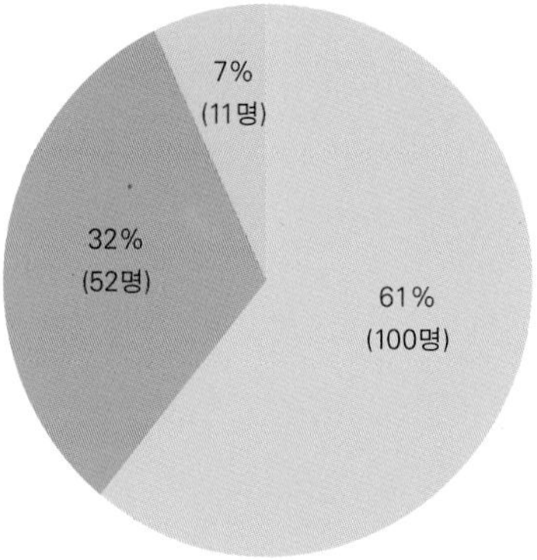

그림 5-4
북한에서 화장을 시작한 나이

후 혹은 20~25세' 100명(61.4%), '25세 이후' 52명(31.9%)의 결과가 나왔다. 대학 이후 혹은 20~25세부터 화장을 시작했다는 응답이 가장 많았고 그다음은 25세 이후의 비중이 가장 높았다. 20세 이후에 화장을 시작했다는 응답이 93.3%로 압도적으로 높았다. 북한은 대학에 가서도 교복을 입고 머리가 옷깃에 닿지 않게 단발머리로 잘라야 하는 등 규제와 단속이 강한 사회이기 때문에 화장도 한국 사회에 비해 늦게 시작한다는 것을 추정할 수 있다.

북한에서 화장하는 법을 체계적으로 배운 적이 있냐는 질문에 '배운 적이 있다' 4명(2.5%), '배운 적이 없다' 159명(97.5%)으로 대부분이 체계적인 화장법을 배운 적이 없다고 응답했다. 한 북한이탈주민은 한국에 들어와서 하나원 교육과정 중에 화장하는 방법이 있었는데 처음 접하는 내용이라 정말 열심히 들었다고 말했다. 북한에서 여성은 화장을 해야 아름답다는 이야기를 들은 적이 있는지에 대해서는 '들은 적이 있다' 122명(74.4%), '들은 적이 없다' 29명(17.7%), '잘 모르겠다' 13명(7.9%)으로 응답했다. 북한에서 여성들이 이야기를 할 때 예쁘다거나 화장에 대한 이야기를 나눈 적이 있냐는 질문에는 '이야기를 나눈 적이 많이 있다' 35명(21.6%), '이야기를 나눈 적이 조금 있다' 97명(59.9%), '이야기를 나눈 적이 없다' 26명(16.1%), '잘 모르겠다' 4명(2.5%)으로 집계되어 사회주의 국가에서도 여성들끼리 서로 예쁘다는 말이나 화장에 대한 이야기를 나누는 경우가 많다는 것을 알 수 있다.

북한에서 여성들이 화장하는 방법이나 정보를 어디서 얻는지에 대한 질문에 친구 97명(50.5%), 직장 동료나 선후배 50명(26%), 어머니 21명(11%), 자매 15명(8%), 잡지 등 선전 매체 4명(2%), 지역 국영상점 4명(2%), 기타 1명(0.5%)이라고 응답했다. 한국에서는 TV 광고나 잡지, SNS 같은 미디어 매체를 통해 많은 정보를 얻지만 북한은 미디어를 통제하고 상업적인 광고를 하지 않는다. 화장하는 법을 체계적으로 배울 수 없기 때문에 북한 여성들은 주로 친구나 직장 동료처럼 자주 접하는 또래 여성에게서 정보를 얻고 화장하는 방법을 배우고 있다.

북한에서 화장품을 어디서 구매했는지에 대한 답변으로는 장

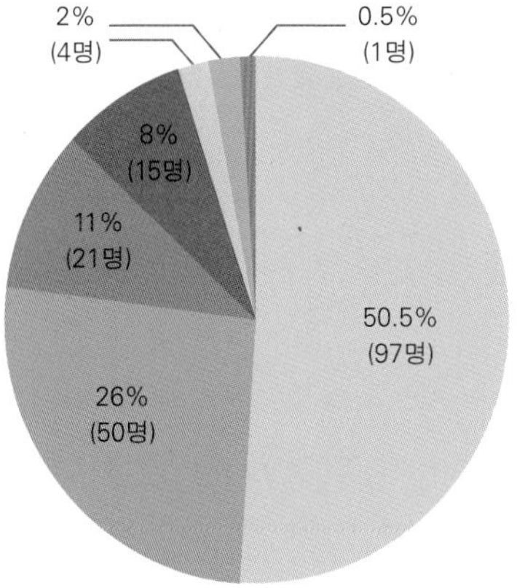

그림 5-5
북한 여성이 화장하는 방법이나 정보를 얻는 통로

표 5-6 **북한에서 화장품을 구매한 곳**

단위: 명(%)

구분	장마당	국영상점	지인이나 소개	기타	전체
응답 수 (비율)	121 (73.8)	33 (20.1)	24 (14.6)	1 (0.6)	164 (100)

마당 121명(73.8%), 국영상점 33명(20.1%), 지인이나 소개 24명(14.6%), 기타 1명(0.6%)이었다. 장마당에서 화장품을 구매하는 주민이 압도적으로 많았다. 화장품을 구매할 수 있는 통로는 다양하기 때문에 중복 응답이 가능하도록 했다. 이를 통해 북한의 사회주의 계획경제 체제가 제대로 작동하지 않고, 장마당을 통해 생활에 필요한 물건을 구매하는 북한 경제의 이중구조를 추정할 수 있었다.

북한에서 사용한 화장품은 어느 나라 제품이었는지를 물었고, 여러 가지 화장품을 사용할 수 있어 중복 선택이 가능하도록 했다. 그 결과 북한산 120명(73.2%), 중국산 116명(70.7%), 일본산 18명

(11.0%), 한국산 7명(4.3%), 기타 2명(1.2%)의 결과가 나왔다. 북한 장마당에서 가장 많이 파는 제품은 북한산과 중국산이라는 심층 인터뷰 결과도 있었다. 평양화장품공장이나 신의주화장품공장에서 생산한 북한 제품은 고급 제품이고 공급이 적어 일반 주민이 구매하기 쉽지 않다. 장마당에서 파는 북한산 화장품은 브랜드를 알 수 없다는 응답이 많았는데, 지역에서 생산한 화장품이거나 빈 통에 개별적으로 생산한 화장품을 담아 상표 없이 파는 제품이 많은 것으로 추측할 수 있다. 가끔 한국산 제품이 들어가기도 하는데 장마당에서 드러내고 팔 수는 없고 한국에서 이미테이션 제품을 거래하는 것처럼 매대 아래에 있는 물건을 살짝 보고 단속에 걸리지 않게 몰래 사고판다. 은밀하게 거래되는 제품도 정말 한국산인지는 불확실하며, 상당수는 한국산 빈 용기를 사서 가짜 제품을 북한이나 중국에서 채워 넣어 파는 것으로 보인다. 위장 제품을 구입한 북한 소비자들이 한국산의 품질이 매우 낮아졌다고 불평을 한다는 북한이탈주민의 증언은 이러한 사실을 입증한다.

북한에서 한국산 화장품을 사용해본 적이 있냐는 질문에 '사용해본 적이 없다' 135명(82.3%), '사용해본 적이 있다' 29명(17.7%)로 응답해 80% 이상의 주민이 한국산 제품을 사용해본 적은 없었다. 북한이나 제3국에서 한국산 화장품을 사용해보았다면 그 효과가 어떤지 물었다. '효과가 매우 크다' 49명(31.6%), '효과가 있다' 55명(35.5%), '효과가 보통이다' 37명(23.9%), '효과가 없다' 4명(2.6%), '효과가 전혀 없다' 10명(6.5%)이었다. 67%가 효과가 있다고 응답했고 24%가 보통이라고 응답하여 대부분은 효과가 있는 것으로 생각하고 있었다. 다만 북한이나 제3국에서 사용한 한국산 화장품이 진짜 한국 제품인지 소위 말하는 '짝퉁'인지는 정확히 파악할 수 없다. 중

표 5-7 **북한이나 제3국에서 한국산 화장품 사용 시 효과** 단위: 명(%)

구분	효과가 매우 크다	효과가 있다	보통이다	효과가 없다	효과가 전혀 없다	전체
응답 수 (비율)	49 (31.6)	55 (35.5)	37 (23.9)	4 (2.6)	10 (6.5)	155 (100)

국에서 한국산 가짜 화장품이 만연하고 있어, 이것을 염두에 두고 설문 조사 결과를 이해해야 할 것이다.

북한에서 북한산 화장품을 사용했을 때 효과가 어떠했는지는 '효과가 매우 크다' 9명(5.5%), '효과가 있다' 45명(27.6%), '효과가 없다' 30명(18.4%), '효과가 매우 없다' 7명(4.3%), '잘 모르겠다' 72명(44.2%)으로 집계되었다. 한국산 화장품에 비해 북한산 화장품에서 효과가 없다고 응답한 비율이 높았다. 북한에서 화장품을 사용하고 여드름, 붉은 반점 등의 부작용을 경험한 적이 있는지에 대한 질문에는 '여러 번 있었다' 8명(4.9%), '한두 번 있었다' 38명(23.2%), '없었다' 110명(67.1%), '잘 모르겠다' 8명(4.9%)의 결과가 나왔다.

북한에서 생활할 때 화장품 가격에 대해 어떻게 생각했는지에 대해서는 '매우 비싸다' 52명(31.7%), '보통이다' 81명(49.4%), '저렴하다' 11명(6.7%), '잘 모르겠다' 20명(12.2%)으로 응답했다. 북한에서 가장 좋아했던 국내산 화장품 상표로는 봄향기 69명(42.3%), 은방울 37명(22.7%), 은하수 34명(20.9%), 금강산 22명(13.5%), 옥류 7명(4.3%), 너와나 1명(0.6%), 미래 1명(0.6%), 기타 18명(11.0%)의 결과가 나왔다.

북한에서 눈 화장을 한 적이 있는지에 대해서는 '눈 화장을 한 적이 없다'에 응답한 인원이 113명(69.8%)으로 압도적으로 많았다.

표 5-8 **북한에서 선호했던 화장품 상표** 단위: 명(%)

구분	봄향기	은방울	은하수	금강산	옥류	너와나	미래	기타	전체
응답 수 (비율)	69 (42.3)	37 (22.7)	34 (20.9)	22 (13.5)	7 (4.3)	1 (0.6)	1 (0.6)	18 (11.0)	167 (100)

역시 눈 화장은 북한 사회에서 용인하기 어려운 측면이 있다. 눈 화장은 타인에게 강렬하고 분명한 인상을 줌으로써 자신을 돋보이게 하는 치장으로 남에게 거부감을 줄 수 있다는 것이 북한 주민들의 인식이다. 자연스럽고 은은하며 화장을 하지 않은 듯 보이면서도 세련된 이미지를 원하는 일반 여성이나 남성의 관점에서 눈 화장은 타인에게 부담이며 개성을 강조하기보다는 집단주의 사회 통합을 강조하는 사회에서 부적합하다. 눈 화장은 연예인이나 무대에 서는 배우 등 특수계층에 한정된 예외라는 인식이 북한 주민들 사이에서 확고한 것 같다. 눈 화장을 해보았다면 어떤 부분이었는지에 대해서는 눈썹먹(아이브로우) 39명(24.1%), 마스카라 14명(8.6%), 아이라(아이라이너) 4명(2.5%)으로 집계되었다. 대부분은 피부 화장만 하고 눈 화장은 많이 하지 않으며, 눈 화장을 할 경우에는 눈썹을 칠하고, 전반적으로 마스카라나 아이라이너는 하지는 않는 것으로 보인다.

북한에서 어떤 경우에 화장을 했는지 질문했더니 '매일매일 출근 시' 56명(34.2%), '외출할 때' 55명(33.5%), '특별한 행사가 있을 때만' 47명(28.7%), '전혀 하지 않는다' 15명(9.2%), 기타 2명(1.2%)으로 집계되었다. 북한에서 화장을 하지 않았다면 그 이유가 무엇인지 물었고 답변은 중복 선택이 가능하도록 했다. '화장품이 없어서다' 61명(39.4%), '화장할 시간이 없다' 59명(38.1%), '화장에

표 5-9 **북한에서 화장을 하지 않았다면 그 이유** 단위: 명(%)

구분	응답 수(비율)
화장품이 없어서다	61(39.4)
화장할 시간이 없다	59(38.1)
화장에 관심이 없었다	53(34.2)
화장할 필요를 느끼지 않았다	36(23.2)
기타	12(7.7)
전체	155(100.0)

관심이 없었다' 53명(34.2%), '화장할 필요를 느끼지 않았다' 36명(23.2%), 기타 12명(7.7%)으로 응답했다.

북한에서 천연 미용 비법에 관해 들어보거나 직접 제조해서 사용해본 적이 있는지에 대해서는 '사용해본 적이 있다' 21명(13.6%), '사용해본 적이 없다' 134명(86.5%)의 결과가 나왔다. 북한에서 사용한 천연 미용 비법은 무엇인지 주관식으로 질문했다. 밀가루, 계란, 꿀을 각각 바르거나 섞어서 얼굴에 바르면 보들보들해진다는 응답이 있었다. 쌀뜨물로 세수하는 경우도 많았다. 한국에서도 흔히 하는 오이팩을 하거나, 감자, 토마토, 메밀, 녹두를 얼굴에 바르기도 했다. 손으로 꾹꾹 누르는 경락 마사지나 치약을 바르는 마사지를 했고 오줌을 바르는 경우도 있었다고 한다.

북한에서 향수를 사용해본 적이 있는지에 대해서는 '있다'가 87명(54.0%), '없다'가 74명(46.0%)이었다. 향수의 경우 오래전에 탈북한 중장년 여성들은 사용하지 않은 경우가 많았고, 최근 젊은 세대를 중심으로 향수가 유행한다고 했다. 한국 사회에 정착한 후 향수 사용에 대한 인식을 조사하기 위해 질문했다. 한국에서 향수를 사용한 적이 있는지에 대해서는 '자주 사용한다' 35명(21.3%), '사용한다' 77명(47.0%), '사용하지 않는다' 52명(31.7%)으로 응답했다. 한국인의 향수 사용 비율과 비교해서 큰 차이를 보이지 않는 등 향수 사용에 거부감이 줄었다. 북한에서 머리를 감을 때 샴푸와 린스를 사용해본 적이 있는지는 '모두 사용해본 적이 없다' 100명(62.9%), '모두 사용해본 적이 있다' 36명(22.6%), '샴푸만 사용했다' 22명(13.8%), '린스만 사용했다' 1명(0.6%)이라고 응답했다.

한편 북한의 미인에 대한 인식을 파악하기 위해 북한에서 가장 예쁘다고 생각하는 유명 여성에 대해 주관식으로 질문했다. 오미란, 홍영희, 우인희, 정영희, 김현숙, 이영숙, 김옥희, 황금주, 김순희, 김영희, 이분희, 이문희, 전혜영, 한정심, 최부실, 문예봉, 김정화라고 답했다. 앞서 제2장에서 소개한 바와 같이 얼굴이 복스럽고 이목구비가 뚜렷하면서도 우아한 느낌을 주는 얼굴이 공통점이다. 대부분 북한 영화에서 주인공으로 활동하면서 주민들에게 친근한 느낌을 주었

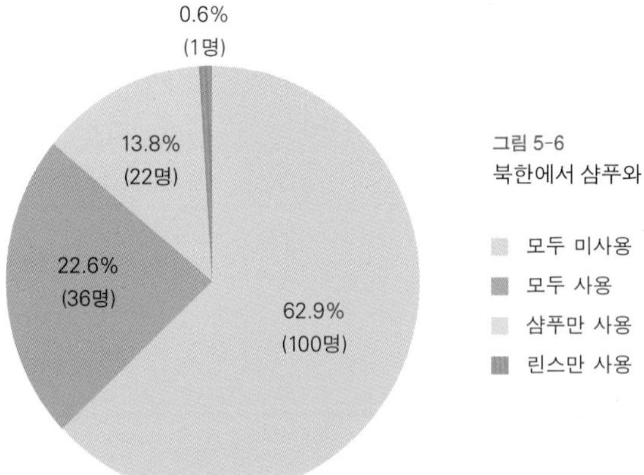

그림 5-6
북한에서 샴푸와 린스 사용 여부

다. 북한에서 거주할 때 가장 예쁘다고 생각했던 한국의 유명 여성에 대한 질문에는 이영애, 김태희, 전지현, 고현정, 하지원, 최지우, 김자옥, 송혜교, 주현미, 이보영, 채시라, 장윤정, 신상옥 부인 이은희라는 응답이 있었다. 북한에 있을 때 한국에서 유명한 여성 배우를 알지 못했다는 응답도 상당수였다. 북한 여성들의 연예인 따라 하기 실태를 파악하기 위해 모란봉 악단이나 리설주 등 유명인의 화장을 따라한 적이 있냐고 질문했다. 한국의 경우 유명인이나 연예인의 화장법이 유행하고 SNS를 통해 전파되어 마케팅 효과로 이어지기 때문이다. 북한에서는 유명인의 화장을 따라한 적이 없다 162명(98.8%), 있다 2명(1.2%)으로 응답했다. 화장에 관심이 많은 극소수를 제외하고는 유명인의 화장을 따라 하는 풍조가 없는 사회라고 볼 수 있다.

화장품을 선물로 받아본 적이 있냐는 질문에는 없다 89명(56.0%), 있다 70명(44.0%)으로 응답했다. 보통 결혼할 때 혼수로 화장품을 많이 받지만 생활이 어려워지며 이것마저도 간소화하는 경우가 많다. 부유한 가정이 아니고서는 선물로 화장품을 주고받는 일

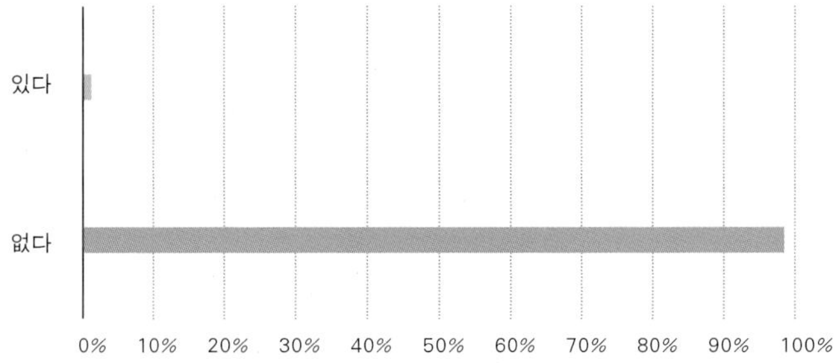

그림 5-7 유명인의 화장을 따라 해본 경험 유무

은 일상생활에서 많지 않다. 북한 내에서 최상위층에 속하는 평양의 경우 3월 8일 국제부녀절에 남자친구가 애인에게 선물을 하거나 선생님께 선물을 드리기도 하고, 한국의 스승의 날 격인 9월 5일 교육절에 선생님께 선물을 드리기도 한다. 특별한 날 선물로 가장 많이 구매하는 품목은 묘향산합작회사의 살결물, 물크림 세트다. 한국의 스킨, 로션 2종 세트와 같은 격이다.

북한에서 사용했던 화장품의 가격은 어느 정도였는지에 대한 질문에는 각양각색의 응답이 나왔다. 북한에서 사용했던 화장품이 아예 없었다는 응답도 있었고, 크림 종류의 화장품이라 해도 가격은 천차만별이었다. 화폐단위는 주로 북한 원화나 중국 위안화를 사용했다. 1980년대에는 북한 화폐로 살결물 2.5전, 해당화크림 2원, 돌분 2원, 피아스 2원, 된머리기름 3원, 머리물감 5원이었다고 한다. 2000년대 들어 물가도 비싸지고 제품의 품질에 따라 가격이 천차만별이어서 북한 화폐로 구홍(립스틱) 3~15원, 살결물 5~20원, 크림 30원, 피아스(파운데이션) 9~50원이라는 응답이 나왔다. 봄향기 화장품을 3원, 5원, 10원에 구매했다는 북한이탈주민도 있었다. 이 경우 국영상점에서 정가에 구매한 것으로 추정된다. 북한 화폐뿐 아니라 중국 화폐인 위안화로 구매하는 경우도 많았는데 립스틱 10~30위안, 로션 50~100위안, 크림 30~40위안, 인삼물 화장품 50위안, 피아스 70~80위안, 분 30~50위안선이다. 분 중에서도 인삼분이 인기가 많아 상대적으로 비싼 축인 45~50위안이라고 한다.

한국의 경우 화장품에서 특정 향이 진하게 나는 것은 인위적이라고 생각하고 선호하지 않는다. 북한 여성들은 인삼이 몸에 좋다고 생각해서인지 인삼향이 강하게 나는 화장품을 고급 제품으로 생각하며, 장미크림과 장미분처럼 장미향이 강한 제품도 선호했다. 중국 화

표 5-10 **북한 남성들의 화장에 대한 관심** 단위: 명(%)

구분	응답 수(비율)
관심이 매우 많다	5(3.1)
관심이 있다	36(22.1)
관심은 있으나 여유가 없다	16(9.8)
관심이 없다	62(38)
관심이 전혀 없다	44(27)
전체	163(100.0)

장품을 세트로 200위안 정도에 구매하고 스킨, 로션, 파운데이션으로 구성된 세트는 350위안에 구매했다는 응답이 있었다.

한국에서는 남성들도 미용에 대한 관심이 많다. 북한 남성이 화장에 관심이 얼마나 있는지를 북한 여성들을 대상으로 질문했다. 여성의 관점에서 집이나 직장에서 남성이 화장에 관심을 갖는지를 지켜볼 기회가 많아 여성을 통한 조사에 의미를 부여했다. '관심이 매우 많다' 5명(3.1%), '관심이 있다' 36명(22.1%), '관심은 있으나 여유가 없다' 16명(9.8%), '관심이 없다' 62명(38.0%), '관심이 전혀 없다' 44명(27.0%)으로 응답했다. 북한 남성의 과반수는 화장에 관심이 없거나 전혀 없는 것으로 나타났다. 여전히 가부장제가 지배적인 북한 사회에서 남성은 외모에 신경을 집중하기보다는 열심히 일해 사회주의의 가치를 실현하는 데 주력하는 행동이 진정한 남성상이라는 인식이 확산되어 있다. 화장은 남녀가 구분되는 행위로서 여성의 영역에 머물러 있다는 사고가 보편적이다.

다만 최근 들어 북한에서도 남성들이 기초적인 피부 보호 차원에서 화장품 사용에 관심을 갖기 시작했다는 점에서 화장품 사용 여부를 조사했다. 북한에서 남성이 실제로 화장을 어느 정도 했는지 질문했다. '많이 한다' 1명(0.6%), '조금 한다' 31명(18.9%), '하지 않는다' 56명(34.2%), '전혀 하지 않는다' 75명(45.7%), 기타 1명(0.6%)으로 집계되었다. 앞서 화장에 대한 관심이 없거나 전혀 없다는 응답이 65%였으나 실제로 화장을 하지 않거나 전혀 하지 않는다는 답변이 80%에 육박했다. 대다수의 북한 남성은 화장이나 아름다움을 여성의 영역으로 생각하며 화장하는 것을 쑥스럽게 여긴다는 것을 알 수 있다. 현재까지 일부 남성들이 조금씩 화장을 하지만 전반적으로 남성이 화장하는 것이 보편적이지는 않다는 평가다. 북한에서 남성들이 화장품을 바른다면 어느 정도 수준에서 바르는지를 질문했다. 크림 77명(49.4%), 스킨 38명(24.4%), 로션 19명(12.2%), 기타 35명(22.4%)의 답변이 나왔다. 한국의 남성들이 스킨과 로션 위주로 바르는 반면, 북한 남성들은 크림을 많이 사용했다. 그렇다면 향후 북한 남성들이 화장을 많이 할 것으로 생각하는지 질문했다. '많이 할 것 같다' 26명(15.9%), '조금 할 것 같다' 93명(56.7%), '하지 않을 것이다' 23명(14.0%), '전혀 하지 않을 것이다' 14명(8.5%), 기타 8명(4.9%)의 결과가 나왔다. 이는 현재는 화장을 하지 않으나 향후에 시대가 변하면 남성들도 조금은 화장을 하게 될 것이라는 탈북 여성들의 예상을 반영하고 있다. 북한 남성들의 화장 실태와 비교하기 위해 한국에서 남성들이 화장하는 문화에 대해 어떻게 생각하는지 질문했다. '충분히 이해한다' 51명(31.1%), '이해할 수 있다' 74명(45.1%), '이해할 수 없다' 8명(4.9%), '전혀 이해할 수 없다' 4명(2.4%), '잘 모르겠다' 27명(16.5%)이 응답했다. 북한에서는 남성이 화장을 하지 않지만 남한 남성들이 화장하는 문화는 비교적 개방적으로 받아들이

표 5-11 **한국 여성의 화장 문화에 대한 생각** 단위: 명(%)

구분	응답 수(비율)
지나치게 화장을 많이 한다	101(61.6)
적당하다	50(30.5)
화장을 적게 한다	2(1.2)
북한과 너무 달라서 잘 모르겠다	11(6.7)
전체	164(100.0)

고 있는 것을 추정할 수 있다.

탈북 여성들은 한국에 정착하면서 다양한 문화적 충격과 이질감에 당황스러워한다. 특히 한국 사회의 양성평등 성취 수준에 놀라움을 감추지 못한다. 한국 여성들의 당당함과 자신을 가꾸고 꾸미는 문화를 이해하는 데 많은 시간이 필요하다. 탈북 여성들은 자신을 표현하는 한국 여성들의 화장 문화에 대해서도 의아함과 호기심 등으로 바라본다. 이에 대한 인식을 파악하기 위해 탈북 여성들이 한국 여성들의 화장 문화에 대해 어떻게 생각하는지 물었다. '지나치게 화장을 많이 한다' 101명(61.6%), '적당하다' 50명(30.5%), '화장을 적게 한다' 2명(1.2%), '북한과 너무 달라서 잘 모르겠다' 11명(6.7%)이라고 응답했다. 응답자의 60% 이상이 한국 여성의 화장이 양성평등 차원을 넘어 지나치다는 반응을 보였다.

남북한 여성들의 화장 문화가 많이 다르다고 생각하는지에 대해서는 '많이 다르다' 81명(50.3%), '조금 다르다' 66명(41.0%), '거의 같다' 5명(3.1%), '똑같다' 0명(0.0%), '잘 모르겠다' 9명(5.6%)으로 응답했다. 대부분의 북한이탈 여성들은 남북한의 화장 문화를 다

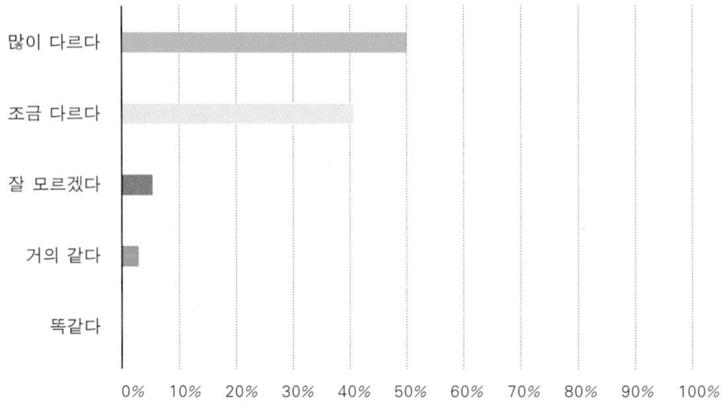

그림 5-8 남북한 화장 문화가 다르다고 생각하는지 여부

르다고 평가하고 있었다. 그렇다면 남북한의 화장 문화가 어느 부분이 가장 다른지에 대해 질문했고 중복 선택이 가능하도록 했다. 응답 결과 화장품의 종류 105명(64.0%), 화장 기술 94명(57.3%), 화장품의 기능 62명(37.8%), 화장에 대한 생각 34명(20.7%), 화장품 사용 빈도 33명(20.1%), 기타 1명(0.6%)으로 나타났다.

이후 한국 여성들의 화장 문화를 과연 따라 하고 있는지 파악하고자 화장 여부를 조사했다. 한국에 정착한 이후에는 화장을 매일 하는지에 대해 '매일 한다' 65명(39.6%), '자주 한다' 71명(43.3%), '특별한 일이 있을 때만 한다' 24명(14.6%), '거의 하지 않는다' 5명(3.1%)으로 응답했다. 80% 이상의 탈북 여성들이 매일 및 자주 화장을 한다는 반응을 보임으로써 한국 여성들의 화장 문화에 점차 적응하고 있는 것으로 평가된다. 구체적인 화장품 사용 실태를 파악하기 위해 한국에 온 후에 주로 어떤 화장을 하는지 질문했고 중복 선택이 가능하도록 했다. 기초화장 125명(76.2%), 파운데이션, 파우더, 비비크림 정도의 피부 화장 112명(68.3%), 색조 화장 36명(22.0%), 아무 화장도 하지 않는다 8명(4.9%), 기타 3명(1.8%)의 결과가 나왔다. 북한에서 화장을 진하게 하지 않았던 습관이 남아 있어서, 한국에 와서도 스킨과 로션을 바르는 정도의 기초화장이나 그 위에 파운데이션이나 비비크림 정도를 바르는 피부 화장만 하는 경우가 가장 많았다. 북한에서 금기시되었던 색조 화장은 여전히 기피하는 경향이 남아 있는 것을 알 수 있다.

한국에서 현재 사용하는 화장품의 품목을 모두 고르라고 했고, 여러 가지 화장품을 사용할 것이므로 중복 선택이 가능하도록 했다. 그 결과 응답자 164명 중에 스킨 151명, 로션 150명, 선크림 109명으로 이 세 가지 항목을 가장 빈번하게 사용했다. 이어서 크림 99명, 립스틱(립글로스) 99명, 에센스 92명, 파운데이션 83명, 아이크림 83명, 비비크림 80명, 향수 75명, 눈썹화장(아이브로우) 66명, 볼터치 31명, 마스카라 29명, 아이섀도 26명, 아이라이너 25명, 메이크업베이스 18명, 하이라이터 8명, 컨실러 3명, 셰이딩 0명으로 응답했다. 대부분의 탈북 여성은 기초화장과 피부 보호 화장을 바탕으로 하고 입술에 립스틱이나 립글로스를 바르는 정도의 화장을 즐겨하는 것으로 보인다. 더 나아가 눈썹, 속눈썹, 아이라인으로 포인트를 주는 눈 화장을 하는 사람도 있었다. 하이라이터는 극소수가 사용했으며 셰이딩을 사용하는 사람은 한 명도 없는 것으로 보아, 얼굴 윤곽까지 신경 쓰는 화장은 하지 않는 것으로 판단할 수 있다. 북한에서는 보름달처럼 둥그런 얼굴을 선호하기 때문에 한국에서와 같이 얼굴이 작아 보이기 위한 화장은 상대적으로 즐겨 하지 않는다.

한국에 와서 가장 좋아하는 화장품이 무엇인지에 대해 노화 방지 화장품 87명(53.1%), 수분 공급 화장품 59명(36.0%), 미백 화장

표 5-12 **한국에서 가장 좋아하는 화장품 기능** 단위: 명(%)

구분	노화 방지	수분 공급	미백	색조	기타	전체
응답 수 (비율)	87 (53.1)	59 (36.0)	50 (30.5)	14 (8.5)	3 (1.8)	164 (100)

품 50명(30.5%), 색조 화장품 14명(8.5%), 기타 3명(1.8%)으로 중복 응답했다. 노화 방지나 수분 공급 등 화장품 사용의 특정 효과에 관심이 많았다. 한국 화장품의 품질에 대해 어떻게 생각하는지 질문한 결과 '매우 좋다' 102명(62.2%), '좋다' 55명(33.5%), '보통이다' 7명(4.3%)으로 응답했고 '좋지 않다'와 '매우 좋지 않다'에 응답한 사람은 한 명도 없었다. 이는 열악한 북한 화장품과는 비교가 되지 않는 한국산 화장품 의 탁월한 효과를 직접 경험한 결과를 반영한 것으로 보인다.

한국 화장품의 가격에 대해서는 '매우 비싸다' 68명(41.5%), '비싸다' 69명(42.1%), '보통이다' 24명(14.6%), '저렴하다' 2명(1.2%), '잘 모르겠다' 1명(0.6%)으로 나왔다. 한국 화장품의 품질에 대해서는 95.7%의 대다수가 좋다고 평가하는 반면 83.6%가 가격은 비싼 편이라고 응답했다. 현재 한국 여성들도 총소비액에서 화장품 소비 지출이 최소 10% 이상을 상회하고 있어 구매에 부담을 느끼는 현실을 탈북 여성들도 유사하게 경험한 것으로 분석된다. 특히 고가의 기능성 화장품은 한국의 중산층 여성들에게도 비싼 가격이어서 탈북 여성들의 품질 대비 가격이 비싸다는 반응은 불가피하다. 구체적인 예산 지출 행태를 파악하기 위해 한국에 와서 화장품 구매를 위해 지불하는 금액이 일 년 평균 얼마나 되는지 물었다. '10만 원 이하' 81

명(49.4%), '10만 원 이상 30만 원 이하' 50명(30.5%), '30만 원 이상 50만 원 이하' 17명(10.4%), '50만 원 이상 100만 원 이하' 14명(8.5%), '100만 원 이상' 2명(1.2%)으로 응답했다.

탈북 여성들의 화장품 소비 행태를 구체적으로 파악하기 위해 화장품을 구입할 때 어디서 정보를 얻는지 조사했다. 가족 및 지인에게 정보를 얻는 경우가 82명(50.0%)으로 절반이었고, 이어서 상점 직원 40명(24.4%), 인터넷 29명(17.7%), TV 광고 24명(14.6%), 기타 4명(2.4%)으로 나타났다. 역시 주변 인물로부터 입소문을 통해 상품 정보를 파악하고 상점에 가서 직원에게 제품을 문의하고 구매하는 것으로 판단된다. 북한과 달리 다양한 화장품이 구비되어 있어 선택의 폭이 넓은 한국 사회에서 탈북 여성들이 화장품을 구입하는 기준은 무엇인지 질문했다. 제품 효능 84명(51.2%), 제품 가격 66명(40.2%), 견본품을 사용해보고 결정 26명(15.9%), 브랜드 이미지 11명(6.7%),

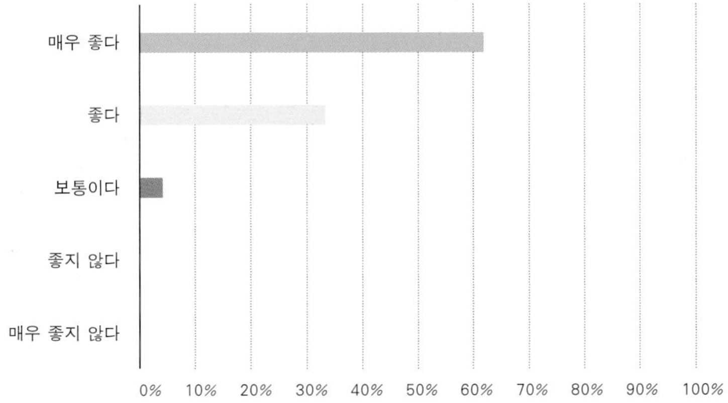

그림 5-9 한국 화장품의 품질에 대한 생각

표 5-13 **한국에서 화장품 사용 시 어려운 점** 단위: 명(%)

구분	응답 수(비율)
제품이 너무 많아 구별이 어렵다	76(46.3)
영어로 표기되어 이해가 잘 안 된다	76(46.3)
제품 설명이 어렵다	66(40.2)
사용 순서가 혼란스럽다	64(29)
기타	4(2.4)
전체	164(100.0)

제품 광고모델 8명(4.9%), 제품 디자인 3명(1.8%), 기타 5명(3.1%)으로 응답했다. 사용 후 제품의 효용과 가격 등이 주요 결정 요인이었다. 한국 소비자들이 화장품을 구매할 때 큰 영향을 받는 요인 중의 하나인 여성 광고 모델에는 관심을 보이지 않았다. 광고 문화에 익숙하지 않은 탈북 여성들이 광고에 등장하는 여성 연예인을 보고 화장품 구매 결정을 하기는 어려운 현실이 반영되었다.

한국에서 화장품을 사용할 때 어려운 점을 묻는 질문에 대한 답변은 중복 선택이 가능하도록 했다. '제품이 너무 많아 구별이 어렵다' 76명(46.3%), '영어로 표기되어 이해가 잘 안 된다' 76명(46.3%), '제품 설명이 어렵다' 66명(40.2%), '사용 순서가 혼란스럽다' 64명(29.0%), 기타 4명(2.4%)의 결과가 나왔다. 북한에서 물자 부족으로 소비재 소비를 제한받던 탈북 여성들이 자본주의 한국에서 제품이 너무 많고 다양하여 제품 구매 결정이 어려운 것은 불가피할 것이다. 특히 외국어가 만연된 제품 표기나 복잡한 제품 사용법 등이 탈북 소비자의 제품 구매 및 사용을 불편하게 할 수밖에 없다. 한국에 와서 외국산 화장품을 사용해본 적이 있다면, 한국산과 비교해 품질이 어떠했는지 질문했다. '한국산보다 효과가 훨씬 좋았다' 12명(7.5%), '한국산과 비슷했다' 37명(23.1%), '한국산보다 품질이 낮았다' 21명(13.1%), '잘 모르겠다' 90명(56.3%)이었다. 한국에서 화장 관련 교육을 한다면 참석할 의향이 있는지에 대해서는 '적극 참석하겠다' 37명(22.7%), '시간이 되면 참석하겠다' 63명(41.7%), '참석하지 않겠다' 31명(19.0%), '잘 모르겠다' 27명(16.6%)으로 응답했다. 대체적으로 화장품의 정확한 사용을 위한 교육에 관심이 높다는 것을 알 수 있다.

조사 결과의 교차 분석

앞에서의 기본적인 통계 분석 결과를 바탕으로 북한의 화장 문화에 대한 각종 변수 간의 영향과 관계 등을 파악하기 위해 상관계수 분석 및 교차 분석을 실시했다. 먼저 '북한에서 여성의 미에 대한 관심 정도'가 북한에서 여성이 외적인 아름다움을 갖추기 위해 노력하는 정도, 북한에서 여성을 평가하는 데 있어 외모의 중요도, 북한에서 외모로 인해 차별당하거나 우대받았던 경험, 북한 여성의 화장에 대한 관심 정도에 대한 인식과 얼마나 관련이 있는지 알아보기 위해 다섯 가지 항목 간의 상관관계를 분석했다. 분석 결과는 대각선을 중심으로 위쪽의 결과가 아래쪽과 동일하기 때문에 삭제했다.

북한에서 여성의 미에 대한 관심 정도'는 0.01 유의 수준에서 세 가지 항목과 상관관계를 보였다. '북한 여성이 외적인 아름다움을 갖추기 위해 노력하는 정도'와 0.351의 상관관계를 나타내었고, '북한에서 여성을 평가하는 데 있어 외모의 중요도'와 0.368의 가장 강한 상관관계가 유의했으며, '화장에 대한 관심 정도'와도 0.292의 상관관계를 보였다. '외모로 인해 차별당하거나 우대받았던 경험'과는 0.187의 상관관계가 0.05 수준에서 유의하게 나타났다. 결국 북한 여성들이 자신의 미에 관심을 갖는 이유는 여성을 평가하는 데 외모가

표 5-14 **북한 내 아름다움에 대한 인식 다섯 가지 항목의 상관관계 분석**

구분		북한 여성미 관심 정도	북한 여성미 노력 정도	북한 여성 외모 중요도	북한 여성 외모 차별 우대 정도	북한 여성 화장 관심 정도
북한 여성미 관심 정도	Pearson 상관계수	1				
	유의 확률 (양쪽)					
	N	162				
북한 여성미 노력 정도	Pearson 상관계수	.351**	1			
	유의 확률 (양쪽)	0				
	N	161	163			
북한 여성 외모 중요도	Pearson 상관계수	.368**	.420**	1		
	유의 확률 (양쪽)	0	0			
	N	161	162	163		
북한 여성 외모 차별 우대 정도	Pearson 상관계수	.187*	.188*	.296**	1*	
	유의 확률 (양쪽)	0.017	0.016	0		
	N	162	163	163	164	
북한 여성 화장 관심 정도	Pearson 상관계수	.292**	.374**	.240**	.093**	1**
	유의 확률 (양쪽)	0	0	0.002	0.236	
	N	162	163	163	164	164

* 상관계수는 0.05 수준(양쪽)에서 유의.

** 상관계수는 0.01 수준(양쪽)에서 유의.

표 5-15 **북한에서 화장을 했던 정도와 혼인 여부 간 교차 분석표** 단위: 명

구분			혼인 여부					전체
			미혼	기혼	이혼	사별	기타	
북한에서 화장 정도	화장 안 함	빈도	11	14	1	8	0	27
		기대 빈도	6.7	11.7	2.5	5.7	0.5	27
	기초 화장	빈도	22	50	7	19	0	98
		기대 빈도	24.2	42.3	9.1	20.6	1.8	98.0
	피부 화장	빈도	4	12	3	7	3	29
		기대 빈도	7.2	12.5	2.7	6.1	0.5	29.0
	색조 하장	빈도	3	1	4	0	0	8
		기대 빈도	2.0	3.5	0.7	1.7	0.1	8.0
전체		빈도	40	70	15	34	3	162
		기대 빈도	40.0	70.0	15.0	34.0	3.0	162.0

중요하다는 사실을 인식했기 때문이라는 분석이 가능하다. 나아가 아름다운 외모를 갖추기 위해 노력하면 여성의 미는 개선될 수 있다는 인식을 탈북 여성들이 갖고 있다는 논리도 도출될 수 있다는 평가다.

다음은 북한에서 화장을 했던 정도와 혼인 여부 간의 교차 분석을 시도했다. 화장을 하지 않았다고 응답한 여성 중에는 미혼의 빈도가 가장 높았다. 기초화장을 했거나 파운데이션, 파우더, 비비크림 정도의 피부 화장만을 주로 했던 여성 중에서는 기혼의 빈도가 각각 50명과 12명으로 가장 높았다. 반면 색조 화장을 즐겨했던 여성은 이혼(4명)을 하거나 미혼(3명)인 빈도가 높은 것으로 나타났다. 결과적

표 5-16 **북한 내에서의 경제적 지위와 화장품 구매 장소 간 교차 분석표** 단위: 명

구분			북한 내 경제적 지위				전체
			상급	중급	하급	최하급	
북한에서 화장품 구매장소	국영 상점	빈도	1	17	13	0	31
		기대 빈도	1.0	10.8	15.4	3.8	31.0
	장마당	빈도	2	35	62	16	115
		기대 빈도	3.5	40.2	57.1	14.1	115.0
	개인	빈도	1	5	6	4	16
		기대 빈도	0.5	5.6	8.0	2.0	16.0
	기타	빈도	1	0	0	0	1
		기대 빈도	0.0	0.3	0.5	0.1	1.0
전체		빈도	5	57	81	20	163
		기대 빈도	5.0	57.0	81.0	20.0	163.0

으로 화장의 정도와 혼인 여부 간의 절대적인 상관관계를 단정할 수는 없다. 다만 전반적으로 북한의 기혼 여성들은 기초화장이나 피부화장을 주로 하고 있다고 판단된다. 색조 화장은 이혼했거나 미혼인 여성의 경우에서 빈도수가 높다. 전체적으로 기혼 여성들은 화장에 대한 전체적인 사회 통념에서 이탈하지 않는 것으로 추론할 수 있다. 또한 북한에서 아직은 색조 화장을 진하게 하는 것에 대한 인식이 좋지 않기 때문에 이들 중에는 기혼의 빈도가 낮았고 이혼을 한 경험이 있거나 미혼 여성이 많다는 결과가 나타났다.

다음은 북한에서 어느 정도의 경제적 지위에 있었는지에 따라

화장품 구매 장소가 어떻게 다른지 교차 분석을 했다. 응답자 163명 중 상위 계층은 5명에 불과했고 중급은 57명, 절반 가까이(81명)는 북한에서 하위 계층이었으며 20명이 최하급이었다고 응답했다. 북한 내 경제적 지위를 막론하고 장마당에서 화장품을 구매하는 빈도가 가장 높게 나타났다. 이를 통해 현재 북한 사회가 사회주의 계획경제보다는 장마당을 통해 이루어지는 사경제가 활발하게 작동하고 있음이 나타났다. 중하위 계층은 장마당에서 화장품을 가장 많이 구매하고 다음으로 국영상점, 개인 간 거래 순으로 집계되었다. 최하급 계층은 국영상점에서 구매한다는 사람이 없었고 장마당 다음은 개인 간 거래로 나타났다. 북한 내 최하급이었던 응답자는 국가의 정식 직업을 가지고 있지 않아 국영상점의 출입이 어려웠을 것으로 추정할 수 있다.

주

1 ≪통일뉴스≫, "북, 문예계 '준마처녀'주목", 2005년 9월 17일 자, http://www.tongilnews.com/news/articleView.html?idxno=59673 (검색일: 2017.2.24).

2 탈북자 김ㅇㅇ 면담 결과(2017년 1월 9일).

평양화장품공장이나
신의주화장품공장에서 생산한 북한 제품은
고급 제품이고 공급이 적어
일반 주민이 구매하기 쉽지 않다.

우리 화장품 북한에 언제 어떻게 진출할까

| 북한에서 한국산 화장품의 인기는?
| 우리 화장품 북한에 언제 어떻게 진출할까?

6

신부는 한국, 조선(북한), 중국 세 나라 중
어느 나라의 화장품을 예물로 받았느냐에 따라
친구들에게서 각기 다른 평가를 받는다.
'한국산을 받으면 시집 잘 갔다',
'북한산을 받으면 보통이네'
그리고 '중국산을 받으면 고생문이 열렸다'
등의 발언을 듣는다.

북한에서 한국산 화장품의 인기는?

한류 열풍 때문에 북한에서도 품질이 좋은 한국산 화장품이 큰 인기를 끌고 있다. 북한에서 한국산 화장품의 인기는 일본 및 서구의 화장품과 비교해도 단연 최고다. 북한 사람의 피부에는 아무래도 서양 사람이 사용하는 제품보다는 피부 체질이 유사한 한국 사람에 맞게 개발된 한국산 화장품이 적합하기 때문이다. 북한에서는 2000년 6·15 남북정상회담 이후 남한의 각종 물자가 북한으로 지원되면서 한국산 소비재의 사용이 확산되었다. 남한의 비비크림을 지칭하는 '남조선의 삐야'를 비롯한 여러 종류의 한국산 화장품이 애용되기 시작했다. '삐야'는 북한에서 비비크림을 말하는 것으로 2000년대 후반부터 고위층과 부유층 여성들 사이에서 인기를 끌었다. 북한 전역에 한국 드라마와 영화 등이 몰래 전파되면서 주인공의 얼굴을 흉내 내기 위해 '삐야'의 사용이 빠르게 확산되었다.

북한 지역은 남한보다 자외선의 강도가 높고 북서풍의 찬바람이 강해 여성들의 피부가 검게 타고 거칠어지기 쉬운 기후다. 한국산 비비 화장품을 사용하면 얼굴 피부를 보호할 수 있다는 소문이 여성들 사이에 퍼지면서 가격이 무척 비싸지만 북한 암시장인 장마당에서는 없어서 못 팔 정도다. 자외선 차단 기능이 포함된 '삐야'를 바르면

살이 잘 안 타며 잡티를 확실하게 가려주기 때문에 유행에 민감한 젊은 여성들은 한국산이나 미국산 삐야를 애용한다. 또한 남한의 샴푸와 비누 등 모발 및 목욕 용품 역시 부유층이 자주 찾는다. 한국산 화장품 제품은 초기에는 부유층이 주로 사용했지만 점차 중산층 여성들도 애용하기 시작했다. 북한 여성들도 세안 후에는 살결물(스킨), 자기 전엔 밤크림(나이트크림)을 바르는 자본주의 국가의 화장 문화가 점차 정착되고 있다.

한국산 화장품은 북한 당국의 제재로 암시장에서 은밀하게 거래된다. 포장 상자나 용기에 한국산 상표나 표기Made in Korea는 당연히 제거되거나 지워진 채로 사고판다. 판매자가 적발될 경우 보유한 화장품을 몰수당하거나 심지어 벌금을 내야 하기 때문에 위장 거래는 불가피하다. 한국산 제품의 가격은 중국산이나 북한산과 비교해서 2~3배 비싸다. 중국 연변이나 심양 등지에서 중국산을 한국산으로 둔갑시켜 판매하는 것은 비싼 가격을 받기 위한 상술이다. 북한에서 한국산 제품 판매는 불법이기 때문에 '동남아시아 화장품'으로 둔갑해 판매되고 있다. '동남아시아 화장품'은 한국산 화장품을 의미하는 은어이기 때문에 주민들 대부분은 한국산으로 인식하고 구매한다. 제품 포장 상자에는 상품명이 영어로 적혀 있지만, 제품 상자 안에는 한글로 된 사용설명서가 들어 있다. 유통업자들은 당국의 통제를 피하기 위해 세관을 통과할 때는 상자 안에 한글로 된 사용 설명서를 넣지 않고, 시장에서 판매할 때만 설명서를 넣는다. 유통업자들이 중국에서 가포장된 상품을 밀반입하고 있는 셈이다. 북한 여성들은 한국산을 지칭하는 동남아시아 화장품이 향기는 물론 미백 효과가 좋고 장마당에서 통제도 받지 않아 판매율이 높다는 것을 잘 알고 있다. 그래서 '먹는 돈은 아껴도 화장품은 좋은 것을 써야 한다'는 말이 여성들의 신조어가 될

정도로 한국산 화장품에 대한 수요는 더 높아지고 있다.[1]

고가의 한국산 화장품은 북한 고위층 부인들에게 제공되는 뇌물이나 선물로도 활용된다. 설화수 브랜드 같은 한국산 중에서도 최고급 품목은 비싼 가격에 거래가 되기 때문에 아무래도 북한 고위층과 부유층들이 애용할 수밖에 없다. 결혼 예물로도 한국산 화장품이 각광을 받고 있다. 북한에서 한류 붐이 불면서 신랑이 신부에게 인기 있는 한국산 제품을 선물하는 혼수 문화가 확산되었다. 신부는 한국, 조선(북한), 중국 세 나라 중 어느 나라의 화장품을 예물로 받았느냐에 따라 친구들에게서 각기 다른 평가를 받는다. '한국산을 받으면 시집 잘 갔다', '북한산을 받으면 보통이네' 그리고 '중국산을 받으면 고생문이 열렸다' 등의 발언을 듣는다. 결혼 예물로 받는 화장품을 최고급 수준으로 받고 싶어 하는 것은 어디에서나 공통된 여성들의 마음이다.

암암리에 판매되는 한국산 스킨, 로션과 같은 기초 화장품은 북한 화폐로 18만 원이지만 북한에서 세트로 파는 최고급 제품인 은하수 화장품은 13만 원이다. 한국산 화장품의 가격이 매우 높다는 것을 의미한다. 한국산 화장품의 품질이 우수하다는 소문이 확산되면서 신부 측이 신랑 측에게 한국산 화장품을 혼수로 요구하거나, 선물로 주고받는 주민들도 늘어나고 있다. 북한 친척의 요청으로 한국산 화장품을 중국산으로 위장해 북한에 보낸 적이 있는 여성 탈북자는 "북한 화장품 중엔 봄향기가 제일이지만 한국 화장품과는 비교가 안 된다. 북한에 있는 친척에게 한국 화장품을 여러 번 보냈는데 한국 화장품은 장마당에 내놓기 무섭게 팔린다"고 전했다. 북한의 중개상들은 중국 거래 상인들에게 한문 이름이 적힌 한국 화장품은 빼고 보내달라고 요구한다. 한문으로 제품명이 표기된 화장품은 중국산인지 한국산인지 구별이 잘 안되기 때문에 장마당에 팔려고 내놔도 인기가 없다. 중국산은 한국산 포장 용기를 흉내 낸 짝퉁 화장품이 대부분이라 북한에서도 평가가 좋지 않다.[2]

최근 들어 북한에서 빈부의 격차가 심해지고 시장경제가 활성화되면서 부유층들 사이에서 고가의 한국산 기능성 화장품이 은밀히 유통되고 있다. 북한의 유명 무역회사에서 중국 중개상에 주문하고 한국의 특수 기능성 화장품을 중국산으로 위장해 북한으로 수입한다. 기능성 화장품은 한국에서도 주로 주문 판매나 방문 판매를 통해 유통되는 고가의 제품인데 북한에서 지속적으로 수입되는 것은 북한의 고정 수요층이 존재한다는 것을 입증한다. 북한 세관이 한국산 제품의 반입을 철저하게 통제하는 현실을 감안할 때 해당 화장품이 북한에 들어가려면 웬만한 권력층의 비호나 배후가 있지 않고서는 불가능하다. 2016년 2월 개성공단이 전면 가동 중단되기 전까지 입주업체 등 남측 기업이 북측에 선물한 한국산 화장품이 평양 고위 간부의 부인들에게까지 전해졌다. 한국산 화장품에 매료된 고위층 부인들이 수입 담당 간부들에게 압력을 넣고 북한 무역회사가 비밀리에 한국산 화장품을 수입했다.

북한 조선중앙통신은 2013년 4월 28일 김정은 노동당 제1비서가 부인 리설주와 함께 평양의 문화·쇼핑 시설인 '해당화관'을 방문한 사진을 공개했다. 해당화관은 평양 대동강변에 있는 지하 1층, 지상 6층 규모의 복합 문화·쇼핑 시설이다. 조선중앙통신은 해당화관에 상점과 식당, 수영장, 목욕탕, 미용실, 당구장, 도서관, 커피점 등을 갖췄다고 보도했다. 사진을 보면 백화점 화장품 코너의 김정은 위원장 왼편으로 로레알L'Oreal이라는 프랑스 화장품 간판 옆에 한국 아모레퍼시픽의 화장품 브랜드인 '라네즈LANEIGE' 매장이 보인다. 아모레퍼시픽은 북한에 수출하는 제품이 없고 중국에 공장도 없기 때문에 중국에 수출한 제품이 북한으로 재수출된 것으로 보인다. 만약 중국으로 수출한 제품이 북한으로 넘어가는 것이라면 제품에 'Made in Korea(한국산)'가 인쇄되어 있어야 하나 한국산 표기는 없다. 아마도 북한 백화점 실무자들은 라네즈라는 브랜드가 영어로 표기되어 있어 외국산 브랜드로 착각했던 것 같다. 아모레퍼시픽의 브랜드인 설화수는 김정은 위원장의 부인 리설주가 애용한다고 해서 관심을 모았다.

북한 여성들의 화장품에 대한 기호가 다양화되면서 색조 화장품 이외에 주름 방지, 미백 등의 기능성 한국산 화장품도 인기를 끌고 있다. 북한 당국이 한국산 상품에 대한 단속을 지속적으로 하고 있지만 여성들의 한국산 화장품에 대한 관심은 여전하다. 여성들 사이에서 화장품이 꽤 인기 있는 생활필수품으로 자리 잡았고 대학생들도 어떤 화장품을 쓰느냐가 공부를 잘하는가보다 관심 사항이다. 한국산 화장품 브랜드를 정확하게 알지 못하고 막연히 한국산 화장품을 찾는 여성들도 있지만 최근에는 구체적인 이름이나 기능을 제시하며 구입

● 그림 6-1
김정은 위원장과 리설주, 해당화관의 한국산(라네즈) 화장품 매장 시찰
(자료: 연합뉴스)

하는 여성이 늘고 있다. 중국을 통해 들어오는 아모레퍼시픽의 설화수나 라네즈, 헤라 등이 가장 인기 있는 품목이다. 한국산 상품에 대한 단속이 강화되면서 화장품 장사꾼들이 집에서 일대일로 거래하거나 일부 안면이 있는 주민을 통해서 간접적으로 전달하는 개인 간의 방문 판매 방식으로 이뤄진다. 결국 마음만 먹으면 언제든지 구입할 수 있다는 것이 탈북자들의 증언이다. 김정은 위원장이 정책 차원에서 북한산 화장품의 품질을 높이라고 하지만 아직까지 한국산과 비교할 수 없다는 것이 탈북 여성들의 공통된 평가다. 북한에서 김일성 시대부터 화장품 개발이 시작되었다고 해도 경공업과 화학공업 및 소재 등의 다양한 기술이 집합된 화장품의 경우 세계적인 수준으로 도약하는 한국산과 비교할 수는 없다. 화장품의 경우 다른 물품과 달리 제품의 품질이 안 좋을 경우 피부에 부작용을 유발하기 때문에 선택에 매우 신중할 수밖에 없는 극히 개인적 취향이 강하게 작용하는 품목이다. 당국의 강요에 의해 개인의 제품 선택이 결정되지 않을 가능성이 크다는 것이다. 물론 한국산 제품을 구하는 것이 불가능하다면 울며 겨자 먹기로 북한산을 구매하겠지만 돈만 주면 구할 수 있기 때문에 비싸더라도 한국산을 사용한다.

특히 화장품은 지속적으로 소비가 이뤄지는 품목이라 한번 특정 화장품을 사용하면 그보다 품질이 낮은 화장품을 사용하기는 어렵다. 평양 역전이나 통일거리 시장의 일정한 장소에서 한국산 화장품 판매를 안내하는 주민들도 이따금씩 볼 수 있다. 한국 화장품을 구매하려는 주민들은 "다른 화장품은 없습니까"라는 말로 한국산 화장품을 찾고 이를 눈치 챈 장사꾼들은 화장품 암시장으로 안내한다. 일부 북한 간부와 신흥 부유층인 돈주 여성들은 중국 랴오닝 성 단둥丹東 시 백화점까지 '평양-단둥' 사이를 운행하는 기차 'K28'을 타고 '원정

쇼핑'을 즐기는 과정에서 한국산 화장품 등을 구매한다. 한국산 화장품에 대한 인기를 반영하듯 중국산 화장품이 마치 한국산으로 둔갑해 버젓이 판매되고 있다. 한국산으로 오해하고 구매한 북한 주민들은 품질이 낮아졌다고 불평하기도 한다.

우리 화장품 북한에 언제 어떻게 진출할까?

북한 여성들의 한국산 화장품에 대한 관심이 매우 높은 만큼 한국 화장품의 대북 진출을 남북한 통합전략 차원에서 적극적으로 검토할 필요가 있다. 북한에 한류가 확산되고 있어 주민들이 의류, 가전제품 등 소비재 산업에 관심을 갖는 것은 매우 당연하다. 화장품은 얼굴 미용 등에 관련된 것이라 매우 특별하고 사적인 취향이 구매에 결정적인 영향을 주며 타인이 강력 추천하더라도 자신의 피부에 맞지 않으면 구매하지 않는 독특한 품목이다. 반면 화장품이라는 경공업 생산 제품은 다른 품목과 달리 비군사적이고 비정치적인 품목이기는 하지만 몇 가지 특성이 있다.

우선 북한에서 화장품 사용은 여성의 전용 품목이면서 내면의 관심 사항이라 공개적으로 생산과 소비 등에 대해 의견을 표현하기 어렵다. 남한과 달리 광고나 홍보도 매우 제한되어 있다. 북한과 같은 통제 사회에서 소비 제품에 대해 기호와 선호를 너무 직설적으로 표현하는 것은 당국으로부터 자본주의 사고에 오염되었다는 비난을 받을 가능성이 크기 때문에 여성들이 화장품의 선택에 매우 신중한 행보를 보일 수밖에 없다. 여성들의 화장품 소비가 극히 개인적인 선호 사항이라 입소문 등으로 상품 정보를 파악하고 구매도 공식 상점인 평양 시내 백화점 및 판매소 등을 통해 이뤄진다. 품질이 우수하다는 한국산 화장품은 아무래도 비공식 경로로만 거래가 가능하다. 결국 한국산 화장품에 대한 선호는 매우 강하지만 공개적인 선택을 하기는 용이하지 않은 측면이 있다. 특히 화장품은 여성들만의 전용 품목이고 개인적인 취향이 반영된 품목의 성격이 강해서 가부장적 권위주의 북한 사회에서 여성들이 먼저 한국산 화장품의 도입을 공론화하기도 용이하지 않다.

둘째, 화장품은 북한의 역대 지도자들이 여성 정책을 추진하는 데 있어 중요한 홍보 수단이었다. 북한 당국이 친여성 정책을 선전하는 데 화장품 생산을 강조하는 만큼 한국산 화장품의 반입을 공개적으로 허용하기는 용이하지 않다. 결국 신중한 접근과 로키low-key 전략에 의한 물밑 접근이 필요하다. 한국산 화장품의 단계적인 진출이 적절한 전략이다. 한국의 화장품 업체들이 초기부터 직접 완제품 공장을 짓기보다는 일차적으로 기술 지도를 통해 접촉하고 한국산 화장품의 이해를 높이는 적응 기간이 필요하다. 2016년 2월 이후 개성공단의 가동이 전면 중단되고 있지만 향후 가동이 재개되면 개성공단에서 기초 화장품 생산을 위한 용기 및 포장용지 공장 등을 가동할 수 있을 것이다.

1단계의 기술지도 기간을 통해 화장품 생산에 대한 이해를 높이는 적응 기간이 완료되면 2단계로 기초 화장품 등 특정 품목에 대한 시범 생산을 추진하는 완충 단계에 진입할 수 있다. 아무래도 남한 기업들의 접근이 용이한 개성공단에서 남북한 합작 공장을 가동하는 것이 적절하다. 개성공단 공장으로 한국산 화장품 원료를 반입해서 북한 근로자가 제조하는 공정을 거친다. 생산 제품 중에서 최소 50% 이상은 북한 지역으로 반출해 북한 여성들이 공개적으로 사용하도록 한다. 용기와 포장재 등을 개성공단으로 보내서 노동 집약적으로 제조하는 방식을 채택하는 것이 타당하다. 한국에서와 같이 첨단 장비에 의한 자동화 공정으로 화장품을 제조하는 것은 북한 현실에서 시기상조다. 남북한 간 제조 기술의 격차로 북한 근로자들이 소외되는 방식은 일정 기간 유보하는 것이 바람직하다.

한국산 화장품의 선진 기술을 부분적으로 접목해 품질을 개선하되 인건비가 저렴한 북한 근로자를 다수 고용해 남북한 합동으로 제품을 제조하고 이를 통해 북한 여성들에게 다가가는 창구를 만드는 데 초점을 맞추는 것이 중요하다. 초기에는 자동화로 비용을 절감하는 측면을 강조해 상업적 측면에서 수익을 창출하기보다는 한국산 화장품에 대한 북한 당국의 거부감을 불식시키는 안착 과정이 필요하다. 개성공단을 통해 한국산 화장품에 대한 이해를 제고하는 과정에서 단계적으로 생산 제품의 종류와 생산량을 증가시킨다. 초반에 기초 화장품에서 점차 색조 화장품으로 생산을 늘리는 것이 필요하다. 일정 생산량은 샘플로 북측에 제공해 북한 전역에 한국산 화장품이 확산되도록 하는 사전 정지 작업이 중요하다.

2단계로 화장품 소비가 일정 기준에 도달할 경우 새로운 품질의 제품을 희망하는 소비 수준에 진입하므로 추가 대책을 추진한다. 북한에 한국산 화장품 소비 비율이 20% 선에 육박할 경우 평양에 소규모 시범 공장을 건설하는 2단계 진출 전략을 추진하는 것이 적절하다. (주)아모레퍼시픽의 설화수와 같은 최고급 수준의 화장품을 생산하기보다는 중저가 수준의 화장품을 생산하는 전략이 수요 창출에 적절하다. 2015년 기준 북한의 전체 인구는 2515만 명이다.[3] 이 중에서 상위 10%인 250만 명의 절반인 120만 명의 여성들이 소비할 수 있는 화장품은 북한 경제 실정을 고려할 때 중저가 수준이 적합하다. 단계적으로 수요층을 확산시키고 기존 생산 제품의 종류를 다양화하

표 6-1 **한국산 화장품의 진출 전략** 단위: 명(%)

구분	생산 시설	비고
1단계	개성공단 노동집약적 시범 생산	생산량의 50% 북한 제공
2단계	평양에 소규모 신규 공장 건설	한국산 화장품의 소비 비율이 20% 수준
3단계	평양에 공장 증설	국민소득 3000달러 달성

는 전략도 필요하다. 이후 북한의 국민소득이 단계적으로 증가할 때마다 과거 한국의 경제발전 단계에서 여성들의 소득에 맞는 화장품을 선보였던 역사를 북한에 적용하는 마케팅 전략이 마련되어야 한다.

3단계로 북한 주민들의 국민소득이 3000달러 수준에 육박하면 고급형 및 기능성 화장품에 대한 수요가 급증하므로 화장품 생산 공장을 확장하는 본격 가동 단계로 진입할 수 있다. 북한 핵문제의 해결 등 정치적 현안이 순조롭게 풀린다면 단계별 전략은 매우 신속하게 추진될 수 있다. 북한이 개혁과 개방에 적극적인 의지를 보인다면 공장 신설 속도는 외부 투자 등으로 가속화될 수 있다. 2500만 명의 북한 인구는 소비재 투자에 결코 작은 시장이 아니다. 북한 여성들이 세계적 수준의 한국산 화장품을 자유롭게 구매해 사용하는 시점이 통일의 그날이다.

주

1 ≪조선일보≫, "北에서 한국산 화장품 인기 … '동남아시아 화장품'으로 둔갑해 팔려", 2014년 10월 30일 자, http://news.chosun.com/site/data/html_dir/2014/10/30/201410300 3461.html (검색일: 2017.2.10).

2 ≪데일리NK≫, "북한, 최고의 결혼 예물은 한국산 화장품", 2015년 10월 22일 자, http://www.dailynk.com/korean/read.php?cataId=nk04505&num=107178 (검색일: 2017.2.10).

3 통계청과 국제노동기구(ILO)의 자료를 보면 2015년 기준 남한의 인구는 5106만여 명, 북한의 인구는 2515만여 명으로 나타났다. 이에 따라 남북한의 총인구는 7600만 명을 넘어섰다. YTN, "북한인구 2,500만 명 넘어서," 2016년 9월 18일 자, http://www.ytn.co.kr/ _ln/0103_201609182159196948 (검색일: 2017.2.10).

참고 문헌

웹사이트

≪조선일보≫. 2014.10.30. "北에서 한국산 화장품 인기 … '동남아시아 화장품'으로 둔갑해 팔려". http://news.chosun.com/site/data/html_dir/2014/10/30/2014103003461.html (검색일: 2017.2.10).

≪데일리NK≫. 2015.10.22. "북한, 최고의 결혼 예물은 한국산 화장품," http://www.dailynk.com/korean/read.php?cataId=nk04505&num=107178 (검색일: 2017.2.10).

YTN. 2016.9.18. "북한인구 2,500만명 넘어서". http://www.ytn.co.kr/_ln/0103_2016091821 59196948 (검색일: 2017.2.10).

찾아보기

ㅈ

ㅊ

ㅌ

ㅍ

ㅎ

B

C

지은이

남성욱

고려대학교 통일외교학부교수(2002~현재) 겸 행정전문대학원장(2016~ 현재)
국방부 정책자문위원(2014~현재)
법무부 법무연수원 통일관계 자문교수(2014~현재)
중소기업중앙회 통일경제위원회 공동위원장(2014~현재)
고려대학교 아세아문제연구소 북한연구센터장(2014~현재)
민주평화통일자문회의 사무처장(차관급, 2012~2013)
국가안보전략연구원 원장(차관급, 2008~2012)
한국북방학회 고문(2007~현재)
기상청 남북관계자문위원(2007~현재)
북한연구학회 부회장(2007~2012)
경기도 남북관계 자문위원(2006~현재)
KBS 북한문제 객원해설위원(2005~현재)
한국관광공사 남북관계자문위원(2005~현재)
한국학술진흥재단 남북위원회 자문위원(2005~2012)
동북아경제학회 총무이사(2005~2006)
아모레퍼시픽 장학재단 감사(2004~현재)
남북경제연구원장(사)(2004~현재)
북한경제전문가 100인포럼 이사(2004~2007)
농림부 정책자문위원(2004~2007)
한국북방학회 회장(2004~2006)
서울시 정책자문위원(2003~현재)
통일부 정책자문위원(2003~2005)

NSC 정책자문위원(2003~2005)
통일농수산포럼 연구이사(2002~2007)
북한농업연구회 이사(2002~2007)
남북경제연합회 부회장(2002~2007)
북한경제포럼 연구이사(2002~2005)
북한연구학회 총무이사(2002~2004)

주요 논저

『현대 북한의 식량난과 협동농장 개혁(개정판)』(2016)
『한국의 외교 안보와 통일 70년: 1945~2015』(공저, 2015)
『개방과 폐쇄의 딜레마, 북한의 이중적 경제: 북한의 경제』(공저, 2012)
『한반도 상생 프로젝트: 비핵·개방 3000 구상』(공저, 2009)
『북한의 급변사태와 우리의 대응』(공저, 2007)
『김정일 코드: 브루스 커밍스의 북한』(역서, 2005)
『북한의 IT 산업 발전전략과 강성대국 건설』(2002)
『사회주의와 북한의 농업』(공저, 2002)
『북한의 경제운영과 특성』(공저, 2002)
『CIA 북한보고서』(공역, 2001)
"Contemporary Food Shortage of North Korea and Reform of Collective Farm"(Germany, 2006)

채수란

중앙대학교 건설환경공학
고려대학교 언론대학원 언론 전공
고려대학교 북한학과 박사 수료
고려대학교 아세아문제연구소 북한연구센터 연구원
남북경제연구원 연구위원

주요 논저

한국여성정책연구원 보고서 『통일한국의 양성평등제도』(공저, 2016)

이가영

이화여자대학교 중어중문학/경제학
이화여자대학교 일반대학원 경제학
고려대학교 북한학과 박사 수료
고려대학교 아세아문제연구소 북한연구센터연구원
남북경제연구원 연구위원

주요 논저

한국여성정책연구원 보고서 『통일한국의 양성평등제도』(공저, 2016)

한울아카데미 1999

북한 여성과 코스메틱

지은이 남성욱·채수란·이가영
펴낸이 김종수
펴낸곳 한울엠플러스(주)

편집 조인순
디자인가이드 이희영
디자인 최혜진

초판 1쇄 인쇄 2017년 6월 26일
초판 1쇄 발행 2017년 6월 30일

주소 10881 경기도 파주시 광인사길 153 한울시소빌딩 3층
전화 031-955-0655 **팩스** 031-955-0656
홈페이지 www.hanulmplus.kr

등록번호 제406-2015-000143호

Printed in Korea.
ISBN 978-89-460-5999-3 93330
※ 책값은 겉표지에 표시되어 있습니다.